Paul's Contemporaries

바울의 동역자들

오 광 석 목 사 지 음

도서출판
미래

추 천 사

안산에 소재한 한별교회에서 목회하시는 오광석 목사님은 연구하는 목사이시다. 그는 이미 「주께 붙잡힌 바울」, 「주님을 말하는 바울」, 「주님을 생각하는 바울」이란 책들을 출판하여 바울에 관한 여러 책을 저술하셨다. 그런데 이번에 한별교회의 41년간의 목회를 정리하고 은퇴를 하는 즈음에 다시 「바울의 동역자들」이란 귀한 책을 출판하시게 되었다. 오광석 목사님은 바울 연구의 큰 대가가 된 셈이다. 본서는 다른 서적에서 찾을 수 없는 특별한 장점이 있다.

첫째, 본서는 독자들에게 사도행전과 바울서신을 이해하는데 크게 도움을 주는 책이다. 오광석 목사님은 바울이 복음 사역을 하면서 여러 가지 이유로 만나게 된 동역자들을 바울의 행적을 따라서 다루어 주셨다. 그리고 바울 사도의 각 서신들에 언급된 동역자들을 친절하게 그들의 됨됨이와 복음 사역에 공헌한 일들을 자세하게 설명해 주셨다. 따라서 본서의 독자들은 바울의 생애와 사역을 마치 퍼즐을 맞추어 나가듯 조금씩 그려나갈 수 있게 된다.

둘째, 본서는 동역자의 중요성, 친구의 중요성을 확인하게 해주는 책이다. 오광석 목사님은 무려 50여명에 달하는 바울의 동역자들에 관해 비교적 상세하게 다루어 주었다. 친구를 보면 그 사람을 안다는 말이 있다. 본서에 나온 인물들의 면면들을 살펴보면 바울이 어떤 사도였는지, 어떤 활동을 했는지 잘 알 수 있다. 본서는 바울이 참으로 행복한 복음의 사역자였음을 알 수 있다.

셋째, 본서는 기독교회 안에서는 독불 장군이 있을 수 없다는 옛 말을 증명해 주는 책이다. 바울 사도는 혼자 사역하지 않았다.

그는 가는 곳마다 동역자를 찾았고 친구를 찾았다. 복음 사역자는 고독한 순간을 자주 접하게 된다. 바울도 복음 때문에 외로움을 느낄 때가 많이 있었다. 그래서 바울은 디도에게 "네가 급히 니고볼리로 내게 오라"(딛 3:12)고 부탁하고, 디모데에게 "겨울 전에 너는 어서 오라"(딤후 4:21)고 부탁한다. 바울의 동역자들은 바울에게 큰 격려가 되었다. 본서는 동역자들과 협력의 방법으로 복음을 편만하게 전파한 사실을 잘 보여주고 있다.

책을 출판하는 것은 어려운 일 중의 하나이다. 분주한 목회 일정 가운데서도 모든 내용을 성실하게 정리하여 한국교회의 발전을 위해 기여하신 오광석 목사님에게 치하의 말씀을 드린다. 추천자의 소망은 본서를 통해 성도들이 바울과 그의 동역자들을 더 잘 이해하므로 그리스도의 교회가 좀 더 든든하게 서 가기를 바라는 것이다.

2023년 4월
합동신학대학원대학교
전 총 장, 명예교수 박 형 용

인사말

할렐루야!

먼저 바울의 동역자 책을 발간 할수 있도록 도우신 하나님께 감사와 영광을 돌려드립니다

저자는 "주께 붙잡힌 바울"이란 책을 통하여 바울의 생애를 살펴보았다. 그리고 "주님을 말하는 바울"이란 책을 통해 사도행전에 복음을 전하는 현장에서 나타난 바울의 설교들을 분석해 보았다. 그리고 "주님을 생각하는 바울"이란 책으로 바울의 신앙과 생활에 대한 바울의 전반적인 사상을 고찰하였다. 그리고 오늘 본서를 저술함으로 바울이 바울된 것은 하나님이 은혜로 주셔서 바울을 사역을 도왔던 수많은 충성스런 동역자의 수고에 의한 것을 살펴 본 후에 사도 바울의 전체적인 모습을 조명해 봄으로 함께 은혜를 받고자 이 책을 저작하게 되었다.

지금까지 주님께서 부족한 종을 붙들어 사용하시고 일을 맡기셨지만 여러 가지로 미흡하고 부족하여 하나님을 만족스럽게 시원하게 해드리지 못해 안타까운 마음으로 기도하며 바울을 연구하던 중에 깨닫게 하셔서 바울이 있기까지는 바울의 동역자들이 있음을 알게되어

바울의 동역자들을 교회에서 강론한 자료들과 신학교에서 강의한 내용들을 정리하여 많은 은혜를 받고 동역자가 얼마나 필요하고 중요한지를 다시 한 번 깨닫게 되어 담임목사들은 목회리더십이 자신의 능력과 스스로의 노력만이 아니라 그 동안 함께했던 동역자들이 자신의 리더십을 얼마나 견고하게 세우는가하는 그리고 이러한 동역자들이 자신에게만이 아니라 그리스도의 몸인 교회에 얼마나

창조적인 관계와 효과적인 사역을 일으키는지 절실하게 느끼고 건실한 동역자 필요성을 인식하고 바울의 동역자들을 살펴 우리도 동역자들과 협력을 통하여 바울처럼 하나님의 뜻을 이루어 드리고 사도 바울이 자기의 사역을 도와서 하나님께 주신 사명을 감당하게 된 동역자들에 대해서 얼마나 소중하게 생각하고 하나님께 감사하고 있는가를 살펴보고자 한다.

5 그런즉 아볼로는 무엇이며 바울은 무엇이뇨 저희는 주께서 각각 주신 대로 너희로 하여금 믿게 한 사역자들이니라 6 나는 심었고 아볼로는 물을 주었으되 오직 하나님은 자라나게 하셨나니 7 그런즉 심는 이나 물 주는 이는 아무 것도 아니로되 오직 자라나게 하시는 하나님뿐이니라 8 심는 이와 물 주는 이가 일반이나 각각 자기의 일하는 대로 자기의 상을 받으리라 9 우리는 하나님의 동역자들이요 너희는 하나님의 밭이요 하나님의 집이니라 (고전 3:5-9)

이에 반해서 오늘날 이 시대 교회의 목회자들도 큰 교회로 자기의 목회가 성공하거나, 그렇지 않으면 크게 이용당해서 모든 사람들이 알아줄 만한 유명한 사람이 되면, 자기들을 도와서 자기 자신을 오늘에 이르게 한 동역자들의 수고를 잃어버리고, 자기가 대단해서 그렇게 된 줄로 생각하기 쉽다. 우리 목회자들은 자기의 사역들 돕는 교회 안에 있는 숨어 있는 믿음의 동역자들을 바울과 같은 마음으로 소중하게 여겨야 함을 강조하고자 이 책을 저작하게 되었다.

롬 12:3 내게 주신 은혜로 말미암아 너희 중 각 사람에게 말하노니 마땅히 생각할 그 이상의 생각을 품지 말고 오직 하나님께서 각 사람에게 나눠주신 믿음의 분량대로 지혜롭게 생각하라

오늘날 목회는 목회자 단독적인 사역에 의해서 목회가 이루어진 것이 아니라 목회자와 부교역자들 그리고 교회 안에서 있는 평신도

들의 달란트를 개발해서 참여함으로 협력적인 목회를 지향하고 있다. 이러한 시점에서 바울의 목회에 있어서 동역자들이 협력 사역을 살펴봄으로 성경적인 협력 목회관의 이상적인 원형을 살펴보는 데 있다.

(롬 12:4-8) 4 우리가 한 몸에 많은 지체를 가졌으나 모든 지체가 같은 직분을 가진 것이 아니니 5 이와 같이 우리 많은 사람이 그리스도 안에서 한 몸이 되어 서로 지체가 되었느니라 6 우리에게 주신 은혜대로 받은 은사가 각각 다르니 혹 예언이면 믿음의 분수대로 7 혹 섬기는 일이면 섬기는 일로 혹 가르치는 자면 가르치는 일로 8 혹 권위하는 자면 권위하는 일로 구제하는 자는 성실함으로 다스리는 자는 부지런함으로 긍휼을 베푸는 자는 즐거움으로 할 것이니라

"바울의 동역자들"을 통하여 독자들에게 조금이라도 도움이 되고 개인, 가정, 교회, 나라가 고쳐지고 협력하는 모습으로 변화되어 이 땅에 하나님의 뜻이 속히 이루어지길 바랍니다

책의 출판을 지도해주시고 추천의 글을 주신 박형용 교수님과 옆에서 기도해주고 조언해 주며 용기를 준 아내(박금숙), 사랑하는 네 딸 (한나 찬미 은선 예본)에게 고맙다는 말을 아끼고 싶지 않다. 그리고 바쁜 중에도 원고정리(이영란 집사님) 교정을 도와 준 분들과 종을 아껴주고 늘 기도해주며 물심양면으로 도움을 준 한별교회 성도 여러분께 감사드립니다

차 례

제 1 부 서 문

이 책을 저술함에 있어서 먼저는 이 책을 쓰게 된 동기를 다음과 같이 몇 가지로 밝히고자 한다.

첫째는, 본서를 쓰게 된 것은 신구약성경에 나타난 여러 신앙의 인물들 가운데 가장 예수님을 많이 닮은 사람 중에 한명인 사도 바울에 대해서 전체적인 모습을 조명해 보고자 한다. 저자는 "주께 붙잡힌 바울"이란 책을 통하여 바울의 생애를 살펴보았다. 그리고 "주님을 말하는 바울"이란 책을 통해 사도행전에 복음을 전하는 현장에서 나타난 바울의 설교들을 분석해 보았다. 그리고 "주님을 생각하는 바울"이란 책으로 바울의 신앙과 생활에 대한 바울의 전반적인 사상을 고찰하였다. 그리고 오늘 본서를 저술함으로 바울이 바울된 것은 하나님이 은혜로 주셔서 바울을 사역을 도왔던 수많은 충성스런 동역자의 수고에 의한 것을 살펴 본 후에 사도 바울의 전체적인 모습을 조명해 봄으로 함께 은혜를 받고자 이 책을 저작하게 되었다.

둘째는, 사도 바울이 자기의 사역을 도와서 하나님께서 주신 사명을 감당하게 된 동역자들에 대해서 얼마나 소중하게 생각하고 하나님께 감사하고 있는가를 살펴보고자 한다.

이에 반해서 오늘날 교회의 목회자들은 어떤가? 목회자 중 일부는 큰 교회로 자기의 목회가 성공하거나, 또는 모든 사람들이 알아

줄 만한 유명한 사람이 되면, 자기들을 도와서 자기 자신을 오늘에 이르게 한 동역자들의 수고를 잃어버리고, 자기가 대단해서 그렇게 된 줄로 생각하기 쉽다. 우리 목회자들은 자기의 사역을 돕는 교회 안에 숨어 있는 믿음의 동역자들을 바울과 같은 마음으로 소중하게 여겨야 함을 강조하고자 이 책을 저작하게 되었다.

셋째는, 바울 주변의 동역자들을 살펴봄으로 바울의 사역을 도와서 수고의 땀을 흘린 충성스러운 측면을, 오늘날 교회 안에서 목회자들을 도와서 보이는 곳 또는 보이지 않는 곳에서 교회를 섬기고 있는 동역자들의 수고가 목회에 절대적인 영향을 주고 있음을 살펴보고자 이 책을 저술하였다. 그리고 목회자들을 도와서 동역자로 하나님의 교회를 섬기는 일이 얼마나 소중한가 하는 것을 성도들에게 자각시키고자 이 책을 저작하게 되었다.

넷째는 오늘날 목회는 목회자 단독적인 사역에 의해서 목회가 이루어진 것이 아니라 목회자와 부교역자들 그리고 교회 안에서 있는 평신도들의 달란트를 개발해서 참여함으로 협력적인 목회를 지향하고 있다. 이러한 시점에서 바울의 목회에 있어서 동역자들이 협력 사역을 살펴봄으로 성경적인 협력 목회관의 이상적인 원형을 살펴보는데 있다.

본서를 저작하는 연구 방법에 있어서 몇 가지 원칙을 제시하고자 한다.

첫째는, 성경 내용을 중심으로 밝혀 나가고자 한다. 그러기 위해서 국내외 여러 저술들을 살펴봄에 있어서 개혁주의 신학자들을 중심으로 그들의 성경주석이나 주해서 및 강해서들을 참고자 한다.

둘째는, 성경 내용만으로 그 내용이 빈약한 것들에 대해서는 초기 교회사에 나타난 속사도들의 저술이나 교부들의 저술을 교회사적인 측면에서, 그리고 성서대백과사전을 살펴봄으로 그들에 대한 전승의 기록들을 참조함으로 바울의 동행자들의 인물들을 살펴보고자 한다.

셋째는, 본서를 저작해 나감에 있어서 먼저는 바울의 동역자들의 생애를 중심으로 살펴보고 그리고 나서 그들이 어떤 사람이었는가에 대해서 좀 더 심도 있게 살펴봄으로 동역자들의 인물들의 생애와 업적 등을 구체적으로 살펴보고자 한다.

본서는 다음과 같이 구성되었다.

먼저 제1부는 서문을 다루고, 그리고 제 2부에서 사도행전에 나타난 바울의 동역자들을 사도행전에 나타난 순서에 의해서 제 1장에서는 바울의 전도여행 이전 동역자들에 대해서, 제 2장은 바울의 전도여행 중에 나타난 바울의 동역자들에 대해서, 제 3장은 전도여행 이후에 나타난 동역자들에 대해서 살펴보고자 한다.

다음 본서의 제 3 부에는 바울서신에 나타난 바울의 동역자들을 살펴보고자 한다. 제 1장에는 로마서에 나타난 바울의 동역자들에 대해서, 제 2장에는 고린도전후에 나타난 바울의 동역자들에 대해서, 제 3장에서는 빌립보서에 나타난 바울의 동역자들에 대해서, 제 4장에서는 골로새에서 나타난 바울의 동역자들에 대해서, 제 5장에서는 디모데후서에 나타난 바울의 동역자들에 대해서, 제 6장에서는 디도서에 나타난 바울의 동역자들에 대해서, 제 7장에서는 빌레몬서 나타난 바울의 동역자들을 살펴보고자 한다.

끝으로 제 4부에선 글을 맺으면서 결론으로 위에서 살펴본 바울의 동역자들의 수고를 총체적으로 몇 가지로 정리하면서 결론에 대신하고자 한다.

제 2 부
사도행전에 나타난 바울의 동역자들

제 1 장
바울의 전도여행 이전에 나타난 인물들

1. 누가

1> 누가의 생애

누가(Λουκᾶς, Louka, Luke, Lukas)는 라틴어 '루카누스' 또는 '루키리우스'의 약어로 그 이름은 '빛나다'라고 하는 의미를 지닌다. 그의 고향은 불확실하나 사도행전 13:1에[1] 나타난 '루기오'와 동일인으로 볼 때에, 그리고 현존하는 교회의 전승들, 즉 반 마르키온의 누가 서문(The Anti-Marcionite Prologue to Luke)이나 유세비우스나 제롬의 문서와 많은 학자들은 그가 살던 곳은 수리아 안디옥이라고 한다.[2]

---

1) 사도행전 13:1 "안디옥 교회에 선지자들과 교사들이 있으니 곧 바나바와 니게르라 하는 시므온과 '구레네 사람 루기오'와 분봉왕 헤롯의 젖동생 마나엔과 및 사울이라"

그러나 석학 람제이(Ramsay)는 누가를 마게도냐의 빌립보인으로 그가 바울을 처음 만나게 된 것은 드로아에서 바울에 간청한 환상의 마게도냐인이 바로 누가였다고 주장한다. 이러한 설의 근거로는 사도행전 16장에 빌립보에 대한 기록이 상세한 것, 특히 빌립보를 첫 성이라고 자랑한 점들을 들고 있다.

또 누가의 출신에 대한 주장으로 누가는 비시디안 안디옥인(행 14:21)이라고 주장하기도 한다. 그 이유는 비시디안 지방과 그 부근 갈라디아 지방에 대한 기록이 상세한 것과 비시디안 안디옥이 당시 의학 중심지였던 라오디게아에서 멀지 않는 점을 근거한다.

그러나 이러한 설들 중에서 누가의 고향은 처음 주장인 수리아 안디옥 사람으로 보는 것이 타당하다. 이러한 것은 그를 사도행전 11장 20절에서 "안디옥에서 난 헬라인"으로 보면 합당한 것이다.[3]

누가는 교부 오리겐과 제롬에 의하면 누가와 디도는 형제일 수도 있다고 주장했다. 이러한 주장은 고린도후서 8:18과 12:18을 근거로 주장하기도 한다.[4]

누가의 직업은 의사였다. 이러한 근거로 골로새서 4:14 "사랑을 받는 의원 누가와 또 데마가 너희에게 문안하느니라."고 밝히고 있다. 그리고 그의 저작들 안에서 어휘들이 거의 의학용어로만 이루어져 있다는 사실들이 이를 증거하고 있다.

그러나 누가가 의사라고 할 때에 오늘날과 같이 전문적인 학문의 결과로 주어진 것이 아니라는 것이다. 당시 노예들 중에도 의사로서 주인의 주치의로 활동하는 경우는 흔히 있는 사실이다. 그래서

---

2) 성서백과대사전편찬위원회, 『성서대백과사전 2권』, (서울: 성서교재간행사, 1980), p. 653.
3) 이상근 지음, 『신약주해 사도행전』, (서울: 기독교문사, 2005), p. 6.
4) 성서백과대사전편찬위원회, 『성서대백과사전 2권』, p. 653.

어떤 이들은 누가를 데오빌로 각하의 노예로 있다가 그의 주인이
의학을 공부시켜서 의사가 되게 하였고, 일정 기간 주인을 위해서
봉사하다가 자유의 몸이 된 사람이라고 주장하기도 한다.5)

신학자 렌스키는 누가의 회심은 사도행전 11:20-21에 근거하
며, 예루살렘에 최초 박해가 일어날 때에 일부 기독교인들이 박해
를 피해서 안디옥으로 도피했는데, 그들 가운데 헬라인들에게 '주
예수'를 전파한 구브로와 구레네 사람들이 있었다.

이 헬라인들의 전도로 누가는 먼저 유대교로 개종하지 아니하고
이교도에서 기독교로 개종되었다고 했다.6)

> "누가의 회심에 관하여 말할 수 있는 것은 모두 사도행전
> 11:20, 21에 근거한다. 예루살렘에서 최초의 교회 박해가 일어난
> 후에 일부 기독교인들은 안디옥으로 도피하였다(19절). 그들 가
> 운데는 헬라인들에게 '주 예수'를 전파한 '구브로와 구레네 사람
> 들'이 있었다. 이 헬라인들 가운데서 누가는 먼저 유대교로 개종
> 하지 아니하고, 이교 신앙으로부터 직접 신앙에 이르렀다. 그는
> 바나바가 바울을 안디옥에 데려오기 전에 개종했다. 바울은 디모
> 데를 그의 아들이라고 부르는데, 그 까닭은 그가 그를 개종시켰기
> 때문이다. 그러나 바울은 그의 사랑받는 누가에 대해서 이러한 친
> 밀성을 나타내지 않고 있다. 누가가 안디옥의 본토인이었다는 사
> 실은 사도행전에서 우연히 나타난다. 6:5에서 니골라만이 그의 이
> 름에 첨가되어 붙어 있다. 누가는 그가 안디옥에서 왔다는 것을
> 알았다. 그는 안디옥을 잘 알고 있었음으로 누가도 이 회중의 문
> 제들에 특별한 관심을 보여 주고 있다."

이러한 누가는 기독교로 개종한 후에 그는 하나님의 충실한 사

---

5) 이정현 지음. 『바울 곁의 사람들』, (시흥 : 도서출판 지민, 2009), p. 46.
6) 렌스키(Richard C. H. Lenski), The Interpretation of St. Luke's Gospel
   1, 진연섭 역, 『누가복음(상)』, (서울 : 백합출판사, 1981), pp. 8-9.

람으로, 바울의 동역자로, 마가와 함께 동참했고, 일생동안 복음의 사역에 동참했다. 그 뿐 아니라 그는 누가복음과 사도행전을 써서 데오빌로 각하에 복음을 전했다. 그는 신약 성경의 많은 부분을 기록한 사람으로 살았다.

이러한 누가의 최후는 어떻게 되었을까? 누가의 말년은 확실치 않으나, 반 마르키온(Anti-Marcionite. 기원 후 170년경)의 누가의 서문에 의하면 그는 평생 동안 독신으로 지냈으며, 그가 기록한 책의 연대로 미루어 바울의 사후 20여년은 더 생존한 것 같다.7)

"누가가 수리아 안디옥인으로서 직업으로는 의사였다. 그는 사도들의 제자이며, 후일에는 바울이 순교하기까지 그 동반자였다. 그는 일심분란하게 주를 섬겼고, 아내도 자녀도 없으며, 84세 때에 성령이 충만하여 보에오티아(Boeotia)에서 잠들었다. 그 때 유대에서 기록된 마태, 이탈리아에서 기록된 마가, 등 벌써 복음서가 있었으나, 누가는 성령에 감동이 되어 이 복음서(누가복음)의 전부를 편집하였다. ---그 후에 같은 누가가 사도행전을 썼다."

그동안 그가 어디서 살았는가에 대해서도 여러 가지 설이 있다. 그의 죽음에 대해서도 순교했다는 설도 있으나, 또 반 마르키온 (Anti-Marcionite)에서는 일생을 평화롭게 영면했다는 설도 있다.8)

이러한 누가는 다재다능한 사람이며, 그리스도교의 확장에 대한 역사가이며, 풍부한 인격자로서 자기를 들어내지 않는 겸손한 사람인 것을 우리들은 알 수 있다.9)

---

7) 성서백과대사전편찬위원회, 『성서대백과사전 2권』, p. 654.
8) 누가복음과 사도행전의 저자 - 누가 | 성경인물탐구 푸르미 참조.
9) 이상근 지음, 『신약주해 사도행전』, p. 8.

"또한 전설에는 그가 화가였다는 설도 있다. 그의 복음서에는 그림으로 옮겼으면 좋은 장면들이 있다. 그의 두 권의 책은 그리스도의 탄생에서 그리스도교가 로마로 전해지기까지의 초대교회의 중요한 역사였다. 이와 같이 성 누가는 다재한 풍부한 인격자였다. 사랑받는 의사이며, 역사가요, 문학자요, 전도자요, 여행가였으며, 성령의 은사와 기도에 치중하는 성령의 사람이었다. 그러면서 누가는 말이 없는 사람이었다. 그리스도의 말씀과 사도의 말은 그렇게 상세하게 전하면서 자신의 말을 일체 삽입하지 않았고 자신의 이름도 밝히지 않은 것이다. 참으로 흠모할 아름다운 인격자였다."

2> 누가는 어떤 사람인가?

성경 안에서 위대한 일을 했으면서도 그의 역할이나 모습은 거의 드러나지 않은 인물이 있다. 바로 의사 누가이다. 누가라는 이름은 화려하게 드러나지 않는다. 그러나 그가 남긴 업적은 신약성경에서 빼놓을 수 없는 중요한 업적이 되었다. 그렇다면 누가는 과연 어떤 사람인가?

<1> 누가복음과 사도행전의 기록자이다.

누가는 두 권의 책을 기록했다. 하나는 예수님의 생애에 대한 자세한 기록으로 누가복음을 기록했고, 또 하나는 예수님의 승천과 성령 강림 그리고 사도들의 전도에 대한 행적을 기록한 사도행전이다. 사도행전은 전반부는 사도 베드로를 중심으로 사도들의 전도의 행적을 기록하였고. 후반부는 바울을 중심으로 전도의 행적을 기록했다.

누가가 누가복음과 사도행전을 기록했다는 증거는 두 권의 책들이 다 동일하게 의학적인 용어들로 기록되었고, 누가복음과 사도행전에는 공통적으로 사용되었지만 다른 신약성경에는 사용되지 않는 용어가 40개나 된다는 것이다. 그리고 또 하나의 증거가 누가복음이나 사도행전은 이 책의 수신자가 다 데오빌로 각하로 동일하며, 누가복음은 앞에 보낸 책이고, 사도행전은 후에 보낸 서신으로 나타나 있기 때문이다(눅 1:3; 행 1:1).10)

이상근 박사는 누가가 누가복음과 사도행전의 저자란 사실이란 사실을 6가지 근거를 제시했다.11)

첫째는, 양 문서의 서문의 공통점이다. 누가복음 1:1-3 "우리 중에 이루어진 사실에 대하여 …그 모든 일을 근원부터 자세히 미루어 살핀 나도 데오빌로 각하에게 차례대로 써 보내는 것이 좋은 줄 알았노니"와 사도행전 1:1-2 "데오빌로여 내가 먼저 쓴 글에는 무릇 예수의 행하시며 가르치시기를 시작하심부터 그의 택하신 사도들에게 성령으로 명하시고 승천하신 날까지의 일을 기록하였노라"고 한다. 이는 두 책이 같은 대상에게 주어진 전후편인 것을 뜻한다.

둘째는, 전자의 결문과 후자의 서문의 연관성이다. 전자의 결문은 누가복음 24:49에 "볼지어다 내가 내 아버지의 약속하신 것을 너희에게 보내리니 너희는 위로부터 능력을 입히울 때까지 이 성에 유하라 하시니라"고 했으며, 이와 같은 분부는 후자인 사도행전 1:4

---

10) 누가복음 1:3 "그 모든 일을 근원부터 자세히 미루어 살핀 나도 데오빌로 각하에게 차례대로 써 보내는 것이 좋은 줄 알았노니" 사도행전 1:1 "데오빌로여 내가 먼저 쓴 글에는 무릇 예수의 행하시며 가르치시기를 시작하심부터"
11) 이상근 지음, 『신약주해 사도행전』, (서울 : 기독교문사, 2005), pp. 4-6. 참조.

에서 "사도와 같이 모이사 저희에게 분부하여 가라사대 예루살렘을 떠나지 말고 내게 들은 바 아버지의 약속하신 것을 기다리라"고 함으로 반복되어 있기 때문이다.

셋째는, 양서 간에 사상의 현저한 공통점을 들 수 있다.[12]

이와 같은 사실은 우주적 복음의 범위와 성령의 역사에 대한 강조와 기도의 강조와 가난한 자에 대한 동정과 부자에 대한 경계와 부녀자의 봉사와 로마관원에 대한 호의 등을 들 수 있다.

넷째는, 양서 간에 문체와 용어의 공통성이 많다.

a. '은혜'란 말씀이 마태 마가에 한 번도 나타나지 않으나 누가복음에 9회, 사도행전에 17회가 사용된다.

b. '사죄'란 용어는 마태와 마가에 각각 1회가 사용되나 누가복음에 3회, 사도행전에 5회가 사용된다.

c. 의학적인 용어가 사용된다. 누가복음에 4:38; 18:43, 44; 22:44와 행 3:7; 4:22; 9:18; 12:23; 13:11; 28:8 등에 인용된다.

다섯째는, 본서 중에 "우리"란 1인칭 복수형으로 표시된 부분에

---

12) ① 우주적 복음의 범위(눅 2:32; 4:23-27; 10:29-37과 행 10:34-35; 13:46-47; 17:26-28), ② 성령의 역사에 대한 강조(눅 1:15, 35; 2:25-27; 3:22; 4:1, 18; 10:21; 24:49와 행 1:2; 2:1-4, 38; 8:14-17, 29, 39; 10:44-47; 13:2, 4, 9; 15:28; 16:7; 19:1-7 등), ③ 기도의 강조(눅 11:5-13; 18:1-5; 19:14; 22:39-46과 행 1:14, 24-25; 2:42; 4:31; 6:6; 10:2, 9; 12:12; 13:3; 16:25; 21:5 등), ④ 가난한 자에 대한 동정(눅 3:11; 4:18; 6:20; 16:22 등과 행 2:44-45; 4:34-35; 9:36, 39 등), ⑤ 부자에 대한 경계(눅 1:53; 6:24; 12:13-21; 16:44과 행 4:36-37; 5:1-11; 20:35), ⑥ 부녀자의 봉사(눅 1:39-56; 2:36-38; 7:37-38; 23:27-29; 24:10과 행 9:36-43; 12:12-13; 16:13-15; 18:2; 24:24; 25:13 등), ⑦ 로마관원에 대한 호의(눅 20:20-26; 23:44, 13-16, 20-22, 47과 행 13:7, 12; 6:35-40; 18:12-17; 19:31, 37; 23:26-30; 24:23; 25:25-27; 26:30-32; 27:43; 28:30-31 등).

대한 연구를 들 수가 있다. 저자는 바울의 전도여행에 드로아에서 빌립보까지 여행 중(16:10-17)에, 빌립보에서 밀레도를 거쳐서 예루살렘까지 여행 중(20:5-21:18)에, 가이사랴에서 로마까지의 여행 중(27:1-28:16)에 동참했음을 보여주고 있다.

여섯째는, 바울 서신 중에 사도행전의 저자인 누가가 골로새서 4:14과 빌레몬서 1:24와 디모데후서 4:11에 도합 세 번 나타난다는 것이라고 했다.

누가는 데오빌로 각하 한사람에게 복음을 증거해서 예수님을 믿게 하기 위해서 누가복음과 사도행전을 쓴 성경의 저자이다. 그가 쓴 누가복음은 총 24장의 말씀이고 사도행전은 28장의 말씀이다. 누가는 전체 52장의 말씀을 기록해서 복음을 전한 사람이며, 신약성경의 4분의 1이 넘는 분량의 하나님의 말씀을 기록해서 데오빌로에게 보낸 사실을 보아도 그가 얼마나 영혼 구원을 사모하는 사람인가에 대해서 우리들은 알 수 있다.13)

이러한 누가의 활동 시기는 A. D. 49-68년경으로 본다. 이 시기는 사도 바울을 비롯한 많은 헌신적인 전도자들에 의해 복음이 로마제국 전역에 전파되고 교회가 세워지던 초대교회의 확장기였다. 따라서 그리스도의 공생애와 그분의 구속사역에 관한 체계적인 지식에 대한 요구가 급격히 늘어났다. 왜냐하면 기독교가 유대교의 한 일파 정도로 생각하는 일반인들에게 기독교에 대해서 올바로 소개할 필요가 있었기 때문이다. 더욱이 예수 그리스도의 십자가 죽음과 부활, 승천을 직접 목격했을 초대교회 1세대가 점차 이 세상을 떠남으로 인해 그 같은 일은 더욱 필요하였다. 이에 누가복음서와 사도행전을 기록함으로써 시대의 요구에 기꺼이 부응하였다.14)

---

13) 이정현 지음. 『바울 곁의 사람들』, p. 46.

⟨2⟩ 매우 신중하고 세밀한 자이다.

누가는 그 직업이 의사였다. 그래서 그런지 그는 사물을 보거나 사건을 관찰하는데 있어서 매우 신중하고 세밀한 것을 알 수 있다. 그는 누가복음과 사도행전을 집필했는데, 누가는 복음서를 역사적으로 잘 기술한 저자이다. 누가복음 1장 1절에 의하면 그가 누가복음을 어떻게 기록했는지 알 수 있다.[15]

누가는 복음서를 기록하는데 자기 임의로 편집하여 기록한 것이 아니라 모든 일을 근원부터 자세히 살펴보고 그것을 역사적 순서대로 기록한 인물이다. 이처럼 누가는 모든 일에 매우 신중하고 세밀한 사람이었다. 그래서 그런지 누가복음은 언어나 운율이나 비유 등이 매우 아름답고 문장력이 탁월한 것을 볼 수 있다. 누가는 자신이 기록한 누가복음을 아주 아름답게, 그러나 사실에 입각해서 기록한 사람이다.

⟨3⟩ 재능을 복음 전하는 일에 쏟아 부은 자이다.

누가는 최초의 의료선교사이다. 누가는 바울의 주치의였을 것이라고 추측하기도 한다(골 4:14). 누가는 지금 감옥에 갇혀 있는 바울과 함께 골로새에 있는 교우들에게 문안한다고 말하고 있다. 이는 바울이 감옥에 갇혀 있는 동안에도 누가가 바울과 동행하면서

---

14) 누가복음과 사도행전의 저자 - 누가 | 성경인물탐구 푸르미
    2010.05.0615:58 http://blog.daum.net/qorwhdcks/16832019. 참조.
15) 눅 1:1-3 "우리 중에 이루어진 사실에 관하여 처음부터 목격자와 말씀의 일꾼 된 자들이 전하여 준 그대로 내력을 저술하려고 붓을 든 사람이 많은지라 그 모든 일을 근원부터 자세히 미루어 살핀 나도 데오빌로 각하에게 차례대로 써 보내는 것이 좋은 줄 알았노니"

주치의 역할을 했으며, 또한 의료 선교 일을 잘 감당했던 것으로 보여진다. 그래서 누가는 최초의 의료선교사라고 말할 수 있다.

또한 누가는 최초의 교회사 가이다. 누가는 모든 기록을 역사에 근거해서 시간 순으로 기록한 것이다. 또한 누가는 복음서를 기록할 때 세계 역사의 배경에 비추어 바라보았다. 누가는 세례 요한이 역사의 무대에 출현한 시기를 밝히는 데만 해도 적어도 여섯 가지 역사적 사건을 이용했다.

> "디베료 황제가 통치한 지 열다섯 해 곧 본디오 빌라도가 유대의 총독으로, 헤롯이 갈릴리의 분봉왕으로, 그 동생 빌립이 이두래와 드라고닛 지방의 분봉왕으로, 루사니아가 아빌레네의 분봉왕으로, 안나스와 가야바가 대제사장으로 있을 때에 하나님의 말씀이 빈들에서 사가랴의 아들 요한에게 임한지라(눅 3:1-2)"

이처럼 누가는 기독교의 사건이 이스라엘의 한 모퉁이에서 이루어진 것이 아니라 역사의 빛 안에서 예수님의 사건을 조명하려고 했던 인물이다.

그리고 다른 복음서 기자들은 예수님에 대해 기록을 할 때 예수님의 죽음과 부활까지만 기록한 반면 누가는 예수님의 사건을 죽음과 부활에서 머문 것이 아니라 훗날 사도행전을 기록하면서 예수님의 죽음과 부활이 승천으로 이어졌고, 그 이후 성령의 역사가 있었으며, 성령의 충만을 받은 사도들이 기독교 역사를 이어갔음을 아주 명쾌하게 기록한 인물이다.

사도행전은 특히 우리가 서신서를 이해하는데 굉장히 많은 도움을 주고 있다. 누가가 사도행전과 서신서를 다 기록한 것이 아니다. 서신서는 바울이 기록한 것이 대부분이다. 그런데도 사도행전과 서신서가 어쩌면 그렇게도 깊은 연관성을 가지고 있는지 놀랄 정도이다.

누가는 역사를 보는 안목이 달랐음을 알 수 있다. 예수님이 계실 때에는 예수 그리스도가 중심이 되어 이끌어가는 역사이고 사도행전은 성령이 이끌어가는 역사임을 알았다. 그래서 사람들은 사도행전을 성령행전이라고 부르기도 한다.

누가가 우리에게 남긴 누가복음과 사도행전의 영향력은 아무리 강조해도 지나치지 않을 만큼 위대한 책이다. 사도행전이 있었기에 성령의 역사가 어떻게 증거되었는지 우리는 아주 잘 알 수 있게 되었던 것이다.

〈4〉 불행한 사람들에게 관심을 가진 자이다.

성경의 저자 가운데 유일하게 유대인이 아닌 저자가 있다면 누가이다. 누가는 수리아의 안디옥 출신이었다. 누가는 이방인으로서 유일하게 성경의 저자가 된 것이다. 그는 이방인이어서 그런지 가난하고 소외된 사람들에게 관심이 많았다.

누가는 그의 복음서에 예수님의 행적 중 가난하고 소외되고 죄인 취급을 당하는 사람들의 사건을 많이 기록하고 있다(바리새인과 세리의 기도, 마리아와 마르다, 어리석은 부자와 거지 나사로, 삭개오, 열 므나, 다시 찾은 드라크마, 거지 나사로, 과부와 재판관, 선한 사마리아 사람, 돌아온 탕자, 예수님의 발을 눈물과 향유로 적신 죄 많은 여인 등).

이러한 기사들은 예수님이 가난하고 소외되고 죄인 된 자들의 친구가 되어 주었음을 잘 보여주는 내용이다. 그래서 누가의 복음서는 세계적인 복음서, 포괄적인 복음서, 사랑의 복음서라는 별칭이 붙어 있다.

누가는 예수님의 복음이 역량이 미치지 않는 곳이 없음을 강조하고 있는 것이다. 예수님은 스스로 의인이라고 생각하는 사람들만의 전유물이 아니다. 선민들의 전유물이 아니다. 부유하고, 권세 있고, 영향력을 미치는 사람들의 소유물이 아니라 전 세계적이고 우주적인 사건임을 강조하고 있는 것이다.

〈5〉 바울의 동역자이다.

누가는 바울의 전도의 현장에 동참자이며 바울의 전도행적을 놓치지 않고 그대로 기록한 동역자이다. 이러한 사실은 사도행전에 나타난 "우리'란 대명사에서 잘 나타나 있다. 신약성경에서 실제적으로 누가란 명칭을 직접 언급한 것은 세 번만 나온다(골 4:14; 딤후 4:11; 몬 24).16)

그러나 바울은 누가를 "나의 동역자 …누가"라고 빌레몬서 1:24에서 문자적으로 직접 언급했다. 이러한 바울의 동역자인 누가는 자신이 바울의 전도현장에 항상 동참했음을 '우리'라는 대명사를 사용해서 사도행전에 표현하고 있다(16:10-17; 20:5-15; 21:1-18; 27:1-28:16 등).

이렇게 위에서 언급한 것처럼 '우리'라는 말이 여러 번 있는 것을 볼 때에 저자인 누가는 바울의 전도여행 중에 일어난 사건들에 동참한 것이 분명하다. 그렇다면 의사이면서도 바울의 전도여행의 동

---

16) 골로새서 4:14 "사랑을 받는 의원 누가와 또 데마가 너희에게 문안하느니라" 디모데후서 4:11 "누가만 나와 함께 있느니라 네가 올 때에 마가를 데리고 오라 저가 나의 일에 유익하니라" 빌레몬서 1:24 "또한 나의 동역자 마가, 아리스다고, 데마, 누가가 문안하느니라."

반자는 다른 사람이 아니라 누가라는 사실이 분명하다.17)

그리고 '우리'라는 대명사가 나타난 시점이 바울의 제2차 전도여행부터 나타나게 됨으로 누가가 바울의 동역자로 합류한 것은 제2차 전도여행중 드로아에서 동행하여 빌립보로 간 것을 알 수 있다. 또 제3차 전도여행에서도 누가는 빌립보에서 다시 동행하여 예루살렘으로 올라갔다. 바울이 가이사랴의 옥중에 있던 2년 간 누가는 팔레스틴에 있었던 것 같다. 그는 가이사랴에서 로마로 사도 바울과 같이 배를 타고 갔던 것이다.

또 누가가 바울의 충실한 동역자란 사실은 바울이 디모데에게 보낸 서신을 통해서 잘 알 수 있다. 바울의 사랑하는 사람으로, 그리고 바울의 사역의 동역자로 표현한 사도 바울은 로마에서 디모데에게 보내는 두 번째 편지인 디모데후서에서 "너는 어서 속히 내게로 오라 데마는 이 세상을 사랑하여 나를 버리고 데살로니가로 갔고 그레스게는 갈라디아로, 디도는 달마디아로 갔고 누가만 나와 함께 있느니라 네가 올 때에 마가를 데리고 오라 저가 나의 일에 유익하니라"(4:9-11)라고 함으로 바울은 "누가만 나와 함께 있다"고 감사하고 있다. 이러한 사실로 미루어 보아서 누가는 바울에게 있어 얼마나 신실한 동역자인 것을 말해 주고 있다.

신학자 렌스키도 "바울이 재차 로마에서 투옥되고 이번에는 엄격한 제한 속에서 감금되어 사형 판결이 확실시 되었을 때에, 우리는 그의 서신에서 감동적인 진술을 읽게 된다. '누가만 나와 함께 있었느니라.' 누가만이 이 마지막 가혹한 시련 가운데 처해있는 바울을 돕고 있었다. 이때에는 아무런 복음 활동도 가능하지 못했다. 첫 투옥 기간에 누가와 함께 골로새교인들에게 문안을 보냈던 데마가 이

---

17) 박윤선 지음, 『성경주석 사도행전』, (서울: 영음사, 1977), p. 17.

제 바울이 두 번째 투옥되어 죽음에 직면해 있을 때, 이 사도를 버리고 다시 세상으로 돌아갔다는 것을 우리가 주목한다면(딤후 4:11), 그 비애는 더욱 큰 것이다. 데마도 바울을 도왔어야 했을 것이다. 그러나 충실한 누가만 남아 있었다."18)고 했다.

그래서 어떤 사람은 누가에 대해서 "그는 바울의 최후까지 함께 했던 동역자였다. 많은 사람들이 바울과 함께 하다가 도중에 바울을 떠나 제 길로 갔던 사람도 많았고, 심지어 혹자는 바울을 대적했던 자도 많았으나, 누가는 끝까지 바울과 함께 하나님의 일에 동역했던 사람이다. 이런 것을 보면 의사 누가는 의리 있는 사람이었고, 아울러 복음의 열정이 있고, 훌륭한 문학가였음을 알 수 있다. 최초의 의료선교사이며, 최초의 교회사가이도 하다"19)고 했다.

또 어떤 사람은 바울의 동역자로서 누가에 대하여 평하기를 "누가는 의사로서 사도 바울을 조력한 사람이다. 누가는 의사라는 점에서 육체적으로 병든 사람들을 돕는데 열심히 한 사람이며, 사도 바울의 조력자란 점에서 영적으로 병든 사람들을 돕는데 힘을 기울였던 인물이다. 누가는 육체적인 면에서도 영적인 면에서도 연약한 사람들의 이웃이 되었다. … 사실상 조사도인 누가가 쓴 글의 양이 사도인 바울이 쓴 글의 양과 비교할 때에 거의 차이가 나지 않는다는 것을 알면 놀라움을 금할 수 없다. 글을 쓰는 사도에게서 글을 쓰는 조사도가 태어난 것이다. 바울의 글로부터 누가의 글이!"20)라

18) 렌스키(Richard C. H. Lenski), The Interpretation of St. Luke's Gospel 1, 진연섭 역, 『누가복음(상)』, (서울: 백합출판사, 1981), p. 7.
19) 이정현 지음. 『바울 곁의 사람들』, p. 47.
20) 조병수 지음, 『바울 동역자와 대적자』, (서울: 도서출판 하나, 1997), p. 14. 저자는 총신대와 합동신학대학원을 졸업하고 독일 뮌스 대학에서 신약학을 전공하고 신학박사 학위를 받았다. 지금은 합동대학원대학교

고 평했다.

⟨6⟩ 마가와 함께 일한 사람이다.

누가와 마가가 함께 사역을 한 사실은 흔히 간과된다. 빌레몬서 24절은 누가와 마가가 바울과 함께 로마에서 같이 일했었다는 것을 보여준다. 그러므로 이들은 동시에 바울의 영향 아래 있었고 밀접한 관계 아래 있었다. 바울이 골로새교회들에게 문안을 보내고 있는 사람들의 명단에서(골 4:10-14) 가장 높은 찬사를 받는 사람이 에바브라이고 몇몇 다른 이들이 누가보다 더 부각된다. 마가도 골로새로 막 여행을 하려는 것으로 언급된다.

누가와 마가는 바울의 첫 투옥 중에 서로 접촉을 가졌는데, 그들은 2차 투옥 시 다시 같이 있었다. 바울이 누가만 그와 함께 있었다고 말한다면 그는 즉시 그의 요청대로 디모데가 로마에 있는 그에게 속히 올 때에 마가가 오지 않았다고 가정할 이유는 아무것도 없다(딤후 4:11). 누가와 마가는 바울의 머리가 사형집행인의 단두대 위에 올라가 있을 때에도 바울과 함께 있었을 것이다. 마가도 누가도 아직까지는 그들의 복음서를 쓰지 않았을 것이다. 그러므로 누가와 마가는 바울을 매우 사랑하는 자들이었고, 그들은 서로 긴밀한 친구들이었다.[21]

신약신학 교수로 있으며, 서울 염광교회를 담임하고 있다.

21) 같은 책, pp. 7-8. 참조.

2. 아나니아

1> 아나니아의 생애

아나니아(Ananias)란 이름은 히브어로는 '하나느야'(חֲנַנְיָה)로 부르며, 영어로는 '하나니아'(Hananiah)로 부른다. 그리고 그 이름은 '여호와는 자비로우시도다'란 뜻이다. 신약성경에서는 구약에 '하나느냐'(하나냐)로 불렸던 이름이 헬라어로는 '아나니아스'(Ἀνανίας)로 불리운다. 이러한 이름은 유대인들의 사회에서는 매우 흔한 이름이다. 아나니아란 이름을 가진 사람으로 성경에 많이 나타나 있다.

구약성경에는 다니엘의 세 친구 중에 한 명의 이름이며(단 1:6, 하나냐), 스룹바벨의 휘하에서 예루살렘으로 돌아온 한 가족의 우두머리의 이름이며, 이방인의 아내를 버렸던 제사장 임멜의 아들 이름이며(스 10:20), 에스라가 율법을 읽을 때에 그와 함께 서 있던 사람들 중에 한 명(느 8:4)이며, 율법을 이스라엘 사람들에게 설명한 레위 사람들 중에 한 명의 이름(느 8:7)이 하나니야이다.

신약성경에는 아나니아란 사람이 세 명이 나온다. 한 명은 사도행전 5:1-6의 말씀에 나온 사람으로 삽비라의 남편이며, 부부가 공모하여 땅을 팔고 판돈을 감추고 일부만 베드로 사도 앞에 가지고 와서 하나님께 드림으로 하나님과 성령을 속인 죄로 하나님의 징계로 죽음을 당한 사람이다.

또 다른 한 명은 사두개파 출신의 대제사장으로서 네데바우스(Nedebaeus)의 아들이다. 그는 예루살렘의 대제사장으로서 AD 47-59년에 활약(?)하다가 AD. 67년에 암살되었다. AD. 58년경 바울이 공회에서 변명할 때, 그가 바울 곁에 서 있는 사람들에게 입을 치라고 했다가 바울에게 "회칠한 담이여, 하나님이 너를 치시리로다…"라고 그의 불공정하고 표리부동한 처사에 면박을 당했다. 그는 욕심 많고 도리에 어두운 인물이었다.

마지막으로 다른 한 명은 바울과 관계된 사도행전 9:10-18에 나타난 인물로 바울의 소명시기에 지대한 영향을 준 하나님의 사람 아나니아라는 선지자이다. 그에 대해여 어떤 사람들은 원래부터 바울의 친구라고 하는 자들도 있다(Eichhorn). 혹은 예수님의 70명의 제자(눅 10:11) 중 하나라고 하는 추측[22]도 있으나 이러한 주장에 대한 근거될 만한 자료들은 없다. 아나니아에 대해선 그가 예수님의 오랜 제자로서 그리스도의 북방 전도(두로와 시돈 및 가이사랴 빌립보 지경, 마 15:21; 16:13) 때에 믿고 다메섹으로 이주하였거나, 오순절 때에 예루살렘에서 믿고 고향인 다메섹으로 돌아갔거나 했을 것이며, 예루살렘에서 도피해 온 예수님의 제자는 아니었던 것으로 주장한다.[23]

이러한 아나니아는 바울의 회심 시기에 예수그리스도의 대변인으로서 하늘의 혜성처럼 나타난다. 이때 바울은 예수님을 믿기 전, 회심 이전에 사울이라는 이름으로 살았을 때이다. 사울로 살았던 바울은 예수님을 이단으로 생각하고[24] 예수님을 믿는 사람들을 남

---

22) 오광석 지음, 『주께 붙잡힌 바울』, (안산, 도서출판 좋은 미래, 2001), p. 51. "일본인 신학자 이께다 도시오는 말하길 '전설에 의하면 예수의 70 제자 중 한 사람이라고 한다. 그는 아나니아가 사울의 제1박해가 일어났을 때에 피했다고 한다. 그래서 그는 사울을 만나기를 주저했다고 말하고 있다."
23) 이상근 지음, 『신약주해 사도행전』, p. 147. 참조.
24) 사도행전 24:5 "우리가 보니 이 사람은 염병이라 천하에 퍼진 유대인을 다 소요케 하는 자요 나사렛 이단의 괴수라"

녀노소 구별하지 않고 박해하고 잡아다가 감옥에 가두는 박해자로 살았었다. 그는 이러한 열심이 지나쳐서 이스라엘 나라 밖에 있는 멀리 아람나라 수도인 다메섹에까지 가서 예수님을 믿는 사람들을 결박하여서 감옥에 투옥시키기 위해서 대제사장으로부터 허락받고, 수하에 사람들을 거느리고, 말을 타고 달리다가 주님의 부르심을 받아서 회심하게 된다. 그러나 그는 주님의 부르심을 받을 때에 주님의 밝은 빛에 두 눈을 실명하게 된다(행 9:1-8).

이렇게 바울은 소명 시에 실명을 하여 아무것도 볼 수 없음으로 사람들의 손에 이끌려서 다메섹에 들어가서 사흘 동안 식음을 전폐하고 기도하고 있었다. 이러한 사울에게 그의 두 눈을 뜨게 해주고, 바울이 앞으로 걸어가야 할 사명의 길에 대해서 예고해 주며, 세례를 베풀어 주는 자가 바로 이 아나니아이다.

이러한 아나니아는 주의 제자로서 주님의 부르심을 받은 사울에게 가서 예수님의 대변인으로서 예수님의 말씀을 전해 주었고, 예수의 제자로서 따르도록 하였다. 그는 사울에게 안수해서 그의 실명된 두 눈을 뜨게 해주면서, 사울을 그리스도인으로서 형제라 칭하고, 다시 보게 될 것을 말하였다. 그리고 성령이 충만한 사람이 되어서 이방인과 임금들과 이스라엘 사람들에게 예수님의 이름을 증거하기 위해서 택한 그릇으로 바울이 일하게 될 것을 주님이 말씀하신대로 예고한 사람이다. 아나니아로부터 안수를 받은 사울 시절의 바울은 눈에서 비늘이 벗어지고 눈이 회복되었다. 이렇게 건강을 회복하고 영혼이 회심한 바울에게 아나니아는 세례를 베풀었다(행 9:9-19).[25]

---

25) 성서백과대사전편찬위원회,『성서대백과사전 7권』, (서울: 성서교재간 행사, 1980), p. 343.

이러한 아나니아는 바울의 회심 시간 이후에 대해서 성경의 기록이 없으며, 그의 최후에 대해서도 기록되지 않았다. 그러나 성서백과사전에는 후기 전승에 의하면 아나니아는 다메섹의26) 감독을 지냈으며 순교했다고 전한다.27)

어떤 사람들은 아나니아는 바울을 회심 이후에 탈출시키고 계속해서 다메섹에 남아서 복음을 전하다가 로마 군인들에게 발각되어 채찍질과 돌에 맞아서 순교했다고 한다.

2> 아나니아는 어떤 사람인가?

<1> 바울에게 호의적인 자이다.

예수님께서 다메섹에 사는 아나니아에게 사도행전 9:11 "주께서 가라사대 일어나 직가라 하는 거리로 가서 유다 집에서 다소 사람 사울이라 하는 자를 찾으라 저가 기도하는 중이다"라고 했다. 이러한 주님의 명령을 듣고 지독한 박해자 사울인 것을 알면서도 아나니아는 주님이 말씀하신대로 순종하여 기도하면서 소경이 된 채 머

---

26) 다메섹은 창세기 14:15에 처음 나타나며, 예루살렘에서 동북쪽으로 20 킬로미터 정도 떨어져 있는 수리아의 고대 도시이다. 다윗은 이 도시를 점령하고 수비대를 두고 있었으며(삼하 8:6), 분열왕국 때에는 이 도시를 놓고 분쟁을 하였다(왕상 15:18). 그러나 이 도시는 B.C. 732년에 앗수르에게 점령당했으며, B.C. 64년에 로마의 지배권 아래 이양되었다. 여기에는 많은 유대인들이 거주하여서 회당만 해도 30-40개가 있었으며, 약 4만 명의 유대인들이 거주하였다. 초대교회 때에 다메섹에서 많은 전도의 열매를 맺어서 A. D. 66년에 로마의 황제 네로가 이 도시의 기독교인들은 1만 명을 학살했다고 기록할 정도이다(Josephus). 오늘날에는 세계 3대 종교인 회교, 유대교, 기독교들이 혼재해서 살고 있다(그랜드 종합주석 14권, p. 215. 참조).

27) 성서백과대사전편찬위원회, 『성서대백과사전 7권』, p. 344.

물러 있는 박해자 사울의 시절의 바울에게 찾아간다.

그리고 박해자 사울을 보고도 예수님이 말씀하신대로 복음을 전하기 위해서 주님이 택하신 그릇이란 말씀을 그대로 믿고 그에게 접근하기를 아나니아는 두려워하지 않았다. 그는 그리스도인으로서 따뜻한 사랑을 가지고 그에게 접근하여 치료와 소명에 대한 주님의 메시지와 성령 충만하게 될 것을 예고하고, 성삼위 하나님의 이름으로 세례를 베풀어 준 사람이다.

그래서 이정현 교수는 그의 저서 "바울 곁의 사람들"이란 책에서 "사울은 다메섹으로 가는 도상에서 예수님을 영접함으로써, 옛 친구를 다 잃어버렸다. 사울의 옛 친구들은 사울을 배신자로 낙인찍었다. 그렇다고 그에게 새로운 친구도 없었다. 주변에 사람은 하나도 없을 때에 사울의 첫 번째 친구가 되어 준 사람은 아나니아이였다. 예수님을 사울에게 소개해 줘서 친구로 사귀게 된 것이다. 아나니아는 바울을 형제로 부른 첫 번째 사람이다"고 했다. 그는 이어서 말하기를 "옛날 유대교의 친구들은 다 잃어버린 방면에 예수님의 소개로 새로운 친구 아나니아를 사귀게 된 것이다. 사울은 회심하고 예수님의 인도로 직가로 갔다. 그 곳에 아나니아가 살고 있었다. 핍박을 피하여 도망하여 살게 된 유대 기독교인이었다."[28]고 했다.

이렇게 바울에게 아나니아는 회심의 초기에 자기에게 많은 은혜를 베풀어 주며 함께 신앙생활을 출발하게 된 친구인고로 바울에게는 잊을 수 없는 인물이었다. 그러므로 바울은 먼 훗날 사람들에게 체포된 자리에서 자신이 예수님을 만나서 주님의 종으로 복음을 전하게 된 내력을 소개할 때에 자기에게 복음을 믿게 된 초기의 신실한 친구 아나니아를 예수님과 함께 소개하고 있는 것이다(행

---

28) 이정현 지음.『바울 곁의 사람들』, p. 10.

22:1-16).

〈2〉 경건한 자이다.

사울 시절에 박해자의 시절을 회상하면서 바울이 예루살렘의 마지막 방문을 하면서 유대인들 앞에 복음을 전하는 현장에서 말하기를 자신이 다메섹에 가는 도중 개종했을 때 성령의 인도로 그를 방문하여 그의 시력을 회복시키고, 또 세례를 준 다메섹의 한 제자인 아나니아에 대해서 그는 경건한 사람이라고 증거하고 있다.[29]

바울은 아나니아를 경건한 사람으로 소개한 근거를 조병수 교수는 두 가지 근거를 삼고 있는데, 먼저는, 내면적으로는 율법을 표준해서 아나니아를 경건하다고 했으며, 다음은, 외면적으로는 사람들로부터 증거를 받은 것이라고 했다. 곧 내면적으로 경건한 사람이 외면적으로도 경건하며 외면적으로 경건하지 않는 사람이 내면적으로도 경건하다고 할 수 없다고 했다.[30]

이렇게 아나니아는 내면적으로 율법을 기준해서 볼 때에도 경건하며, 사람들의 증거에 의한 외면적으로 볼 때에도 아나니아는 경건한 사람이다.

그래서 이렇게 경건한 사람 아나니아에 대해서 성서백과대사전에서는 "예루살렘의 군중들에게 연설하는 중에 바울은 아나니아를

---

29) 사도행전 22:10-13 "내가 가로되 주여 무엇을 하리이까 주께서 가라사대 일어나 다메섹으로 들어가라 정한 바 너희 모든 행할 것을 거기서 누가 이르리라 하시거늘 나는 그 빛의 광채를 인하여 볼 수 없게 되었으므로 나와 함께 있는 사람들의 손에 끌려 다메섹에 들어갔노라 율법에 의하면 경건한 사람으로 거기 사는 모든 유대인들에게 칭찬을 듣는 아나니아라 하는 이가 내게 와 곁에 서서 말하되 형제 사울아 다시 보라 하거늘 즉시 그를 쳐다보았노라"

30) 조병수 지음, 『바울 동역자와 대적자』, pp. 11-12. 참조.

'율법에 의하면 경건한 사람'으로 묘사했다(행 22:12)"31)고 했다.

〈3〉 사람들에게 칭찬 듣는 사람이다.

바울은 유대인들 앞에서 복음을 전하면서 아나니아에 대해서 그는 율법으로는 경건한 사람으로 증거 하였다. 그리고 이어서 이러한 아나니아의 경건에 대한 확증으로 사람들 앞에서도 칭찬 듣는 사람이라고 증거했다.

이정현 교수는 아나니아가 사람들에게 칭찬 듣는 사람이라고 할 때에 그는 인품이나 품행이 뛰어난 사람이고, 이러한 사람이 될 때에 하나님께 영광을 돌릴 수 있는 사람이 될 수 있다고 했으며, "그가 경건하여 칭찬 듣는 사람이라"는 사실만 가지고도 그의 믿음이나 인격을 짐작할 수 있으며, 믿는 자들의 신앙생활에 귀감이 되기에 충분한 사람이라고 했다.32)

> "12절 하반부에. '거기 사는 모든 유대인들에게 칭찬 듣는 아나니아라'고 했습니다. 남들로부터 칭찬을 듣는다는 것은 쉬운 일이 아닙니다. 인품이나 언행이 남달라야 합니다. 그의 삶의 수준이 보통이면 칭찬을 받지 못합니다. 남다르고 뛰어나기 때문에 칭찬을 하는 것입니다. 세상에는 욕을 먹는 사람도 있고, 욕도 칭찬도 먹지 않는 평범한 사람도 있고, 칭찬 듣는 사람도 있다고 할 때에, 당연히 그리스도인들은 칭찬 듣는 사람이 되어야, 그것으로 하나님께 영광을 돌릴 수가 있습니다. 예수님이 너희는 세상의 소금이요 빛이라고 하시면서, 빛과 소금이 되어 네 아버지께 영광을 돌리라고 하신 것에서 이 사실을 확인할 수가 있습니다. 아나니아가 '경건하여 칭찬 듣는 사람'이라는 말씀만 가지고도 그의 인격이나 믿음을 짐작 할 수 있습니다. 아나니아가 예수 믿는 사람들의 신앙생활의 귀감이 되고 모범에 되기에 충분하다고 봅니다."

---

31) 성서백과대사전편찬위원회,『성서대백과사전 7권』, p. 344.
32) 이정현 지음.『바울 곁의 사람들』, pp. 12-13.

⟨4⟩ 훌륭한 신학자이다.

아나니아는 율법으로는 경건하고, 또 사람들에게 칭찬 듣는 사람일 뿐 아니라, 그는 신학적으로 훌륭한 신학자이다.

그래서 조병수 교수는 사도행전 22:14에 나타난 "그가 또 가로되 우리 조상들의 하나님이 너를 택하여 너로 하여금 자기 뜻을 알게 하시며 저 의인을 보게 하시고 그 입에서 나오는 음성을 듣게 하셨으니"에 근거해서 이러한 말씀 속에는 '하나님에 관하여' 신학적인 풍부한 사상이 농축되어 있다고 했다. 또 아나니아는 예수님에 대해서도 "의인"이라는 표현 속에는 당시 유대인들이 자주 사용하는 메시야에 대한 표현법이라는 것이다. 곧 예수님은 '메시야이신 의인'이시며, 스스로가 의로우신(무죄하신) 분이며(행 3:14), 의인으로 다른 이를 의롭게 만드신 분이라고 주장했다. 이렇게 아나니아는 하나님의 신관에 대하여, 그리고 예수님에 대하여는 기독관에 대하여 신학적인 사상을 농축하고 있다고 했다.[33]

그는 이어서 말하길 이러한 아나니아의 두 신학 사상은 바울의 신론과 기독론을 위한 기초가 되었을 것이라는 것이다. 바울은 하나님의 선택교리에 대하여 주장을 했다고 했으며(롬 8:29-30; 엡 1:5, 11; 갈 1:5), 예수께서 의가 되신다는 것은 바울의 핵심적인 사상이었다(고전 1:30). 특별히 예수님을 의인으로 생각한 사상은 바울에게서 칭의론으로 발전시켰다. 이러한 바울의 신학사상은 바울이 다메섹에 며칠 동안 있을 때에(행 9:19) 기독교의 신학적 체계를 습득하였으며, 예수님은 신학자 아나니아를 사용하였다고 주장했다.[34]

---

33) 조병수 지음, 『바울 동역자와 대적자』, p. 79.

⟨5⟩ 주님의 지시를 듣는 사람이다.

하나님께서는 아나니아와 사울에게 동시에 환상을(행 9:10, 12) 통하여 지시가 있었는데, 이것은 그들에게 참된 종교적 신앙을 강화시켰을 것이다. 여기 나타난 환상이 초자연적인 실유(實有)를 증명하는 것인 만큼, 단 한 사람에게 나타났어도 그의 신앙상 힘을 줄 것이다(행 18:9). 그런데, 동일사건의 관련으로 두 사람이 동시에 환상을 받은 것이니 더 말할 나위 없다. 아나니아가 지시를 받자 사울의 행세에 지극히 두려워하며 주저했으나 순종했다.

아나니아가 사울에게 가기를 기피한 원인은 공포심도 있겠지만, 또한 악한 사울이 복음의 은혜를 받아들일까 하는 의심도 있었을 것이다. 그리스도께서 주시는 은혜의 구원이 얼마나 넓고 큰지를 아직 모르는 유대인 기독자인 아나니아로서는 그때에 그런 좁은 생각을 품었을는지도 모른다.

그러나 예수님께서는 아나니아가 안심하고 사울에게 갈 수 있도록 "이 사람은 내 이름을 이방인과 임금들과 이스라엘 자손들 앞에 전하기 위하여 택한 나의 그릇이라"고 목적을 밝히셨다. 그리고 사울이 주님의 일에 많은 손해를 준데 대하여 원통하게 느끼는 아나니아의 마음을 풀어 주신다.

그리하여 아나니아는 주님의 명령을 필경 순종하였다. 그는 그리고 드러나지 않은 작은 인물 같으나 거대한 바울을 인도하였다. 그가 사울에게 가서 안수하면서 예수께서 나를 보내 "다시 보게 하시고 성령으로 충만하게 하신다" 하니 즉시 시력이 회복되었다. 그리고 세례를 베풀었다.[35]

---

34) 같은 책, p. 79. 참조.

3. 바나바

1> 바나바의 생애

바나바(βαρναβᾶς. Barnabas)는 '권위자(勸慰子'라는 뜻으로 구브로 섬 출신의 레위인 요셉의 별명이다(행 4:36). 사도행전 13:15에는 분명히 권면한다는(παράκλησις, 파라클레시스) 뜻이 있고, 사도행전 9:31; 15:31, 32도 역시 그럴 것이다. 이 이름을 가진 자는 친절하고 동정심이 많은, 그리고 낙천적인 성격의 소유자라는 것을 암시한다. 이것은 사도행전의 기사에 의해 확증된다.[36]

이러한 바나바는 사도들이 붙여준 별명으로 "위로의 아들" 혹은 "권면의 아들"이란 뜻이다. 바나바의 이름은 사도행전 4: 36에 "이름은 요셉이라 사도들이 일컬어 바나바(번역하면 권위자)라 하니"이라고 함으로 요셉인 것을 알 수 있다. 요셉의 뜻은 '그는 이김'과 '여호와께서 더하심'이란 뜻을 가지고 있다.

본명은 요셉이요 별명은 바나바인 그는, 본명으로 기록되지 아니하고 별명으로 성경에 기록되었다. 그는 성경과 교회사에 본명으로 통한 사람이 아니라 별명으로 통한 사람이다. 이러한 바나바는 선조들이 디아스포라[37] 출신으로 레위지파에 속하며 헬라계 유대인

---

35) 디럭스 바이블, 성경사전 '아나니아' 항목 참조.
36) 디럭스 바이블. 성경사전 참조.
37) 주전 586년 유다와 예루살렘이 바벨론에게 함락되고 다수의 유대인들이 바벨론으로 강제 이주당한 이후부터 유대인들은 지중해 연안의 여러

이다. 고향은 구브로 출신으로 그는 선지자이다(행 13:1; 11:23). 그러한 이유는 그의 별명에서 선지자적인 역할을 보여주기 때문이다. 곧 선지자는 남을 가르치고 권면하고 위로하는 일을 하듯이 다른 사람들을 위로하고 권면하는 사람이었기 때문이다(고전 14:3; 행 15:32).

4세기경의 교회 역사학자 유세비우스는 바나바는 예수님의 70명의 제자 중에 속하며 누가의 동역자였다고 보았지만(눅 10:1), 그는 이방인 세계에 있는 유대인으로 헬라적 유대인들의 예루살렘으로 귀환운동을 했던 자인 것 같다. 사도행전에 의하면 예루살렘에 있는 예수가 십자가상에서 죽은 직후 오순절 축제에 참가한 헬라파 유대인들이 많이 있었다. 바나바와 바울의 영적, 문화적 관계는 바울이 개종 후 예루살렘으로 돌아온 것에서 보여진다. 이러한 바나바는 예수에 의해서가 아닌 사도의 설교에 의해서 개종된 예루살렘의 첫 개종자에 속한다.38)

그는 사도들이 활약하던 유무상통 시대에 자기 고향의 비옥한 밭을 팔아서 거액을 사도들의 발 앞에 두어서 개인의 소유를 가지고 모든 사람을 위해서 사용하도록 공유화한 사람이다(행 4:37). 그런

나라에 흩어져서 살게 되었다. '디아스포라(Diaspora)', 즉 '흩어진 유대인'의 인구는 상당수에 달했다. 주후 1세기경에 이집트에서는 무려 인구의 10-12%가 유대인이었다. 로마에서도 약 2%나 되는 유대인들이 살았으며, 로마 제국 내에 유대인 인구가 4-4.5백만에 이른다고 한다. 당시 로마제국의 인구가 6천만으로 추산한다면 전체 인구의 7%가 해당하는 숫자이다. 이렇게 흩어진 유대인들은 공동체를 이루고 살았다. 회당(Synagogue)은 그들의 종교와 교육을 위한 집회 장소요 공동체의 결속을 위한 구심점을 이루는 기관이었다(김영재 저. 「기독교 교회사」, (서울: 이레서원, 2001). p. 40. 참조).
38) 성서백과대사전편찬위원회, 『성서대백과사전 4권』, (서울: 성서교재간행사, 1980), p. 426. 참조.

데 이러한 사실에 대해서 우리들에게는 의문이 있을 수가 있다. 그것은 원래에 레위지파는 사유재산을 갖지 못하도록 되어 있었다(민 18:20; 신 10:9). 그런데 어떻게 바나바가 자기의 사유재산으로 밭을 소유하고 있을 수 있겠는가 하는 것이다. 그러한 사실은 원래는 레위 지파 사람들은 사유재산을 성경대로 갖지 못했으나, 포로 이후에는 이러한 제도가 준수되지 못했기(Knowling, Bruce) 때문에 바나바는 레위지파 였지만 다른 레위지파 사람들이 사유재산을 갖고 있듯이 사유재산을 가질 수 있었을 것이다.

이러한 바나바는 12사도들의 눈에 가장 특출한 사람으로, 신앙인격이 뛰어난 사람으로 교회에서 사도들로부터, 그리고 초대교회의 성도들로부터 사랑받은 모범적인 인물이 되었다.

그는 예루살렘 교회에서 중요한 인물로 역할을 했던 것을 알 수 있다. 이러한 사실은 당시 예루살렘교회가 모인 집이 마가요한의 집이었다. 자기의 집을 교회의 처소로 제공한 마리아의 아들 마가 요한이 골로새서 4:10에 "나와 함께 갇힌 아리스다고와 바나바의 생질 마가와 (이 마가에 대하여 너희가 명을 받았으매 그가 이르거든 영접하라)"라고 한 사실을 보아서 바나바의 생질이란 사실을 보아서도 알 수 있다. 뿐만 아니라 바나바는 초대교회에서 유대교회와 이방교회의 중간 역할을 한 사람이며, 회개한 바울을 사도들에게 소개한 사람이고, 또 안디옥교회에서 교회의 중직자로 봉사한 사람이다.

또한 바나바는 안디옥 교회에서 바울과 함께 선교사로 파송되어 1차 전도여행을 떠났으며, 전도여행의 행로를 자기의 고향 구브로를 포함시킨 것은 바나바 때문일 것이다. 그는 바울과 함께 1차 전도여행을 마치고 예루살렘 총회에도 참석하였다. 그러나 자기의 조카 마가요한을 2차 전도여행에 데리고 가는 문제로 바울과 심하게 다툼으로 바울과 결별하여 바울은 실라를 데리고 2차 전도여행을 떠났고, 바나바는 자기의 조카 마가를 데리고 전도여행을 떠남으로 바나바의 행적인 사도행전에서 사라지게 된다.

그러나 바나바는 바울과 다툼 없이 일생 동안 복음을 전했을 것이며, 후기의 행적을 살펴보면 바나바는 바울과 서로 화해해서 서로 교류하며 복음을 전했던 것으로 추측해 볼 수 있다.

그러한 사실은 골로새서 4:10에 "나와 함께 갇힌 아리스다고와 바나바의 생질 마가와 (이 마가에 대하여 너희가 명을 받았으매 그가 이르거든 영접하라)"란 말씀과 디모데후서 4:11에 "누가만 나와 함께 있느니라. 네가 올 때에 마가를 데리고 오라 저가 나의 일에 유익하니라"고 한 사실에서 바나바와 바울의 전도여행 중에 분열의 원인이 되었던 마가를 바울이 소중하게 여기며 골로새교회에 마가를 영접하라고 한 당부와 바울이 바나바를 필요로 함으로 디모데에게 마가요한을 데리고 오라고 한 사실을 통해서 알 수 있다.39)

후기 교회의 증거에 의하면 바나바는 성경의 저자였다. 터툴리아누스는 그를 히브리서의 저자로 보았고, 알렉산드리아의 클레멘트와 오리네스는 그를 바나바 서신의 저자로 보았다. 또한 이들은 바나바가 사도로서 권위를 지니고 있음으로 바나바 서신을 정경과 동등하게 보았다. 그러나 히브리서나 바나바 서신 둘 다 갈라디아서에서 지적된 바나바의 보수적인 경향과 또한 사도행전에서 언급된 "예루살렘에서의 바나바와 잘 조화가 되지 않는다. 더욱이 바나바 서신은 내적 증거에 비추어 볼 때에, A. D. 130년경으로 추정되는데 바나바 시대보다 훨씬 후대이다."40)

---

39) 이상근 지음, 『신약주해 사도행전』, pp. 87-88. 참조.

그러면 바나바의 인생에 있어서 최후에 대해선 어떻게 되었을까? 바나바는 바울과 결별한 이후의 행적은 분명하게 나타나 있지는 않지만, 전설에 의하면 바나바는 만년에 이태리의 밀라노의 감독이 되었다는 설과 일생을 고향인 구브로에서 전도하다가 순교하였다는 설이 있다. 후자의 설이 정설이라면 바나바의 생질 마가가 다시 바울과 동반한 것을 바나바가 하나님의 부르심을 받은 이후에 되어진 것으로 추측할 수 있다.[41]

2> 바나바는 어떤 사람인가?

<1> 인재를 발굴해서 키워 준 사람이다.

바울은 회심한 얼마 이후 자기를 도와주던 아나니아 선지자를 떠나서 그의 인생행로를 결정해야 했었다. 그러나 이방인들에게 복음을 전하기 전에 혈육과도 의논하지 아니하고, 자기보다 먼저 사도된 자들을 만나려고 예루살렘으로도 가지 아니했다. 그는 아라비아로 가서 3년 동안 주님으로부터 하나님의 교회를 세우고 양육하며, 주님의 일꾼으로 쓰임 받기 위해서 광야에서 연단을 받고 다메섹으로 돌아왔다(갈 1:16-17).[42] 곧 바울은 주님의 사도로 일하기 전에 주님의 가르침을 받아서 아라비아 광야에서 훈련을 마치고 돌아온 것이다.

---

40) 성서백과대사전편찬위원회, 『성서대백과사전 4권』, pp. 427-428.
41) 같은 책, p. 231. 참조.
42) 갈 1:16-17 "그 아들을 이방에 전하기 위하여 그를 내 속에 나타내시기를 기뻐하실 때에 내가 곧 혈육과 의논하지 아니하고 또 나보다 먼저 사도된 자들을 만나려고 예루살렘으로 가지 아니하고 오직 아라비아로 갔다가 다시 다메섹으로 돌아갔노라 "

그리고 그 후 얼마 안 되어서 예루살렘을 떠난 지 3년 만에 전날에 박해자 사울이 전도자 바울이 되어서 예루살렘으로 올라왔다. 그리고 예루살렘에서 15일을 머무르면서 사도들과 예루살렘교회의 성도들과 사귀려고 했다. 그러나 예루살렘에 있는 교회의 사도들의 반응은 전날에 박해자가 회심해서 3년 만에 돌아와서 함께 교제하며 복음을 전하려고 할지라도 그들이 바울에 대한 반응은 냉담하고 도리어 의심하고 경계하였다. 이러한 사실은 누가 사도행전 9:26 "사울이 예루살렘에 가서 제자들을 사귀고자 하나 다 두려워하여 그의 제자 됨을 믿지 아니하니"라고 당시의 상황을 기록함에서 이러한 사실들이 확증된다.

이렇게 사도들과 예루살렘 교회로부터 의심과 냉담한 채로 불신의 자리에 놓여 있는 사도 바울을 바나바는 사도들에게 데리고 갔다. 그리고 바울을 사도들과 교회에서 신임할 수 있도록 그들 앞에서 바울이 3년 전에 다메섹 도상에서 주님을 만나서 회심하여 박해자 사울이 변하여 새 사람이 된 것과 주님이 분부하신 이방인들과 높은 임금들에게 주님을 증거하는 전도자로 택한 그릇이 되었다고 하심과 그가 다메섹에서 아라비아 광야신학을 3년간 마치고 돌아와서 복음을 담대히 전한 것을 자세히 입증해 주었다.

이렇게 함으로 바울에 대한 입지를 세워주고 사도들과 교회로부터 불신감이 해소되고 함께 복음 사역에 동참하게 되도록 곤경에 빠진 바울을 곤경에서 건져주고, 사람을 다른 사람 앞에서 세워주는 사람이었다. 바나바는 이렇게 어려움에 빠진 사람들을 변호해 주고 위로해 주고 용기를 주어서 사람들을 주님의 사람이 되도록 키워주는 좋은 사람이다. 뿐만 아니라 회심한 사울을 보고 교회의 일꾼이 될 가능성을 본 것이다. 그래서 그는 회심한 사울이라는 일꾼을 발굴에서 일꾼으로 키워준 사람이다.

이러한 사실은 사도행전 9:27-30에 "바나바가 데리고 사도들에게 가서 그가 길에서 어떻게 주를 본 것과 주께서 그에게 말씀하신 일과 다메섹에서 그가 어떻게 예수의 이름으로 담대히 말하던 것을 말하니라. 사울이 제자들과 함께 있어 예루살렘에 출입하며 또 주 예수의 이름으로 담대히 말하고 헬라파 유대인들과 함께 말하며 변론하니 그 사람들이 죽이려고 힘쓰거늘 형제들이 알고 가이사랴로 데리고 내려가서 다소로 보내니라."고 기록함으로 확증해 준다.

그래서 F. F. 브루스는 그의 저서 "복음은 불꽃같이"에서 "그는 다메섹을 향해 떠난 지 3년 만에 예루살렘으로 돌아가면서 예수님의 추종자들과 연락을 취하고자 하였다. 그러나 아직도 바울의 전력을 기억하고 있던 이들이 있었던 만큼 이는 상당히 미묘한 문제였다. 바울을 두고 자기들을 내부로부터 붕괴시키고자 하는 첩자라고 생각하는 이들도 있었다. 그런데 구브로(Cyprus 사이프러스) 출신의 레위인으로서 나사렛당의 지도적 위치를 차지하고 있었으며, 바울과의 이전 친교를 통해 그의 성품을 어느 정도 알고 있었던 바나바가 바울을 적극적으로 추천하였으며, 베드로 역시 바울을 너그러이 받아들여 주었다"[43]고 기록하고 있다.

바나바가 바울을 사도들과 교회로부터 불신의 자리에서 이렇게 변호해 주고 소외의 자리에서 건져서 교회의 일꾼으로 바울을 세워준 것을 박윤선 박사는 4가지 덕이 있었기 때문이라고 한다. (1) 사울의 인격을 알아보는 밝음과 (2) 오해를 무릅쓰고 의리를 세우는 용단과 (3) 교회의 발전을 위하여 유명한 일꾼을 포섭하는 비전

---

43) F. F. 브루스 저, The Spreading Flame(복음은 불꽃같이), 서영일 역, 『초대교회사』, (서울: 기독교 문서선교회, 1994), p. 110.

(vision)과 (4) 고립된 자의 실정을 깊이 느끼고 도와준 긍휼이 함께 작용한 것이라고 했다.[44]

박윤선 박사는 이어서 말하길 "사울을 교계에 소개함에 바나바의 역할은 필요했다. 교회에는 귀한 인재를 이해시키며 신임 받게 하는 중재적인 역할을 하는 인물이 언제나 필요하다. 바나바는 이때에 사울을 소개함에 있어서 두 가지 중요한 사실을 말하였다. (1) 사울이 기적적으로 주님의 말씀을 듣고 회개하였다는 것과 (2) 그가 죽음을 각오하고 담대히 복음을 증거 하였다는 것이다. 이 두 가지는 두 증인의 증거처럼 그의 회개의 확실성을 증명해 준다. 죽음을 무릅쓰고 전도하는 자는 반드시 기적으로 회개를 체험한 자이다"[45]고 했다.

저자의 저서 "주께 붙잡힌 바울"에서 "바울은 바나바가 사도들에게 이렇게 변호해 주고 소개해 주어서 사도들의 세계에 바울의 존재가 인정되었고, 사도들의 사역에 동참하게 되었으니 바나바야말로 바울에게 잊지 못할 고마운 사람인 것이다.[46]"고 했다.

바나바는 이렇게 교회의 일꾼이 될 가능성의 사람을 발굴해서 소외된 자리에서 구해서 교회의 일꾼으로 세워준 덕망이 있는 사람이다.

〈2〉 사람들에게 인정받는 사람이다.

---

44) 박윤선 지음, 『신약주석 사도행전』, (서울: 영음사, 1977), p. 232.
45) 같은 책, pp. 232-233.
46) 오광석 지음, 『주께 붙잡힌 바울』, p. 79. 저자는 안산한별교회의 담임목사로서, 안산시기독교연합회장을 역임했고, 안산경제정의실천협의회 초대공동대표를 지냈으며, 현재는 경일고등학교 명예교목과 총회신학교 교수와 안산1대학의 객원교수로 있다. 저서로는 『주께 붙잡힌 바울』, 『주님을 말하는 바울』, 『주님을 생각하는 바울』 등이 있다.

하나님의 사람들은 하나님에게도 인정을 받아야 하지만 사람들에게도 인정을 받아야 한다. 그런데 바나바는 이렇게 하나님에게도 인정을 받는 사람이요 사람들에게 인정을 받는 사람이었다.

그러면 바나바는 어떻게 사람들에게 인정을 받는 사람인가? 바나바는 먼저 예루살렘교회의 사도들에게 인정을 받는 사람이다. 바나바는 소유인 밭을 팔아 교회에 돌려서 교회와 어려운 교우들의 필요를 채워 주는 헌신적인 사람이었다. 그뿐 아니라 사도행전 4:36에서 "사도들이 그를 일컬어 바나바(번역하면 권위자)라 하니"라고 함으로 사도들이 그의 별명을 바나바 곧 "권위자"란 칭호를 붙여준 사실 그 자체가 사도들로부터 인정받은 하나님의 충실한 사람인 것을 증거해 주고 있다.

바나바는 이렇게 사도들이 바나바 즉 "권위자"란 별명을 붙여 주듯이 인정을 받을 뿐 아니라 초대교회에서 인정받은 사람이다. 바나바가 예루살렘 교회에서 활동할 당시에는 초대교회에 스데반 집사가 순교하자 복음의 불길이 더욱 거세게 타오르기 시작했다. 이러한 사실은 예루살렘에 한정된 것이 아니라 흩어진 많은 그리스도인들이 곳곳에서 복음을 증거하기 시작한 것이다. 이러한 복음의 역사가 수리아에 있는 안디옥에서 더욱 거세게 타올랐다. 심지어는 이 복음이 헬라인에게도 전달되고 헬라인들도 믿고 하나님의 자녀가 된다는 소문이 예루살렘에까지 전달되게 되었다. 그래서 교회는 이러한 보고를 듣고 안디옥에 누군가를 파송해서 그 사정을 알고 정리하여 바른 진리를 가르칠 사람이 필요했다. 이 일은 아주 중요한 일이었다. 단순히 안디옥의 사정을 알아오는 것이 아니라 안디옥에 일꾼을 파송하는 것이다. 안디옥에 가서 그곳 신자들을 지도하고 관리하고 양육하는 일을 맡길 사람이 필요했다. 이때 적임자로 선택된 사람이 바나바이다. 바나바는 이렇게 초대교회의 인정을 받은 사람인 것을 알 수 있다. 이러한 사실을 누가는 사도행전 11:22에 "예루살렘 교회가 이 사람들의 소문을 듣고 바나바를 안디옥까지 보내니"라고 기록하고 있다.

〈3〉 착하고 믿음과 성령이 충만한 사람이다.

누가는 바나바의 사람됨에 대해서 사도행전 11:24 상반절에서 "바나바는 착한 사람이요"라고 기록했다. 이 말은 바나바는 예수님을 믿기 전에는 심성이 악한 사람인데, 예수님을 믿고 난 후에 변하여 착한 사람이 되었다는 말이 아니다. 여기서 바나바가 착한 사람이라는 것은 예수님을 믿기 전부터 그의 심성이 선천적으로 타고난 착한 사람이라는 것이다. 바나바가 착하다는 것은 사람들을 대하는 바나바의 대인관계적인 태도를 말한 것이다. 착한 심성을 가진 바나바가 교회의 지도자로서 천성적으로 넓은 아량을 가졌다는 것은 참으로 하나님의 교회에 합당한 사람이다.

심성이 착한 바나바는 또한 사도행전 11:24 중반절에선 "성령과 믿음이 충만한 자라"고 함으로 영적으로 은혜가 풍부한 소유자란 말이다. 여기서 성령이 충만한 사람이란 성령으로 말미암아 은사의 분량이 풍부함을 의미한다. 그리고 이렇게 성령이 충만함은 믿음으로 나타나기 때문에 '성령의 충만'이란 다음에 '믿음이 충만한 사람'으로 바나바를 소개하고 있다.

바나바는 선천적으로 착한 심성을 가지고 태어난 사람이요 거기에다 성령과 믿음이 충만한 사람이므로 훌륭한 교회의 지도자가 될 수 있었던 것이다. 이러한 바나바의 사역에 하나님께서는 복을 주셨다. 그래서 사도행전 11:24 하반절에서 "이에 큰 무리가 주께 더

하더라."고 말하고 있다. 하나님은 이렇게 심성이 착하고 성령과 믿음이 충만한 하나님의 사역자 바나바에게 이렇게 많은 영혼들을 붙여 주었던 것이다.[47]

바나바는 심성이 착하고 성령과 믿음이 충만한 사람이란 것을 안디옥교회에서 사역을 하면서 하나님의 복을 주심으로 안디옥교회가 점점 더 부흥되고 뿌리를 내리고 있을 때에 더욱 보여진다. 그는 그가 사역하는 안디옥 교회의 한참 부흥의 시기에 착하고 성령과 믿음이 충만한 바나바는 다소에서 내려가서 사울, 즉 바울을 찾으려 내려갔다. 바나바가 바울을 찾으려고 간 안디옥에서 다소로 갈 때의 시기는 주후 42년 봄, 안디옥에서 다소까지는 226km의 거리나 된다. 바나바가 바울을 찾으려 다소에 갈 때에 만일 걸어서 갔다면 근 열흘길은 될 것이다.

그리고 바나바가 바울을 찾으려고 갔을 때에 바울의 거주지를 정확히 알고 바로 찾아간 것이 아니다. 사도행전 11:25에서 "바나바가 사울을 찾으려 다소에 가서"란 이 말씀에서 '찾으려'란 말씀의 원문동사 의미는 '한 집 한 집 물어서 찾는 것을 뜻한다.'고 한다. 바나바는 안디옥에서 다소까지 갔고 바울의 주소를 몰라 힘들여서 바울을 찾은 것이다. 바나바는 바울이 회개한 후에 첫 번째 예루살렘을 방문했을 때에 그를 사도들에게 소개하고 옹위한 한 사람이 바나바였다(행 9:27). 이러한 그는 지금도 안디옥교회의 설립과 확장을 위해서 은거 중인 바울을 찾아내어 일꾼으로 만든 사람이 바로 심성이 선천적으로 착하고 성령과 믿음이 충만한 사람 바나바였다.[48]

---

47) 같은 책, p. 269. 참조.
48) 이상근 지음, 『신약주해 사도행전』, p. 178. 참조.

바울은 바나바로 말미암아 주님의 택한 그릇으로 부르심을 받은 후 십여 년의 준비와 은거의 생활을 끝내고 다메섹에서 부르심을 받은 대로(행 9:5, 15) 이방의 대 사도로 출발의 채비에 오른 것이다. 바울은 예루살렘 교회가 그를 환영하지 않았기 때문에(행 9:29-30) 안디옥으로 오는 것이 좋았고, 안디옥에서 일년간 바나바와 같이 사역하면서 이방전도의 사역지로 나가게 된 것이다.[49]

이러한 바나바에 대해서 칼빈은 "바나바의 소박성이 두 번이나 칭찬되고 있는 것은 그가 안디옥 교회에서 지도자의 역할을 할 수가 있었지만 바울이 자기보다 낮다는 점을 알고 길리기아에 가서 그를 데리고 오고 있기 때문이다. 그러므로 그는 자신을 망각한 채 오직 그리스도께서 윗자리를 차지하도록 하는 일과 교회의 증대에 온 마음을 쏟으며 복음의 번영과 성과에 만족하고 있었다. 그러므로 바나바는 바울이 와서 자신의 모든 것을 모두가 다 빼앗아 간다고 해도 그것이 그리스도에게 영광이 되는 일이 되기 때문에 두려워하지 않고 있다"[50]고 칭찬함으로 바나바가 심성이 착하고 성령과 믿음이 충만한 사람인 것을 말해 주고 있다.

<4> 바울에게 있어서 훌륭한 동역자이다.

바나바가 다른 사람들과 함께 복음사역에 함께 동사하는 동역의 사역자란 사실은 바울과 동역자로서 바나바를 생각해 볼 수 있다. 그리고 바나바가 바울과 동역을 함에 있어서는 몇 가지로 생각해 볼 수 있다.

---

49) 같은 책, p. 178. 참조.
50) 존. 칼빈, 『신약성경주석 5 (사도행전1)』, (서울: 신교출판사, 1978), p. 437.

첫째는, 바울을 주님의 사도들에게 훌륭한 일꾼으로 소개한 일에서 찾아 볼 수 있다. 바울이 다메섹 도상에서 주님의 은혜로 회심한 후에도 한 동안 사도들이나 많은 사람들은 사울의 회심에 대해 의심할 수밖에 없었다. 그 이유는 바울은 예수 믿는 사람을 잡아 감옥에 가두는 아주 포악한 사람이었기 때문이다. 이러한 흉악한 박해자 사울이 회개하여 주님의 전도자가 되었다는 것이 믿어지지 않았던 것이다. 이렇게 바울의 회심을 불신하며 의심하는 자리에서 복음의 일꾼들로부터 소외된 위치에 있었다. 이때에 그 가운데서 중재역할을 했던 인물이 바나바였다. 바나바는 바울의 회심의 사실을 잘 살펴보고 사도들에게 사울이 어떻게 회심하게 되었는지에 대해서 잘 설명했고, 또한 실제로 회심한 이후에 다메섹에서 예수님을 어떻게 담대히 증거했는지를 잘 설명해 줌으로 바울을 초대교회에 복음을 함께 증거할 수 있는 동역자의 자리로 끌어들인 것이다(행 9:26-27).

이러한 바나바가 아니었다면 바울이 주님의 제자들인 사도들과 함께 동역을 하기가 쉽지 않았을 것이다. 그런데 바나바는 사울이 다른 동역자들과 함께 일을 할 수 있도록 길을 열어주고 공동체 안에 의심의 담과 경계의 담을 허물어 주는 사람이었다.

둘째는, 바나바가 다소에 있는 바울을 찾아서 안디옥 교회에 데리고 와서 동역함에서부터 바울은 동역자로 들어나게 된다. 바나바는 바울이 안디옥 교회에 자기보다 더 하나님의 영광과 교회의 부흥을 가져올 일꾼인 것을 알아보고 바울을 데리고 와서 안디옥 교회에 동역한 결과 '그리스도인'이라는 일컬음을 받는 하나님의 복을 맛보았다. 안디옥 교회에서 '그리스도인'이라고 칭함을 받은 것은 불신 이방인들이 예수님을 믿는 자들을 조롱하기 위해서 붙여진 이름이다. 당시 불신 유대인들이 예수님을 믿는 자들을 '나사렛 당'이라는 명칭은 붙여졌지만 '그리스도인'이라는 명칭은 바나바와 바울이 동역한 안디옥에서 처음으로 붙여지게 되었다. 그러나 '그리스도인'이라고 칭함은 불신 이방인들에게는 조롱하는 말이지만 믿는 자들에게는 영광스런 칭호가 된 것이다. 이것은 곧 바나바와 바울의 동역의 현장에서 수고함의 결과로 맺어진 영광의 열매들인 것이다.

이러한 사실을 칼빈은 그의 주석에서 말하길 "누가는 이러한 경건한 협력에 하나님의 축복이 따르고 있다는 점을 기록하고 있다. 요컨대 '그리스도인'이라는 거룩한 명칭이 그곳에서 유래되어 온 세상에 퍼지게 된 것은 결코 평범한 영예에서 그치고 말 일이 아니다. 사도들이 비록 그처럼 오래 예루살렘에서 가르쳤지만 하나님께서는 그곳에 있는 교회가 이 뛰어난 그의 아들의 명칭을 받을 자격이 있는 것으로 생각지 않으셨다. 그러나 이곳 사람들이 이 명칭을 받게 된 것은 많은 숫자의 유대인들과 이방인들이 안디옥에서 한 몸을 이루었거나, 평화로운 분위기에서 교회를 세울 수 있는 좋은 기회가 허용되었거나, 아니면 그들의 신앙을 공개적으로 고백하는 용기가 그들에게 있었거나 세 가지 이유 중에서 하나일 것이다"[51]라고 했다.

셋째는, 바나바와 바울의 동역자로서 활동은 안디옥교회에서 성령의 하시는 말씀을 따라 전도여행을 함께 떠남에서 바울과 바나바의 동역의 절정을 이룬다.

박윤선 박사는 안디옥 교회가 세계적으로 선교사업을 시작하게 된 것은 그 교회에 준비된 일꾼들이 있었기 때문이며, 바나바와 바

---

51) 같은 책, p. 439.

울의 선교여행의 합작은 가장 아름다운 것이며, 두 사람의 우정이 두터웠기 때문이라고 말하고 있다. 그리고 바나바와 바울이 먼저 구브로를 전도한 것은 바나바의 고향이기 때문인 듯 하며, 그들의 전도 메시지는 은혜로 구원을 얻는 것이며, 유대인들이 복음에 대한 핍박으로 바나바와 바울은 이방인에게로 가서 복음을 동역하게 되었다고 했다.[52]

그리고 바울과 바나바는 하나님의 말씀만 전했고, 핍박을 받을 때에도 그곳을 떠나지 않고 오래 머물면서 복음을 전했으며, 때로 핍박을 피해서 도망한 일도 있다고 했다(행 14:1-7). 이들은 자신들이 높임을 받는 것을 완강하게 거절했으며(행 14:8-18), 복음을 전하다가 돌에 맞고도 다시 일어나서 복음을 전했으며(행 14:19-21), 그들은 복음을 전할 뿐 아니라 신자들을 가르치며, 목양하는 일에도 힘을 썼다고 했다(행 14:22-23).[53]

그들은 율법주의자들이 예수님을 믿어도 할례를 받아야 구원을 얻는다는 이단적 주장을 할 때도 예루살렘 공의회에 바른 판결을 호소했으며, 공회의 결과는 바나바와 바울이 전한 복음 곧 예수님만 믿으면 은혜로 구원을 얻는다는 것이 신학적인 정설로 결정이 되었다. 그러므로 바나바와 바울은 전도 여행지로 돌아와서 예루살렘 공의회의 사도들의 결정을 가르쳤다.[54]

그리고 제2차 전도여행을 떠나기 전에 마가 요한을 데리고 가는 문제를 가지고 제1차 전도여행 중에 마음을 돌이켜 예루살렘으로 돌아가 버린 마가요한을 바울은 데리고 갈 수 없다고 주장했고, 바

---

52) 박윤선 지음, 『신약주석 사도행전』, p. 286. 참조.
53) 같은 책, p. 307. 참조.
54) 같은 책, pp. 320-322. 참조.

나바는 그래도 사랑으로 품고 데리고 가자고 주장하였다.

칼빈은 이러한 마가의 변화에 대하여 말하길 "마가 요한의 죄는 일반적으로 생각하는 것보다 더욱 심각한 것이었음이 분명하다. 그가 그리스도를 믿는 믿음으로부터 떠난 것은 아니지만 그가 받은 소명으로부터는 이탈자요 배반자가 되었던 것이다. 그러므로 소명으로부터 물러났다가 곧 그 소명으로 돌아오게 된 경우 이는 극히 좋지 못한 사례를 만들어 냈다."[55]고 했다.

바울은 이러한 이유 때문에 마가의 크나큰 변절을 용납하고 바나바의 주장대로 제2차 전도여행에 마가를 동참시킬 수 없었던 것이다. 그러나 바나바는 그래도 마가 요한의 잘못이 크지만 용서하고 함께 제 2차 전도여행에 동참시켜야 한다고 주장하게 되었다.

바울과 바나바가 동일한 복음의 사역자들이며, 동역자들이지만 이렇게 서로 간에 주장의 차이를 보이는 것은 둘 중 하나의 생각이 잘못된 것이 아니다. 둘 다 주장과 생각이 잘못된 것은 아니지만 이들은 성품의 크나큰 차이를 가지고 있었기 때문이다. 그래서 조병수 교수는 "여기서 바울과 바나바의 대조적인 성격이 드러난다. 바울은 진리를 강조하였고, 바나바는 사랑을 강조하였다. 바울은 자를 것은 잘라야 한다고 생각하였고, 바나바는 잘라진 것도 붙여야 한다고 생각하였다. 바나바는 용서할 수 있는 사람이었다. 유약한 사람에게도 기대를 걸었다."[56]고 했다.

이러한 결과로 바울과 바나바는 서로 간에 마가를 제 2차 전도여행에 데리고 가는 것에 대한 의견의 일치를 보지 못하고 그들의 오

---

55) 존. 칼빈, 『신약성경주석 6 (사도행전 2)』, (서울: 신교출판사, 1978), p. 95.
56) 조병수, 『바울의 동역자와 대적자』, p. 40.

랜 동역자의 길이 끝나게 되는 비운을 맞이하게 된다. 그래서 바나바는 먼저 마가 요한을 데리고 구브로로 전도 여행을 떠나가 버리고, 바울은 실라를 데리고 제2차 전도 여행을 떠나게 됨으로 바나바와 바울의 동역은 이것으로 끝나버린다. 그리고 신약성경에서 바나바의 전도 행적이 찾아 볼 수 없게 됨으로 바나바란 하나님의 사람은 감추어져 버린다.

그러나 바울과 바나바가 서로 의견에 차이로 갈라져서 전도여행을 각자 떠나게 되었지만 우리들이 흔히 생각하는 것처럼 원수 사이가 되어서 헤어진 것이 아니다. 이들이 서로 갈라져서 전도여행을 떠나게 된 것은 같이 있으면서 서로 간에 싸우는 것보다 갈라져서 서로 잘되기를 위하며 복음을 전하는 것이 나은 것으로 생각했기 때문이다. 같이 있으면서 마가 요한의 문제로 서로 다투면 하나님의 영광이 가려지고 전도의 문이 막히고 피차간에 손해만 보는 것이다. 마가의 문제 때문에 같이 동역은 하지 못하고 갈라졌지만 서로 잘되기를 원하고 서로 사랑한 것 같다.[57]

이러한 사실은 바울이 고린도전서 9:6에 "어찌 나와 바나바만 일하지 아니할 권이 없겠느냐"라고 함으로 바울과 바나바는 서로 간에 성경 안에서 비하 발언을 함으로 신앙인격에 상처를 주는 일이 없이 바울은 바나바와 헤어진 뒤에도 바나바의 장점을 들어서 모범의 모델로서 칭찬하고 있기 때문이다.

그래서 바울은 고린도교회에 보내는 서신에서 자신의 사도직의 권위를 깎으려고 하는 자들에게 다른 사도들과 같이 '먹고 마실 권'과 '사례를 받을 수 있을 권'이 있음을 말하고 있다. 그러면서 바울

---

57) 이병규, 『성경강해 사도행전』 (서울: 크리스찬비젼하우스, 1982), p. 308.

은 다른 사도들과 같이 '결혼해서 다른 사도들과 같이 아내를 데리고 다닐 권'이 있음을 말하면서 바울은 이러한 권을 쓰지 않고 자신과 바나바는 주님의 몸 된 교회에서 헌신하고 있을 말하고 있다.58)

이러한 사실은 바나바와 바울이 같이 헤어진 후에 동역은 하지 않았지만 서로 교류하며 각자 복음사역에 힘을 썼음을 보여주고 있다.

그 후에 마가 요한도 회개함으로 복음의 충성스런 일꾼으로 봉사하게 됨으로 바울도 마가요한의 과거의 잘못을 용서하고 자신의 신실한 복음의 동역자로 수납하고 있기 때문이다.

그래서 디모데후서 4:10-11에 "데마는 이 세상을 사랑하여 나를 버리고 데살로니가로 갔고 그레스게는 갈라디아로, 디도는 달마디아로 갔고 누가만 나와 함께 있느니라. 네가 올 때에 마가를 데리고 오라 저가 나의 일에 유익하니라"고 함으로 바울은 마가 요한을 "나의 일에 유익하게 하는 자"라고 말한다. 곧 바울은 디모데에게 마가 요한을 데리고 와서 바울의 복음 사역에 동역할 것을 말하고 있기 때문이다. 또 골로새서 4:10에서도 "나와 함께 갇힌 아리스다고와 바나바의 생질 마가와 (이 마가에 대하여 너희가 명을 받았으매 그가 이르거든 영접하라)"고 바울이 마가 요한을 골로새교회에 소개하여 그가 이르거든 잘 영접하라고 한 사실들을 미루어 볼 때에 바울과 바나바는 서로 화해하였고, 그리고 이들은 서로 교류하였음을 말해주고 있다. 그리고 마가 요한에 대한 불신의 문제도 완전히 풀리게 되고 바울에게 없어서 안 될 특별한 복음 사역의 수종자가 되었음을 말해 준다.

이렇게 바나바는 바울과 서로 사랑하고 충실한 복음의 동역자들

58) 박윤선,『성경주석 고린도전서』, (서울: 영음사, 1978), p. 129.

인 것을 보여줌으로 바나바가 동역의 사람인 것을 보여주고 있다.

제 2 장
전도여행 중에 나타난 주변 인물들

1. 마가 요한

1> 마가의 생애

마가(Μάρκος, Mark)는 그 이름의 뜻은 '비추이다'란 뜻이다. 전통적으로 마가복음의 기자로 되어있다. '마가'라는 이름은 신약성경에 모두 9번 나온다. 즉 사도행전 12:12, 25; 13:5, 13; 15:37; 골로새서 4:10; 디모데후서 4:11; 빌레몬서 24; 베드로전서 5:13이다. 사도행전 13:5, 13에서는 단순히 '요한'이라고만 기록되어 있다. 이상의 기사에 의하면, 마가는 유대인 크리스챤인데, 히브리의 본명을 '요한(Ἰωάννης, יְלָהֶן)'이라 하고, 로마식 이름은 '마가(Marcus)'였다.[59] 이렇게 이름을 히브리식으로, 그리고 로마식으로 이름을 짓는 것은 당시 헬라적인 유대인들의 관례를 지키기 위해서이다(참조: Saul-Paul, Joseph-Justus, 행 1:25).[60]

어떤 학자는 마가에 대해서 분명한 것은 아버지에 대한 기사는 없으나 부유한 상인으로서 로마인들과 교역을 하였는데, 자주 로마인들을 만나게 되자 애칭으로 자기들의 이름을 따라 불렀을 것으로 주장하기도 한다. 그의 아버지는 마지막 유월절에 제자들과 함께

---

59) 디럭스 바이블 성경사전 참조.
60) 성서백과대사전편찬위원회, 『성서대백과사전 4권』, p. 529.

만찬을 하셨던 장소가 마가복음 14:14절에 "어디든지 그의 들어가는 그 집주인에게 이르되 선생님의 말씀이 내가 내 제자들과 함께 유월절을 먹을 나의 객실이 어디 있느뇨 하시더라."고 함으로 여기서 '집 주인'이란 말은 마가의 아버지를 지칭하게 됨으로 이때까지는 마가의 아버지가 생존해 있었던 것으로 생각할 수 있을 것이다.[61]

마가는 예루살렘에 그의 집이 있었으며, 그의 어머니는 마리아이며 사도행전에서는 과부로 나타나 있다. 이와 같이 사도행전 12:12 "깨닫고 마가라 하는 요한의 어머니 마리아의 집에 가니 여러 사람이 모여 기도하더라."고 함으로 마가의 어머니의 이름을 '마리아의 집'이라고 지칭하고 있기 때문이다.

이러한 마가 요한의 어머니는 신앙이 좋은 사람이다. 자기의 남편이 사별한 후에 예루살렘교회의 시작이 되는 예배의 처소로 자기의 집을 제공하고 있었기 때문이다. 그의 집은 기독교인들의 대집회로 사용되어 예배를 드릴 수 있을 만큼이나 상당히 큰 집을 소유하고 있었고, 일하는 여자 아이도 데리고 있을 만큼 비교적 부유한 집의 출신으로 생각할 수 있다(행 12:12 이하).

또 주님의 최후 만찬이 그 집에서 베풀어졌으며, 소년시절의 마가는 예수님의 생애에 있어서 최후의 사건들을 목격했을 것으로 성경학자들은 생각하고 있다. 그리고 겟세마네 동산에서 벗은 몸으로 도망했던 젊은이가 바로 마가 자신이었으며(막 14:51-52), 그는 가족정원의 관리인으로 봉사했는데, 예수께서 잡히시던 당시에 정원 망루에서 잠을 자고 있었던 것으로 추측된다.[62]

---

61) 조병수 지음, 『바울의 동역자와 대적자』, pp. 31-32. 참조.
62) 성서백과대사전편찬위원회, 『성서대백과사전 4권』, p. 529. 참조.

렌스키란 신학자는 "바나바가 레위 족속인 것을 미루어 보아 마가 역시 레위 족인 것은 틀림없다. 그리고 바나바와 마가의 아버지가 형제였다면 그것이 확실하다. 히폴리투스(Hippolytus. 약 230경)는 마가를 '손이 짧은 손가락의 사람'이라고 부르고 있으며, 그 때문에 레위인의 성전봉사에 부적당했으니 그의 엄지손가락이 잘라졌기 때문이다(레 21:17). 마가는 이러한 전설이 발생한 배경으로 보아 완전한 자연적인 방법에 의해서 엄지손가락을 상실한 것이다."[63]라고 했다.

이러한 사실을 미루어 보아 마가 요한은 바나바의 생질이었다는 점에서 마가는 지중해의 구브로(Κύπρος, Cyprus) 섬 출신의 레위족인 것으로 생각된다(골 4:10; 행 15:37, 39). 마가가 만일 마가복음 14:51(다른 복음서에는 없다)의 청년이었다면, 생전에 주님을 알고 있었을 것이다. 어떤 학자가 마가를 주님의 직제자(直弟子)가 아니라고 한 것처럼, 당시의 그는 연소하여 제자의 수에 들지 못했을는지도 모른다.

그는 바나바와 바울의 전도여행에 동참하기도 했으나 변절하게 됨으로 전도여행에 데리고 가는 문제로 바나바와 바울이 갈라지게 되기도 한 장본인이다(행 15:35-41).

그는 바울과 바나바가 갈라진 다음에는 자기의 삼촌 바나바와 전

---

63) 렌스키 저, The Interpretion of St. Matthew's Gospel 1. 배영철 역, 『성경주석 마가복음(상)』, (서울: 백합출판사, 1978), p. 8. 저자 렌스키(Richard C. H. Lenski) 박사는 독일 출생으로 미국오하이주, 콜롬비아 시에 있는 캐피탈대학교에서 그의 신학적인 수업을 쌓았으며 메릴랜드 주의 볼티모어와 오하이오 주, 트렌톤, 스프링필드, 안나 등지에서 계속 목회를 하였다. 1890년 캐피탈 대학에서 M.A 학위를, 1915년에는 D.D. 학위를 받았으며, 동 대학교 교수와 신학교 교장을 역임했다. 그의 많은 저서 중에서 12권의 신약성경주석은 가장 권위 있는 저작이다.

도여행에 동참했으며, 훗날 자신의 잘못을 회개하고 바울의 신실한 동역자가 된 사실을 우리들은 알 수 있다(골 4:10-11; 몬 1:24, 딤후 4:11).

그뿐 아니라 마가요한은 바울이 죽은 후에는 베드로의 충실한 일 꾼으로 베드로의 복음 사역에 동참한 인물이다. 그래서 베드로 전서 5장 13절 "함께 택하심을 받은 바벨론에 있는 교회가 너희에게 문안하고 내 아들 마가도 그리하느니라"고 기록하고 있다. 즉 그들 사이에 친밀함을 엿볼 수 있다. 천사에 의해 "헤롯의 손과 유대 백성의 모든 기대(企待)에서 벗어나게 하신 줄 알겠노라" 하여, 깨달은 베드로가 마가의 어머니의 집에 간 것으로부터 (행 12:12) 그가 베드로와 친한 사이였음은 충분히 상상되고도 남음이 있다.

마가는 로마에서 전도를 하고 있었던 것으로 보인다. 확실한 전설(Papisa)은, 그가 베드로의 통역을 했다고 한다. 베드로도 헬라어를 알고 있었음에 틀림없으나, 로마에서의 설교는 통역을 세워야 했던 모양이다. 브루기아의 히에라볼리의 감독 파피아스는 권위 있는 '장로'의 말로, 다음과 같이 말하고 있다(AD. 140년 경). "베드로의 통역자가 된 마가는, 주님이 이야기하고 행하신 것을 기억하고 있는 한, 순서는 바르지 않지만, 정확히 기록했다. 왜냐하면, 그가 주님으로부터 들은 것도 아니고, 주를 수행한 것도 아니고, 앞서 말한 대로 후에 베드로를 따랐기 때문이다. 베드로는 (그때 그때) 필요에 따라 (그를) 가르쳤을 뿐, 주님의 어록(語錄)을 조직적으로 기술하려고 하지 않았다. 그리하여 마가는 기억하고 있던 것을 기록했으나 (내용에 있어서) 조금도 틀리지는 않았다. 그에게서 들은 것을 빠뜨리거나 오전(誤傳)하지 않도록 전심했기 때문이다"(요세푸스 「교회사」). 이렇게 마가가 베드로의 설교를 편찬한 것을 말하고 있다. 그것이, 다른 데로부터 자료를 보충하여 저술한 것이 '마가복음'이다.

교회에 있어서의 그의 직위는 제2류의 것이었으나, 최초의 예수 전도자로서의 그의 공헌은 귀중하다. 그의 만년과 죽음에 대한 소식은 분명치 않고, 여러 가지 전설만이 있다. 그 중 하나는, 그가 손가락 불구자였다고 하는 로마의 힛포리다스(3세기 초엽)의 전설인데, 실제로 불구였는지, 비유적인 것인지는 확실하지 않다. 또 애굽의 전설에 의하면, 알렉산드리아에서 순교했다고 하는데(바나바 행전, 마가 행전 등 4, 5세기의 것), 근거가 박약하다. 애굽 전도에 대해서는 알렉산드리아의 초대 교부 클레멘트, 오리겐도 침묵을 지키고 있다.[64)]

2> 마가 요한은 어떤 사람인가?

<1> 한 때는 변절자가 되기도 한 사람이다.

마가 요한이 바나바와 바울의 전도 여행에 동참하게 된 동기는 기원 후 44년 여름 바나바와 바울이 안디옥에서 모은 구제헌금을 예루살렘에 있었던 기근에 고통받는 신자들에게 가져왔다(행 11:29, 30)가 돌아가는 길에 마가를 데리고 간 것이다. 그들이 마가를 데리고 간 목적은 안디옥 사역에서 마가를 사용하려고 하였다. 그러나 마가의 명단이 사도행전 13:1에서 빠진 것은 안디옥에 유능한 선생들 중에 들지 않은 까닭이다. 마가는 경력면에서 그의 위치는 다른 사람들의 보조의 입장에 서 있었을 것이며, 마가는 안디옥에서 6년간 있었던 같다. 그래서 AD. 50년에 바나바와 바울은

---

64) 디럭스 바이블 성경사전 인용,

그를 데리고 첫 전도 여행을 떠났던 것이다(행 13:5).[65]

이러한 마가 요한이 자기의 삼촌인 바나바와 그리고 바울의 전도 여행에 동참한 기록이 사도행전 13-15장에 의심할 여지가 없이 기록되어 있다. 그리고 이러한 마가는 안디옥으로 전도여행을 했으며, 이때에 마가는 사도행전 13:4-5에 "두 사람이 성령의 보내심을 받아 실루기아에 내려가 거기서 배 타고 구브로에 가서 살라미에 이르러 하나님의 말씀을 유대인의 여러 회당에서 전할 새 요한을 수종자로 두었더라." 라고 한 사실을 통해서 두 사도의 수종자로 섬기면서 전도여행에 동참한 것이다.

여기서 '수종자'란 의미는(휘페레테스, ὑπηρέτης)로 '노를 젓는 것'에서 유래 된 말로 '하위 뱃사공', 혹은 '하속', '조수', '수종자'란 뜻이다(요 7:32; 행 26:16).

이는 곧 마가요한이 바나바와 바울 두 사도들의 전도여행 중에 돕는 자로 활동했음을 알 수 있다. 그러나 구체적인 활동에 대해선 알 수 없으나 추측컨대 사도들의 전도여행을 위한 준비, 음식과 숙소 마련, 바울과 바나바를 면담하기 원하는 자들을 상대하는 일, 세례식을 할 때에 곁에서 돕는 일과 혹은 사람들의 주장대로 교리문답 교수자로 교육을 시키는 책임을 했는지 학자들 간에 논란이 많다.[66]

여기서 '수종 드는 자' 혹은 '맡은 자'란 '휘페레테스(ὑπηρέτης) 란 단어는 누가복음 4:20에서는 회당학교 강사 혹은 관리자를 뜻하

---

65) 렌스키 저, The Interpretion of St. Matthew's Gospel 1. 배영철 역, 『성경주석마가복음(상)』 ,p. 8.
66) 성서백과대사전편찬위원회, 『성서대백과사전4권』 , pp. 529-530. 참조.

며, 누가복음 1:2에서 이 말은 복음을 전하는 사람들을 뜻한다. 파피루스에 기록된 이 단어의 의미는 흔히 문서를 다루는 사람과 그 내용을 다른 사람들에게 전달하는 사람을 뜻한다. 그러므로 마가요한이 두 사도인 바나바와 바울의 전도여행에 수종자로 동참한 것은 전도여행에 모든 필요를 준비해 주는 여행비서인 동시에 그들을 도와서 복음을 가르쳐 주는 교사로서 활동했던 것으로 짐작 할 수 있다.67)

마가 요한이 무슨 이유로 바나바와 바울의 전도여행에 '수종 드는 자'로 동참했다가 밤빌리아 버가에서 변절해서 예루살렘으로 돌아갔는지는 잘 모른다. 다만 사도행전의 기록자인 누가는 이러한 사실을 사도행전 13:13에 "바울과 및 동행하는 사람들이 바보에서 배 타고 밤빌리아에 있는 버가에 이르니 요한은 저희에게서 떠나 예루살렘으로 돌아가고"라고 기록한 것뿐이다.

그러나 어떤 자는 선교활동에 있어서 자기의 삼촌인 바나바보다 바울이 주도권을 잡는데 대해서 화가 나서 그런 것으로 보는 자들도 있다. 그 이유는 마가의 이러한 행동을 바울이 제2차 전도여행을 떠날 때에 마가요한을 데리고 가는데 대한 과격한 거부 반응을 나타내고 있으며, 바나바와 갈라지게 된 근거가 되기 때문이다(행 15:36-40).

또 어떤 학자들은 "그가 구브로를 거쳐 밤빌리아의 버가까지 동행했으나, 거기서 그들을 떠나 예루살렘으로 돌아왔다(행 13:13). 그가 떠난 이유는 공포에 질려서인지, 곤란을 극복할 수 없었음이었는지, 그렇지 않으면 급진적 이방 전도를 찬성할 수 없었음인지, 분명치 않다. 람제이 교수는 바울 일행이 출발 당시의 계획을 변경

---

67) 같은 책, p. 530. 참조

했기 때문이라고 한다. 여하튼 그 자신의 형편에 의해서였음은 바울이 제2차 전도여행에 그의 동반을 거부하여 그 때문에 친구였던 바나바와 바울이 결별(訣別)하기에까지 이른 것을 보더라도 알 수 있다(행 15:38)"[68]고 했다.

박형용 박사는 세 가지 이유를 들었다. 첫째는 마가는 고향 생각에 젖어 바울의 일행을 떠날 수 있다고 했다. 둘째는 바나바의 생질인데(골 4:10) 처음 선교 팀을 따라 나섰을 때에는 '바나바와 사울'의 표현에서 보여 주듯이(행 13:2,7) 바나바가 리더 역할을 하였는데 구브로의 바보에서 총독 서기오 바울을 만난 이후부터는 '바울과 바나바'로 러더의 역할이 바뀐 데 불만을 가지고 바울의 일행을 떠났다고 추측할 수 있다고 했다. 셋째는 마가가 버가에 도착 후 바울의 일행이 버가 북쪽에 있는 가파르고 오르기 힘든 곳을 지나 비시디아 안디옥으로 가려고 하자 그 방향으로 전도 여행을 떠나는 데 대해 자신이 없었다고 했다. 그 지역은 도적떼들이 들끓고 있는 곳이었기 때문이라고 추측하였다.[69]

또 조병수 교수는 마가요한이 구브로의 사역이 수월할 것으로 알았으나 동쪽 끝이 있는 살라미에서 서쪽에 있는 바보까지 "온 섬"

68) 디럭스 바이블, 성경사전 '마가요한'에 대한 기록 참조.
69) 박형용 박사 저, 『사도행전주해』, (수원: 합동신학대학원대학교, 2003), pp. 182-183. 참조. 저자는 서강대 영문과와 총신대 신대원에서 공부했으며, 미국 Westminster Theologicakl Seminary에서 신학석사(Th.M)를, 미국 Emory University에서 신학박사(S.T.D)를 받았다. 총신신학대원의 교수를 거쳐서 합동신학대학원 신약학 교수와 총장을 지냈다. 그리고 현재는 성경장로교대학원대학교 총장으로 봉직하고 있다. 저서로는 『교회와 성령』, 『꼭 알아야 할 신약 30주제』, 『복음비평사』, 『빌립보서주해』, 『사복음주해』, 『산상보훈 40강』, 『성경해석원리』, 『세상이 감당치 못할 믿음의 삶』, 『신약개관』, 『신약정경론』, 『에베소서주해』, 『가라사대 아니야』 등 다수가 있다.

을 관통하는 것이 힘들었고, 거짓선지자이며 마술사인 바예수로 인한 복음사역에 대한 극심한 반대를 보고 부유한 가정에 태어나서 고생을 모르는 그가 선교사 지망생의 꿈을 포기한 것으로 본다.70)

"구브로는 바나바의 출생지였다. 따라서 마가는 구브로 사역이 상당히 수월할 것으로 생각하였을 것이다. 하지만 기대했던 것과는 달랐다. 우선 구브로 사역은 동쪽 끝에 있는 살라미에서 서쪽 끝에 있는 바보까지 '온 섬'을 관통하는 힘든 전도 사역이었다(행 13:5-6). 게다가 바보에서 그들을 기다리고 있었던 것은, 거짓선지자이며 마술사인, 유대인 바 예수는 사람의 극심한 반대자였다. 예루살렘에서 부요한 가정에서 곱게 자란 청년 마가에게는 낯선 지역 사람을 만나고 낯선 지역을 다녀야 한다는 일이 결코 만만한 것이 아니었다. 마가는 선교사 지망생으로서의 꿈을 간단히 포기하였다. 이것은 사도 바울에게 큰 심적인 부상을 입힌, 잊을 수 없는 뼈아픈 사건이었다."

이상에서 살펴본 대로 마가 요한이 바나바와 바울의 제1차 전도여행에 그들의 '수종자'로 동참했다가 전도의 주도권이 삼촌 바나바에서 바울에게로 돌아감에 대한 반항감에서 나왔는지, 두 사도들에 전도여행 중에 그들의 잡무에 시중드는데 너무 힘이 들어서 스트레스로 나왔는지 모른다. 또 혹은 사도들의 급진적인 이방인들에 대한 전도에 찬성할 수 없어서 나왔는지, 아니면 사도들의 전도의 길이 너무나도 험난해서 낙심이 되어서 변절했던지 모르지만 분명한 것은 마가 요한이라는 신앙의 사람도 한 때 젊은 날에는 사도들의 전도여행에서 변절한 실수를 범한 자란 사실을 부인 할 수 없게 되었다. 이렇게 마가 요한은 한 때는 이러한 변절자의 오명을 쓴 변절자가 되기도 했다.

---

70) 조병수 지음, 『바울의 동역자와 대적자』, p. 33.

⟨2⟩ 변절함을 회개하고 사도들의 동역자로 산 사람이다.

마가 요한이 사도들을 변절함으로 바울과 결별하고 그 이후에 상당한 기간 동안은 마가 요한에 대한 기록이 나와 있지는 않다. 그러나 사도들의 후기의 글에서 마가에 대한 태도가 확연하게 따듯한 태도를 취하고 있다. 그 중에서 사도 바울이 바나바와 전도여행을 결별할 만큼이나 싫어했던 마가요한에 대해서 그의 서신들에서 자기의 신실한 동역자로 기록하고 있는 것을 보아서 마가 요한이 회개한 후에 마가요한에 대한 오해도 풀리고 사도들 간에 오해도 풀린 것을 알 수 있다(골 4:10-11; 몬 1:24; 딤후 4:11).

마가 요한의 자기의 순간적인 생각으로 자기가 사도들의 전도여행에서 변절함과 그 결과로 바나바와 바울이 결별하게 되는 원인이 된 사실들을 하나님 앞에 뼈아픔 회개를 한 후 새 사람이 되었다. 그리고 그는 사도들의 충실한 동역자로 남은 인생을 살았던 것이다.

회개한 마가 요한은 먼저는 자기의 삼촌 바나바의 충실한 동역자로 살았던 것이다. 이러한 사실을 사도행전 15:39에 "서로 심히 다투어 피차 갈라서니 바나바는 마가를 데리고 배타고 구브로로 가고"라고 기록한 것을 근거로들 수가 있다.

이상근 박사는 "전설에 의하면, 바나바는 만년에 이태리 밀라노의 감독이 되었다는 설과, 일생을 고향인 구브로의 섬에서 전도하다가 순교했다는 설이 있다. 후설이 사실이라면 마가가 다시 바울과 동반한 것은 바나바가 죽은 후였을지 모른다."[71]고 했다.

이러한 사실에 근거해 볼 때에 마가 요한은 자기의 삼촌 바나바

---

71) 이상근 지음, 『신약주해 사도행전』, p. 231.

와 제2차 전도여행을 구브로를 떠났다가 잠시 후에 헤어진 것이 아니라 그는 자기로 말미암아 삼촌인 바나바와 바울 사도와 결별한 것의 장본인이라는 사실을 절감하고 회개하는 마음으로 정확한 기간을 모르지만 바나바가 죽기까지 어떤 학자는 11-12년의 기간에 이르기까지[72] 바나바와 동역하면서 보낸 것으로 생각해 볼 수 있다.

마가 요한과 바나바의 동역이 바나바의 죽음으로 끝난 뒤에는 바울의 동역자로 충실한 것을 알 수 있다. 바울은 마가 요한을 자기의 충실한 동역자로 후기에 표현하고 있는데, "그가 이르거든 영접하라" 혹은 '나의 동역자' 또는 '나의 위로 자'로 그의 서신에서 표기하고 있다(골 4:10-11; 몬 1:24).

이러한 사실을 미루어 보아 마가 요한은 바울에게 과거의 오명을 씻고 충실한 바울의 동역자로서 활동한 충분한 성경적인 근거가 되는 것이다. 그래서 이정현 교수는 바울은 디모데에게 올 때에 마가를 데리고 오라고 했는데, 그것은 전에 걸림돌이 되고 방해 거리가 되었던 그가 이제 없어서는 안 될 동역자로 유익한 자가 되었으며, 그것은 바나바의 친절한 사랑의 지도와 회개의 결과라고 말하고 있다.[73]

---

72) 이정현 지음, 『바울 곁에 사람들』, p. 28. "이 때에 마가는 바나바를 따라 구브로로 갔으나, 그 후 여러 해 동안 그의 소식을 알려지지 않았습니다. 구브로 섬에서 무엇을 어떻게 했으며, 그 이후 어디서 어떤 사역을 했는지 알려지지 않습니다. 그 다음으로 그의 이름을 보게 되는 것은 바울의 서신인데, 그로부터 11-12년 후의 일입니다."라고 기록됨으로 이상근 박사의 주석에서 "전설에 의하면 평생을 그의 삼촌인 바나바가 구브로에서 전도하다가 순교했다"는 주장에 근거해 볼 때에 바나바와 사역에 구브로에서 바나바가 죽기까지의 기간은 11-12년의 기간으로 생각해 볼 수 있다.

"그 후 바울은 디모데에게 '네가 올 때에 마가를 데리고 오라 저가 나의 일을 유익하니라'(딤후 4:11)고 명령하고 있습니다. 전에는 걸림돌이나 방해거리 취급을 당했던 그가, 이제 이렇게 없어서는 안 될 귀한 존재가 된 것입니다. 무익한 자가 유익한 자가 되었습니다. 그가 이렇게 될 수 있었던 것은 아마도 바나바의 관용과 친절한 지도가 있었기 때문이라고 생각됩니다. 혹은 일찍부터 회개하고 실패를 보충할 기회를 대망하고 있었는지 모릅니다."

마가 요한은 바나바의 사역에서 그리고 바울과의 사역으로 이어져서 계속됨으로 끝나는 것이 아니다. 마가 요한의 동역사역은 베드로와의 사역으로 이어진다. 이것은 그가 얼마나 바나바와 그의 회개 이후에 하나님의 은혜로 충실한 하나님의 사람이 되었는가에 대해서 알 수 있다.

마가 요한이 바울의 동역자에 이어서 베드로의 충실한 사역자가 되었는가에 대해서 사도 베드로가 마가를 부르는 칭호를 통해서 잘 알 수 있다. 사도 베드로는 마가를 베드로전서 5:13에 "함께 택하심을 받은 바벨론에 있는 교회가 너희에게 문안하고 내 아들 마가도 그리하느니라"고 함으로 '내 아들 마가'라고 부르고 있다. 이것은 마가 요한이 얼마나 사도들의 수장인 베드로에게 총애를 받고 있음을 증거해 주는 것이다. 그는 오늘날로 말하면 부교역자의 전형적인 모델로 생각해 볼 수 도 있을 것이다.

마가 요한은 베드로와 인간적으로 아주 오랜 시절부터 친밀한 사이였다. 이러한 사실의 근거는 야고보 사도가 헤롯에게 붙잡혀서 감옥에 갇히게 되었을 때에 베드로에게 하나님의 도우심을 구하던 사람들이 마가 요한의 어머니와 예루살렘교회의 교인들이 기도하

---

73) 같은 책, pp. 28-29.

였고, 천사의 도우심으로 감옥에서 나와서 바로 밤중에 베드로가 찾아간 곳에 마가 요한의 집이었다(행 12:1-19).

마가 요한이 베드로의 충실한 동역자로 사역했음에 대한 전설(Papisa)에 의하면 그가 베드로의 통역을 했다고 한다. 베드로도 헬라어를 알고 있었음에 틀림없으나, 로마에서의 설교는 통역을 세워야 했던 모양이다. 브루기아의 히에라볼리의 감독 파피아스는 권위 있는 '장로'의 말로, 다음과 같이 말하고 있다(AD 140년 경).

"베드로의 통역자가 된 마가는, 주님이 이야기하고 행하신 것을 기억하고 있는 한, 순서는 바르지 않지만, 정확히 기록했다. 왜냐하면, 그가 주님으로부터 들은 것도 아니고, 주를 수행한 것도 아니고, 앞서 말한 대로 후에 베드로를 따랐기 때문이다. 베드로는 (그때그때) 필요에 따라 (그를) 가르쳤을 뿐, 주님의 어록(語錄)을 조직적으로 기술하려고는 하지 않았다. 그리하여 마가는 기억하고 있던 것을 기록했으나, (내용에 있어서) 조금도 틀리지는 않았다. 그에게서 들은 것을 빠뜨리거나 오전(誤傳)하지 않도록 전심했기 때문이다(요세푸스 「교회사」)."

<3> 마가 요한은 훌륭한 전도자이다.

마가 요한은 바나바와 바울이 제1차 전도여행 때부터 그는 사도를 보조해서 복음을 전하는데 보조사역을 했다. 그래서 그는 바나바와 바울 밑에서, 그리고 바나바와 함께, 그리고 바울과 함께 그 후에는 베드로와 함께 복음을 전하는 일에 수종들었다.

이러한 사실 외에도 마가요한이 4세기경의 교회사가 유세비우스(Eusebius)[74]는 그의 저서 「유세비우스의 교회사」에서 마가는 애

---

74) 유세비우스(Eusebius of Caesarea) 그는 Eusebius Pamphili라고도 함. 4세기에 팔레스타인 카이사리아 팔레스티나이 지방에서 활동한 주교, 해석가, 변증가, 역사가. 그의 「교회사 Ecclesiastical History」에 실려 있는

굽에 최초로 파견해서 알렉산드리아에 교회를 세웠고 많은 신자들이 그를 따랐고 철학적인 훈련과 엄격한 생활을 하였다고 주장했다.[75]

> "마가는 최초로 애굽으로 파견되어 그곳에서 자신이 기록한 복음을 전파했으며, 알렉산드리아에 처음으로 교회를 세웠다고 한다. 그곳에는 처음부터 수많은 신자들이 모였으며, 극도로 철학적인 훈련을 하고, 엄격한 생활을 하였다. 그리하여 필로(Philo)는 그들의 일, 모임, 환대, 즉 그들의 모든 생활 태도를 기록할 가치가 있다고 생각하였다."

<4> 그는 성경을 기록한 기록자이다.

유세비우스는 로마인들은 베드로의 동반자인 마가에게 구전으로 전해진 교리를 기록으로 남겨 달라는 간곡한 요구에 따라서 마가는 기록을 남겼는데, 그것이 오늘날 마가복음이라는 역사서가 기록되었다고 전한다. 성령의 계시를 받아서 알게 된 베드로는 이 사람들의 열심을 인하여 기뻐하였고 그의 재가를 얻어서 교회 안에서 읽

그리스도교의 처음 몇 세기에 관한 기록은 그리스도교 역사기록의 이정표이다. 콘스탄티우스가 죽은 뒤(337) 유세비우스는 「콘스탄티누스의 생애 Life of Constantine」를 써서 그를 칭송했다. 이 찬사는 1차 사료를 주로 사용했기 때문에 어느 정도 역사적 가치를 지니고 있다. 336년경 니케아 공의회의 주요지지자였던 앙키라의 마르켈루스는 사벨리우스주의자라는 혐의를 받고 유배당했다. 마르켈루스와 오랫동안 적대적인 관계를 유지해왔던 유세비우스는 「마르켈루스를 반박함 Against Marcellus」, 「교회의 신학에 대해서 On the Theology of the Church」를 써서 마르켈루스를 공격하고 여러 동료들을 옹호했다. 이 저술들은 그가 여전히 니케아 교리의 옹호자가 아니지만 전보다 그 입장에 더 가까워졌음을 보여준다.

75) 유세비우스(Eusebius), Eusebius Pamphilas Ecclesiastical History, 엄성옥 옮김, 『유세우스의 교회사』, (서울: 은성, 2003), p. 99.

혀지게 되었다고 한다. 이러한 사실은 클레멘트(Clement)가 그의 저서 「강요」에 기록한 것으로 그의 증언은 히에라폴리스(Hierapolis)의 주교 파피아스(Papias)의 증언에 확증하고 있다고 했다.76)

"거룩한 말씀이 로마인들 사이에 자리 잡게 되자 시몬과 그의 세력은 곧 파괴되어 사라지고 말았다. 반면에 베드로가 전하는 신앙의 광채가 모든 청취자들의 마음을 밝혀 주었다. 그들은 하나님의 복음의 교리를 한번 듣거나 받는 것으로 만족할 수 없음으로, 베드로의 동반자인 마가에게 구전으로 전해진 교리를 기록으로 남겨 달라고 끈질기고도 간곡히 청하였다. 결국 그들의 끈질긴 설득에 마가는 굴복하였다. 그리하여 오늘날 마가복음이라고 불리우는 역사서가 기록되었다. 성령의 계시를 받아 이 일을 알게 된 베드로는 이 사람들의 열심으로 인해 기뻐하였고, 그 역사서를 그의 재가를 얻어 교회 내에서 읽히게 되었다. 이것은 클레멘트(Clement)가 그의 저서 "강요" 제6권에 기록한 것으로서 그의 증언은 히에라폴리스(Hierapolis)의 주교 파피아스(Papias)의 증언에 의해서 확증된다."

신학자 렌스키는 마가 요한은 베드로의 말의 해석자로 주님으로부터 직접 말씀을 듣지는 못했고, 주님을 직접 따라다니지 못했지만, 베드로가 생각한 것이나 말한 것을 정확히 기록하였다고 했다. 그러나 주님이 말씀하시거나 행하신 순서대로 기록한 것이 아니라고 말한다. 곧 마가는 오류를 범치 아니하려고 그가 기억나는 대로 마가복음을 기록했다고 한다. 그리고 마가복음의 사도적 권위성은 마가의 배후에는 베드로가 존재하기 때문이라고 말한다. 또 마가복음의 무오성은 성령의 감동으로 기록하였기 때문이며, 다른 성경의

---

76) 같은 책, pp. 98-99.

말씀과 같이 정확 무오한 하나님의 말씀이라는 것이다.77)

"베드로 말의 해석자 마가가 그가 생각났던 무엇이나 정확하게 기록하였다. 그러나 말씀이나 행위의 순서대로 놓은 것은 아니다. 왜냐하면 마가는 직접 주님의 말씀을 듣지 못했고, 주님을 따라 다니지도 못했다. 내가 말한 바와 같이 그 후에 베드로와 함께 하였고, 베드로의 필요를 따라서 그의 교훈 집을 만들었지만 주님의 말씀하신 순서를 따라 하지는 아니하였다. 마가는 오류를 범치 아니하려고 이같이 하였다. 그가 기억나는 대로 약간의 사실을 기록했다. 자가가 들은 무엇이나 무시하거나 거짓이 없게 하는데 오직 유의했을 것이다. …베드로의 말들이 그의 복음(마가복음)에 기록되었음으로 마가가 크게 교회의 베드로의 통역자가 된 것이다. 빠비아의 글을 통한 요한은 베드로의 대사를 내포한 것을 우리에게 말한 사실을 첨가한다. 사도적 권위성은 마가의 배후에 베드로가 있기 때문이다. 마가 기록의 무오성이 역시 첨가 된다. 물론 마가는 주님께 듣지 못했고 따라 다니지도 못했다. 이 같이 목격자의 직접적인 지식을 기록하는 위치에 있지 못하였다. 마가는 베드로에 의존하였다. 그러나 베드로 사도는 마가를 수종자로 삼았음으로 베드로를 통해서 몇 번이고 몇 번이고 되풀이해서 복음의 설화를 들었으니 청중의 필요에 따라 계속 말했던 것이다. …성령은 복음의 배후에 있는 것이다. 성령은 각각 저자를 따라 사용하셨다. 그 저자의 모든 능력을 그대로 사용함으로써이다. 방법은 명령된 각각을 자기의 재능대로 기록하되 저자 자신의 방식대로 기록했으며, 그래서 그의 작품을 오는 여러 세대에서 교회들이 사용하기를 성령님은 원했다. 이와 같이 각각의 모양으로 성령의 감동으로 기록되되 다른 작품을 초월해서 신적인 영원한 인치심이 있게 된 것은 이상할 것이 없다."

이렇게 마가에 의해서 기록된 마가복음은 성서대백과대사전에서는 6가지의 특징을 지닌다고 했다.

---

77) 렌스키 저, The Interpretion of St. Matthew's Gospel 1. 배영철 역, 『성경주석 마가복음(상)』, pp. 13-16.

(1) 마가복음의 범위는 세례요한의 활동에서 시작되며, 부활과 부활 후의 출현과 그리스도의 승천까지 기록하였다.

(2) 마가복음에는 독특한 자료들이 나온다. 3:21(예수의 친족들의 두려움), 4:26-29(은밀히 자라는 씨), 7:32-37(귀먹은 벙어리), 8:22-26(벳세다 장님), 13:33-37(집 주인과 깨어 있으라는 권면), 14:51(벗은 몸으로 도망친 젊은이).

(3) 마태는 많은 본문들을 인용해서 예수에 의해서 예언이 성취된 것을 강조하였는데, 마가는 구약을 오직 한번만 인용했고, 그것도 복음서의 서두에 인용했을 뿐이다.

(4) 전체의 내용으로 보아 마가복음은 행동의 복음이라는 것이다. 그래서 '곧' 혹은 '즉시'란 마태복음에는 7회, 누가복음에는 1회만 나오는데, 마가복음에는 42회나 나온다.

(5) 예수님은 행하시는 분이신 동시에 가르치신 분으로 나타내고 있다.

(6) 마가복음에는 사실적인 설명이 많이 있다. 마가는 예수님의 행위와 몸짓(7:33; 9:36; 10:16), 돌아보시며 질문하시는 것(5:32), 기도하시는 것(6:41; 7:34), 찬성(3:34), 사랑(10:21), 경고(10:23), 분노(3:5), 판단(11:11) 등에 대해서 언급하고 있다.[78)

---

78) 성서백과대사전편찬위원회, 『성서대백과사전 4권』 pp. 531-533. 참조.

2. 실라

1> 실라의 생애

실라(Σίλας, Silas)의 이름의 뜻은 '생각'이라는 뜻으로 신약성경에 두 가지 이름으로 나타나 있다. 먼저는 아람어의 형태로 '실라'라는 이름이다.[79] 실라의 이름은 사도행전을 중심으로 13회 나타난다(행 15:22, 27, 32, 40; 15:19, 25, 29; 17:4, 10, 14, 15; 18:5). 실라의 이름은 '사울'이란 이름과 동의어적인 변형이다. 그리고 다음으로 라틴어의 형태이며 헬라어적인 투로 '실루아노'란 이름이다. 라틴어로 정확하게 발음하면은 '실바누스'로 불리울 것이다. 신약성경에서 실라의 이름이 실루아노로 나타난 곳이 4회 나타난다. 그중에서 바울 서신(고후 1:19; 살전 1:1; 살후 1:1)에서 3회, 그리고 베드로전서(5:12)에 1회 나타난다.[80]

'실라'의 이름으로 사도행전을 중심으로 쓰여지고 '실루아노'의 이름으로 바울 서신 중심으로 쓰여진 이유는 무엇을 말할까? 동일한 한 사람의 이름이 이렇게 다르게 쓰여진 이유는 다음과 같다. 사도행전의 저자인 누가는 예루살렘에서 알려진 이름인 '실라'라고 하는 이름으로 계속 기록한 것이기에 사도행전에 실라의 이름이 13회나 반복해서 나오게 된다. 그리고 바울과 베드로는 로마와 그리스 사회에서 통용하는 라틴어화 드로그의 이름은 '실루아노'란 이름을 사용해서 실라의 이름을 4회를 기록한 것이다.[81]

---

79) 디럭스 바이블, 성경사전 '마가요한'에 대한 기록 참조.
80) 조병수 지음,『바울의 동역자와 대적자』, p. 73.
81) 성서백과대사전편찬위원회,『성서대백과사전 7권』, (서울: 성서교재간행사, 1981), p. 227.

이러한 실라는 예루살렘 교회의 지도자 중에 한 사람이며, 예루살렘 교회에서 선지자로 활동한 사람이다. 그래서 누가는 사도행전 15:32-33에 "유다와 실라도 선지자라 여러 말로 형제를 권면하여 굳게 하고 얼마 있다가 평안히 가라는 전송을 형제들에게 받고 자기를 보내던 사람들에게로 돌아가되"라는 기록에서 실라는 바사바라 하는 유다와 함께 예루살렘 교회에서 선지자로 활동하고 있음을 명시해 주고 있다. 그리고 실라는 유다와 함께 예루살렘교회의 대표자로서 예루살렘교회의 대표로 환송을 받으면서 바울과 바나바와 함께 안디옥교회로 돌아가서 성도들에게 공적으로 예루살렘교회의 공의회의 공식결의문을 낭독하고 가르쳤다. 그래서 누가는 사도행전 15:27에서 "그리하여 유다와 실라를 보내니 저희도 이 일을 말로 전하리라"고 기록하고 있다.

이러한 실라는 바울의 전도여행에 동참하여 바울의 신실한 동역자로 활동하고 훗날에는 베드로의 동역자로 복음을 전하는 일에 동참하게 된다. 전설에 의하면 그는 고린도교회의 초대 감독이 되었다고 전한다.[82]

2> 실라는 어떤 사람인가?

<1> 예루살렘 교회의 선지자였다.

디럭스 바이블 성경사전에서 실라는 예루살렘교회의 유력자이며, 바울의 동역자이며, 예루살렘 총회의 결의사항을 안디옥교회에 전달하기 위해서 공적으로 파견된 사람이며, 안디옥교회에서 공적인 임무를 마치고 유다는 예루살렘교회로 돌아가고 실라는 안디옥

---

82) 출처: 브리태니커 백과사전 참조.

교회에 그대로 남은 사람으로 말하고 있다.[83]

　"초대 예루살렘 교회의 유력한 한 사람이며, 사도 바울의 동역자이거나 아니면 친구이다. 그는 예루살렘 총회 결의 사항을 안디옥의 그리스도인들에게 전달하기 위해 바울과 같이 공적으로 파견되었다 (행 15:22, 27, 32). 할례 문제(구원) 때문에 예루살렘에 모였던 사도와, 장로들, 그리고 교회대표자들은 이 문제와 관련하여 '다만 우상의 더러운 것과 음행과 목매어 죽인 것과 피를 멀리하라'는 야고보의 제안을 채택하여 각 교회에 통보하게 되었던 것이다. 유다와 실라는 이 임무를 마치고 안디옥에 남아 전도하다가 예루살렘으로 올라갔다."

　브루스(F. F. Bruce)는 그의 저서 "초대교회사(복음은 불꽃 같이)"에서 예루살렘 공회는 일종의 잠정적 방안을 제시했는데, 이방인에게 우상을 금한 것과 피를 먹지 않는 계율을 지킬 것과 성적 질서를 지키라는 구약계율에 기본을 둔 것들을 요구하였다. 그리고 예루살렘교회의 두 사절들 유다와 실바누스(Silvanus)혹은 실라(Silas)가 안디옥 교회가 전해 준 공회의 편지(사도행전 15:23-29)를 가지고 안디옥 교회에 전해주었고 이들은 안디옥교회 뿐 아니라 안디옥교회에 딸린 지 교회들에게도 사도들의 서신을 전달하여 주었다고 했다. 그리고 사도들의 편지를 휴대한 사실들과 함께 예루살렘교회로부터 돌아와 안디옥 교회에 머물러 있었다고 기록하고 있다.[84]

---

83) 디럭스 바이블 성경사전 '실라' 항목 참조.
84) F. F. 브루스 저, The Spreading Flame(복음은 불꽃같이), 서영일 역, 『초대교회사』, pp. 135-137. 참조.

조병수 교수는 실라의 직분을 두 가지로 소개했는데, 하나는 예루살렘교회의 지도자로 소개하였고, 다른 하나는 예루살렘교회의 선지자로 소개하였다. 그는 말에 능한 자이며 안디옥교회에서 공회의 사절단으로 와서 '많은 말로' 안디옥교회에서 설교하였으며, 친화적인 성격을 가진 사람으로 소개하고 있다.[85]

"사도행전을 실라의 직분을 두 가지로 소개한다. 첫째로 실라는 '지도자'였다(행 15:22). 유화적이고 협조적인 성품을 지니고 있는 실라가 지도자로 발탁된 것은 당연한 일일 것이다. 특히 사도행전은 '형제들 가운데'라는 말을 덧붙임으로써 실라가 유다와 함께 예루살렘교회의 성도들의 신뢰와 총애를 한 몸에 받던 사람인 것을 넌지시 알려 준다. 실라는 형제를 연합시키고, 화목하게 하는 인물이었다. 둘째로 실라는 '선지자'였다(행 15:32). 실라는 특히 말에 능한 사람이었던 것 같다. 그래서 실라가 유다와 함께 안디옥교회에서 '많은 말로' 설교한 것이 강조된다(행 15:32). 실라가 한 말은 놀랍게도 오직 두 가지 성격을 가지고 있었다. 위로와 견강, 친화적이며 화목적인 실라는 안디옥 교회에서도 성도들을 위로하고 견강하게 하였다."

이상에서 살펴 본 대로 실라는 예루살렘교회의 중직자이며 예루살렘공회 때에 예루살렘교회의 대표자로 사절단으로 유다와 함께 파견할 정도로 실라는 예루살렘교회에 선지자로서 친화적인 충실한 일꾼으로 사역한 자이다.

⟨2⟩ 전도여행의 동역자로 동참한 사람이다.

예루살렘공회의 사절단으로 유다와 함께 안디옥교회에 내려온

---

85) 조병수 지음, 『바울의 동역자와 대적자』, pp. 74-75..

이들은 사절단의 일을 마치고 서방본문에는 "실라는 그대로 남아 있는 것이 좋았을 것이다"라고 언급되었지만 두 사람은 다시 예루살렘교회로 돌아왔다(행 15:32-33).86) 그렇지만 실라는 다시 안디옥에 돌아와서(15:40)87) 바나바를 대신하여 바울의 동행자로 선택되어 바울과 함께 아시아와 마게도냐의 땅으로 전도여행을 떠남으로 전도자로서 바울과 함께 동참하게 된다. 실라는 바울과 함께 남부 갈라디아와 북부 갈라디아 지방을 돌아보고 바울과 함께 드로아서 배를 타고 마게도냐 땅으로 갔다.88)

실라는 바울과 함께 빌립보에서 극심한 고통을 당했다. 그 원인은 점하는 귀신들린 자에게서 귀신을 쫓아낸 것이 화근이 되어 관가에 고소되었다. 그들은 이 때문에 극심한 고통을 받았다. 즉 그들은, ① 군중들의 난폭한 취급을 당했으며, ② 재판도 받지 못한 채 옷을 벗기우고 구타를 당하였고, ③ 옥에 갇혀 잔인한 취급을 당하였다. 이 수난이 고린도후서 11:25에 기록되어 있다. 그들은 옥중에서 밤에 기도하고 찬송을 할 때에 하나님께서는 지진의 위엄으로 그들을 구출하셨다. 간수는 이들이 탈옥한 줄 알고, 문책당하여 사형을 받느니보다는 자결하는 것이 낫겠다고 생각했다. 그러나 바울과 실라는 도망가지 않았다. 그들은 도리어 간수를 도와 죽을 자리에서 살려 주었던 것이다. 간수가 그들 앞에 엎디어 구원 방법을 묻자 "주 예수를 믿으라 그리하면 너와 네 집이 구원을 얻으리라"고

---

86) 사도행전 15:32-33 "유다와 실라도 선지자라 여러 말로 형제를 권면하여 굳게 하고 얼마 있다가 평안히 가라는 전송을 형제들에게 받고 자기를 보내던 사람들에게로 돌아가되"

87) 사도행전 15:40 "바울은 실라를 택한 후에 형제들에게 주의 은혜에 부탁함을 받고 떠나 수리아와 길리기아로 다녀가며 교회들을 굳게 하니라"

88) 성서백과대사전편찬위원회, 『성서대백과사전 7권』, p. 226. 참조.

그와 그의 집에 전도했다. 예수를 믿게 된 간수는 바울과 실라에게 친절한 대접을 했음으로 바울과 실라는 옥에 갇히는 수난을 겪기는 했으나 주님의 능력을 드러내고 복음을 전하는 기회로 삼았다(행 16:19-40).89)

다음에 그는 암비볼리와 아볼로니아를 거쳐 데살로니가에도 바울을 따라 같이 전도했다. 그 결과 많은 사람들이 예수를 믿은 반면, 시기로 인하여 바울과 실라를 핍박하는 유대인들이 많이 일어났다. 그리하여 마침내 소동까지 일으켰기 때문에 바울과 실라는 밤에 베뢰아로 피신하지 않을 수 없게 되었다. 데살로니가에 있는 유대인들이 이 소식을 듣고 와서 무리를 충동하여 소동을 일으키자, 베뢰아 신자들은 유대인들의 박해가 미치기 전에 즉시 바울과 실라를 피신시켰다. 바울은 아덴으로 떠났고, 실라와 디모데는 거기 체류하여 어린 교회를 돌보게 했다. 그러나 이 두 사람은 아덴의 바울에게서 즉시 오라는 연락을 받았다. 그들은 곧 떠났으나 바울과 동행한 것은 바울의 고린도 도착 후인 것 같다(행 17:4, 14; 18:5).

고린도에서 실라는 바울의 유능한 동역자였다(고후 1:19). 사도행전에서 '실라'로 불리운 그는 바울 서신에서는 '실루아노'로 불리고 있다. 데살로니가전후서에서 바울과 디모데와 더불어 문안 인사를 보냈다. 한 마디로 실라는 바울의 신실한 형제로 알려진다(벧전 5:12). 그는 본래 예루살렘 교회의 요인으로서 예언자 중 하나였다(행 15:22, 32).90)

---

89) 디럭스 바이블 성경사전 '실라' 항목 참조.
90) 디럭스 바이블 성경사전 '실라' 항목 참조.

<3> 베드로의 복음 전도의 협력자이다.

실라가 바울과 동역자로서 복음을 전하는 일에 동참했을 뿐 아니라 사도 베드로와도 신실한 복음증거의 협력자로 활동했던 사실을 사도 베드로의 서신중에 나타나 있다. 사도 베드로는 베드로전서 5:12 "내가 신실한 형제로 아는 실루아노로 말미암아 너희에게 간단히 써서 권하고 이것이 하나님의 참된 은혜임을 증거하노니 너희는 이 은혜에 굳게 서라"고 하신 말씀 속에서 찾아 볼 수 있다.

그러면 실라는 베드로와 언제부터 복음을 증거하는 사역에 동참했을까? 여기에 대해서 성서백과사전에선 "실라는 바울과 동행자로서 관계가 끝난 후에(디모데, 아리스다고, 두기고가 바울의 조역자로 언급되어 있음) 베드로전서와 관련이 있는 북쪽의 본도 (Pontus) 및 갑바도기아(Cappadocia)로 간 것으로 추정된다."[91]고 했다.

그리고 이어서 "실라는 바울과 함께 드로아로 가는 도중에 이 지역을 알게 되어 이곳에서 일을 더 하고 싶은 욕망이 생기게 되었을 것이다. 초기에 예루살렘 교회에서 함께 사도와 선지자 일을 하던 실라와 베드로는 아마도 여기에서 그들의 관계를 새롭게 했을 것이고, 실질적으로 바울이 아직 관여하지 않은 이곳 북쪽 땅에서 전도 활동을 계속하게 되었을 것이다"[92]고 했다.

실라는 사도 베드로와 예루살렘교회에서부터 함께 하나님의 교회를 섬겼기 때문에 실라가 베드로와 동역했다는 사실에 대해서 달리 생각할 수는 없을 것이다. 그렇다면 실라는 말년에 어떻게 사도 베드로를 도왔을까?

---

91) 성서백과대사전편찬위원회, 『성서대백과사전 7권』, p. 226.
92) 같은 책, pp. 226-227.

칼빈은 베드로의 심부름꾼으로 도왔을 것으로 그의 성경 주석에서 다음과 같이 말하고 있다.93)

　"12절. 내가 …실루아노로 말미암아. 베드로는 편지를 끝맺음에 있어서 교인들에게 믿음 안에서 변치 말 것을 권면하고, 또 자기가 편지를 쓰는 목적이 그들이 받은바 교훈들을 순종하도록 하는 데 있음을 말하고 있다. 베드로는 자기의 편지가 간단하게 말함므로써 읽을 때 싫증을 느끼지 않도록 해주고, 자기의 심부름꾼에 대해서 간단하게 추천함으로써 이 편지에 기록된 것을 생생한 음성으로 말하는 것 같이 하고 있다."

　뉴 톰슨성경에선 학자들이 베드로전서가 베드로의 저작성을 주장하면서 베드로가 실루아노를 서기로 기용하여 실루아노가 말을 받아쓰면서 베드로전서가 수준 높은 헬라어로 기록했다고 말함으로 실라가 베드로의 서기로 활동했으며, 베드로전서의 대필자였음을 소개하고 있다.94)

　"어떤 학자들은 이 서신의 헬라어가 갈릴리 사람인 베드로가 썼다기에는 너무 수준 높은 것이라고 공박하기도 한다. 그러나 갈릴리 사람들은 두 가지 언어를 사용하고 있었으며(아람어와 헬라어), 마태나 야고보 같은 사람들도 헬라어에 능통했다는 것을 볼 수 있다. 또한 베드로가 실루아노를 서기로 기용하여(벧전 5:12, 바울은 그를 고후 1:19; 살전 1:1; 살후 1:1에서 실루아노라고 불렀고, 누가는 행 15:40-18:5에서 실라라고 불렀다), 실루아노가 말을 받아쓰면서 부드럽게 다듬었을 가능성이 있다."

---

93) 존. 칼빈 저, 존. 칼빈 주석편찬위원회 역, 『신약성경주석 10권』, (서울: 성서교재간행사, 1980), p. 469.
94) 편찬위원회, 『뉴 톰슨 관주 주석성경』, 선교백주년 기념, (서울: 성서교재간행사, 1983), p. 377.

또 어떤 사람들은 실라는 바울의 신실한 형제로 알려지고, 후에는 베드로의 대필자로서 활동한 것으로 말하고 있다(벧전 5:12). 베드로가 베드로전서를 쓸 때에 그는 이미 글을 쓸 수 없을 정도로 약해져 있을 것이며, 눈이 흐려져 있을 지도 모른다고 했다. 이러한 근거는 성경에서 찾을 수는 없지만 베드로 전서를 실라가 대필했다는 것은 사실이다. 이것을 보면 실라가 베드로와 동역했던 것을 알 수 있으며, 실라는 하나님의 일꾼들과 늘 같이 일하였던 하나님의 일꾼이라고 했다. 한 마디로 실라는 큰 사람들을 도와주는 일꾼으로 주후 64년경에 있었던 것으로 보인다고 주장했다.[95]

이렇게 예루살렘 교회의 선지자로 사도들을 돌보며, 또 예루살렘 교회의 공의회에 대표자로 파송되어 안디옥교회에서 예루살렘공의회의 결정을 가르치며, 활동했고, 또 바울의 동역자로 오랜 기간 동안 활동했으며, 또 베드로의 충실한 서기로 베드로 전서를 대필한 언제나 2선에서 숨어 일하는 일꾼이다.

이러한 일꾼인 실라는 김영진 시인은 「돕고 도운 빛나는 조력」이란 시에서 다음과 같은 시를 썼다.[96]

주님의 교회에
어찌 주춧돌과 대들보만 필요할까

작은 벽돌 하나도
숨겨진 판자 하나도
어찌 귀하지 않을까

---

95) 이정현 지음, 『바울 곁의 사람들』, p. 36. 참조.
96) 같은 책, pp. 37-38.

초대 교회에
사도들의 조력자 되어
교회의 봉사자 되어
주님의 몸 된 교회를 충실히 섬긴
신실한 인물 있었네.
그는 '실루아노'
곧 '실라'라

안디옥 교회에선
바나바를 도와
이방인의 구원에 대해 가르쳤네.

빌립보 전도에선
바울을 도와
기도와 찬송으로 옥문을 열었네.

베뢰아 전도에선
디모데를 도와
교회를 보살폈네.

이뿐일까, 나중에는
베드로를 도와
죽기까지 복음을 전했네.

그대, 실라여
조력자 되어 묵묵히 교회를 섬긴 그대여
그대의 빛나는 조력
오늘 다시 또 그립네.

⟨4⟩ 우호적이며 포용적인 사람이다.

성서백과 대사전에서는 바울이 실라를 바나바의 후계자로 선택한 것은 헬라적인 그의 성격의 탓이라고 했으며, 그는 예루살렘교회와 안디옥교회의 우호적인 교제를 이룰 수 있는 성격자의 소유자라고 했다.[97]

> "실라가 바나바의 후계자로서 바울의 동역자로 선택된 것은 그의 헬라적인 성격으로 인한 것 같은데, 바나바는 이방인들을 대할 때에 유대적인 태도로 기울려졌기 때문에 바울의 기대를 충족시키지 못했다. 그러나 실라 역시 한 때 자유주의자라고 생각되는 바나바라는 유다와 한 팀을 이루어 활동했다. 예루살렘에 있는 교회는 그들이 예루살렘과 안디옥 사이에 우호적인 교제를 이룰 수 있는 균형이 잘 잡힌 팀을 구성했다고 생각했을지도 모른다. 그러나 실라가 바나바와 대치될 만큼 바나바 보다 훨씬 자유주의적이었다면 그와 베드로와 관계는 또 다른 문제를 야기 시켰을 것이다. 한 가지 분명한 것은 이러한 초대교회 사람들의 기질에 대해 잘 알고 있는 지식은 완전하지 못하다는 것이다. 실라는 베드로와 활동을 하던지 바울과 활동을 하던지 간에 비교적 중요하지 않는 역할을 맡았던 것 같다."

⟨5⟩ 문서 활동가로 활동한 자이다.

실라는 바울과 함께 활동한 고린도에서 데살로니가전후서를 써

---

97) 성서백과대사전편찬위원회, 『성서대백과사전 7권』, p. 227

서 보낸 바울 서신에서 "바울과 실루아노와 디모데"가 보내는 인사말이 포함되어 있다. 이러한 서신에는 '우리'말을 사용한 것은 실라와 디모데가 이러한 서신을 쓰는데 실제로 기여했다는 것이다.

바울이 데살로니가서 2개의 서신의 추신에서 '내가 너희에게 청하나니'와 '바울이 쓰나니' 등의 1인칭 단수로 쓰고 있는데, 이것은 이들의 서신의 중요한 부분에서는 실루아노와 디모데가 함께 썼다는 것을 강력히 시사한다.

일반적으로 지적할 수 있는 실라의 문서 활동은 "내가 신실한 형제로 아는 실루아노로 말미암아 너희에게 간단히 써서…"(벧전 5:12)의 문장으로 보아 베드로의 첫 번째 서신을 쓸 때에 그가 기자의 역할을 감당했을 것이라고 할 수 있다. 이러한 사실은 실라가 단순히 부르는 것을 받아쓰는 한 사람의 서기의 역할을 한 사람이라고 할 수 있고, 서신의 내용을 분석하고 선택하고 정리하는데 실질적인 책임을 진 자라고 할 수 있다. 이러한 사실을 생각해 볼 때에 실라는 글을 잘 쓸 수 있는 문학적인 소질을 갖고 있는 문서 활동가로 생각해 볼 수 있다.[98]

3. 디모데

1〉 디모데의 생애

디모데(Τιμόθεος, Timothy)의 이름의 뜻은 '하나님을 공경함'혹

---

98) 같은 책, 227. 참조.

은 '하나님의 영예'란 뜻이며, 디모데의 출생지는 더베인지, 루스드라인지 확실하지 않으나, 부친은 헬라인이고, 모친은 유니게라는 기독교로 개종한 경건한 부인이었다. 외조모 로이스도 그 집에 동거하여 그는 신앙이 돈독한 가정에서 자랐다(행 16:1; 20:4; 딤후 1:5).

디모데도 훌륭한 인물들에게 빠지지 않게 모친의 좋은 감화를 많이 받았을 것임에 틀림없다. 그는 어렸을 적부터 구약성경을 토대로 신앙을 키웠으며, 사도 바울의 제1차 전도여행 때, 루스드라에 갔을 적에 디모데의 모친과 외조모는 예수 그리스도에게 인도되었는데, 디모데도 그때 주를 영접하고 새로운 신앙을 이행할 수 있는 연령에 이르렀기 때문에, 그도 회심했을 것이다(행 14:6, 22; 고전 4:14-17; 딤후 1:5; 3:11). 디모데는 어려서부터 성경을 가까이 하였으나(딤후 3:15), 할례는 받지 않았다(행 16:3). 청년 디모데는 루스드라와 이고니온에 있는 그리스도인들에게 칭찬받는 자가 되었다(행 16:2).[99]

디모데는 바울이 제2차 전도여행(AD. 50년경) 때부터 남부 갈라디아의 여러 교회들을 방문했을 때에 사람됨을 확인하고 바울의 동반자로 활동하게 되었다(행 16:2). 그리고 바울은 할례 받지 아니한 디모데에 대해서 유대인들이 반감을 살 것을 염려해서 할례를 받게 했다.

이러한 사실을 누가는 사도행전 16:3 "바울이 그를 데리고 떠나고자 할 새 그 지경에 있는 유대인을 인하여 그를 데려다가 할례를 행하니 이는 그 사람들이 그의 부친은 헬라인인 줄 다 앎이러라"고 기록했다.

---

99) 디럭스 바이블, 성경사전, '디모데' 항목 참조.

이러한 바울은 디모데후서 1:6에 "그러므로 내가 나의 안수함으로 네 속에 있는 하나님의 은사를 다시 불일 듯하게 하기 위하여 너로 생각하게 하노니"라고 말함으로 바울은 디모데를 전도여행에 동참시키기 전에 장로들과 함께 안수해서 하나님의 은사를 불일 듯하게 했음을 말해 주고 있다.

이렇게 함으로 디모데는 바울과 제2차 전도여행에 동참해서 갈라디아에서 드로아. 빌립보, 데살로니가, 베뢰아로 가서 바울의 전도여행을 도왔다. 그리고 바울의 제3차 전도여행에도 바울의 동역자로 활동했으며, 제3차 전도여행에서 돌아 온 후에 사도행전 20:4에 "아시아까지 함께 가는 자는 베뢰아 사람 부로의 아들 소바더와 데살로니가 사람 아리스다고와 세군도와 더베 사람 가이오와 및 디모데와 아시아 사람 두기오와 드로비모라"고 기록된 사실을 보아서 바울의 예루살렘 길을 동행한 사람 7명 중에 한 사람이라는 것을 알 수 있다.

그리고 바울이 가이사 황제에게 재판을 받기 위해서 죄수의 몸으로 로마에 갔을 때에 항해의 길에 함께 한 기록들은 보이지 않지만 로마에서 쓴 서신들은 빌립보서(1:1-2)와 골로새서(1:1)과 빌레몬서(1:1)에서 디모데의 이름이 기록된 사실을 미루어 보아서 함께 한 것을 알 수 있다.

바울이 로마 감옥에서 석방된 후에도 디모데전서 4:12-13에 "누구든지 네 연소함을 업신여기지 못하게 하고 오직 말과 행실과 사랑과 믿음과 정절에 대하여 믿는 자에게 본이 되어 내가 이를 때까지 읽는 것과 권하는 것과 가르치는 것에 착념(着念)하라"고 함으로 바울은 디모데에게 이전보다도 더 중대한 책임을 맡긴 것을 알 수 있다. 그것은 사도의 대리자의 직분으로 에베소교회에 남아서 거짓 선지자들을 몰아내고, 교회의 직분자들을 세우며, 교회의 제도에 대한 규칙을 제정하게 하는 일을 하게 했다.

그 후에도 디모데는 바울이 순교 직전까지 함께 하였으며 바울의 최후 순간까지 바울의 곁에 서 있는 사람이었다.

바울의 "사랑하고 신실한 아들"(고전 4:17) 또 "믿음 안에서 참 아들"(딤전 1:2)이었던 디모데는 그의 만년에 대해서는 분명치는 않으나, 전설에 의하면, 에베소의 감독이었으며, 그는 도미티아누스(Domitianus, Titus Flavius 51-96)나 네르바(Nerva, Marcus Cocceius 30-98)가 로마 황제 때에 순교한 것으로 전해진다.[100]

이러한 디모데에 대해서 이정현 교수는 총평하기를 디모데는 바울을 만나 일평생 바울 곁에서 바울의 동역자로, 바울의 심부름꾼으로, 성실하게 살았던 디모데였다. 빌 2:19-24의 말씀 중에서 20절에 "너희 사정을 진실히 생각할 자가 이 밖에 없다"고 했고, 21절에 "타인은 자기의 유익을 구하나 디모데는 자기의 일을 구하지 아니하고 예수의 일을 구했다."고 했으며, 22절에 "나와 함께 복음을 위해서 수고한 사람"이라고 했다. 바울은 디모데를 가리켜 "그리스도 예수의 마음을 가진 자(겸손, 순종)"라고 표현했다.

브루스는 디모데를 놓고 "예수의 마음을 실제로 보여준 살아있는 실례의 사람이다"고 극찬했고, 바클레이는 "그를 섬기는 일에 있어서 보조자의 위치로 흔쾌히 만족했던 사람이다"고 평가했다고 했다.[101]

2> 디모데는 어떤 사람인가?

---

100) 이상근 지음, 『신약주해 사도행전』, p. 232.
101) 이정현 지음, 『바울 곁의 사람들』, p. 43. 참조.

⟨1⟩ 바울의 동역자로 함께 한 사람이다.

바울이 기록한 바울 서신에서 '디모데'란 이름이 바울이 전도여행의 현장을 누가에 의해서 기록된 전도현장에 7회(행 16:1, 2; 17:14, 15; 18:5; 19:22; 20:4) 기록되었고, 그리고 바울의 서신에 19회(롬 16:21; 고전 4:17; 16:10; 고후 1:1, 19; 빌 1:1; 2:19, 22; 골 1:1; 살전 1:1; 3:2, 6; 살후 1:1; 딤전 1:2, 18; 6:20; 딤후 1:1; 몬 1:1; 히 13:23) 나타나 있으며, 도합 16회 나타나 있다.

이것은 디모데가 바울의 전도 장소에 항상 바울의 동역자로 함께 있었음을 증거해 주는 것이며, 때로는 바울과 시간과 장소를 달리할 때에도 항상 바울의 지도 아래서 있으며, 바울의 협력자로, 바울의 동역자로, 함께 하였음을 보여준 것이다.

그러면 디모데는 바울의 전도현장에 어떻게 동역하였을까? 그것은 사도 바울이 제2차 전도여행을 하고 있을 때에 만나서 동행하기를 시작했다. 이러한 근거는 사도행전 16:3에 "바울이 그를 데리고 떠나고자 할 새 그 지경에 있는 유대인을 인하여 그를 데려다가 할례를 행하니 이는 그 사람들이 그의 부친은 헬라인인 줄 다 앎이러라"고 한 말씀에 나타나 있다. 곧 바울이 디모데를 데리고 2차 전도여행 중에 떠나고자 할 때에 할례를 받게 해서 전도여행을 떠난 것이다.

여기서 바울이 디모데에게 할례를 행한 것은 디모데 자신의 구원을 위해서 아니다(Bengel). 이미 할례는 구원과 아무 관계가 없음을 예루살렘 총회에서 결의되었기 때문이다(행 15:28−29). 그런데 바울이 디모데에게 할례를 받게 해서 전도여행을 떠난 것은 앞으로 디모데와 함께 동역해서 전도할 대상들이 많은 유대인들이므로, 그들을 상대할 때 할례 받지 아니함으로 복음전도에 지장을 받지 않기 위해서 할례를 받은 것이다.102)

이렇게 바울의 제2차 전도여행에서부터 바울의 전도여행에 동참해서 동역자로 활동하기 시작한 디모데는 빌립보와 데살로니가와 고린도 그리고 에베소 등지에서 바울과 함께 하였다. 이러한 증거는 고린도전후서와 빌립보서와 데살로니가전후서에서 이들의 편지를 쓸 때에 바울과 함께 쓴 것으로 나타나 있기 때문이다(고후 1:1; 빌 1:1; 살전 1:1; 살후 1:1 등).103)

디모데가 바울과 동역할 때에 그에게는 또 한 명의 아름다운 동역자가 있었는데, 그는 실루아노(실라)가 함께 한 사실이다. 디모데가 실라와 함께 바울을 도와서 동역한 사실은 바울에게 큰 힘이 되었다. 이러한 근거는 사도행전 17:14-15에 "형제들이 곧 바울을 내어보내어 바다까지 가게 하되 실라와 디모데는 아직 거기 유하더라 바울을 인도하는 사람들이 데리고 아덴까지 이르러 바울에게서 실라와 디모데를 자기에게로 속히 오게 하라는 명을 받고 떠나니라"고 함에서 찾아 볼 수 있다.

---

102) 같은 책, p. 233.
103) 고후 1:1-2 "하나님의 뜻으로 말미암아 그리스도 예수의 사도된 바울과 및 형제 디모데는 고린도에 있는 하나님의 교회와 또 온 아가야에 있는 모든 성도에게 하나님 우리 아버지와 주 예수 그리스도로 좇아 은혜와 평강이 있기를 원하노라"
빌 1:1 "그리스도 예수의 종 바울과 디모데는 그리스도 예수 안에서 빌립보에 사는 모든 성도와 또는 감독들과 집사들에게 편지하노니"
살전 1:1 "바울과 실루아노와 디모데는 하나님 아버지와 주 예수 그리스도 안에 있는 데살로니가인의 교회에 편지하노니 은혜와 평강이 너희에게 있을지어다."
살후 1:1 "바울과 실루아노와 디모데는 하나님 우리 아버지와 주 예수 그리스도 안에 있는 데살로니가인의 교회에 편지하노니"

바울은 디모데가 실라와 함께 바울에 충실한 동역자가 된 사실을 훗날 고린도교회에 보낸 서신에서 회상하기를 "우리 곧 나와 실루아노와 디모데로 말미암아 너희 가운데 전파된 하나님의 아들 예수 그리스도는 예하고 아니라 함이 되지 아니하였으니 저에게는 예만 되었느니라."(고후 1:19)고 말하고 있다. 사도 바울은 디모데가 실라와 함께 사역에 동참하고 있을 동안에 데살로니가전후서를 기록하였다(살전 1:1; 3:2; 살후 1:1).104)

디모데는 바울의 2차 전도여행에서 뿐 아니라 제3차 전도여행에서도 바울의 충실한 동역자로 협력했다. 이때에 디모데는 에라스도와 함께 동역하였다105).

이러한 근거는 두 가지 사실에 근거는 두는데 먼저는 사도행전 19:22에서 "자기를 돕는 사람 중에서 디모데와 에라스도 두 사람을 마게도냐로 보내고 자기는 아시아에 얼마간 더 있으니라"고 함으로 누가는 디모데와 에라스도가 바울을 협력한 동역의 사람들로 마게도냐로 보냄을 받은 자들로 소개하고 있다.

다음은 디모데후서 4:20 "에라스도는 고린도에 머물렀고 드로비모는 병듦으로 밀레도에 두었노니"라고 함에서 나타난다. 바울이 디모데에게 두 번째 서신을 쓰면서 디모데의 신실한 동역자인 에라스도에 관한 소식을 전해 주었는데, 에라스도가 고린도에 머물러 있는 소식을 전해 주었다.

---

104) 조병수 지음, 『바울의 동역자와 대적자』, p. 28. 참조.
105) 행 19:22 "자기를 돕는 사람 중에서 디모데와 에라스도 두 사람을 마게도냐로 보내고 자기는 아시아에 얼마간 더 있으니라"
행 20:4 "아시아까지 함께 가는 자는 베뢰아 사람 부로의 아들 소바더와 데살로니가 사람 아리스다고와 세군도와 더베 사람 가이오와 및 디모데와 아시아 사람 두기오와 드로비모라"

디모데가 바울의 동역자로 활동한 것은 마지막으로 로마감옥에까지 바울과 함께 함으로 바울의 최후의 동역자로 나타난다. 이러한 사실은 바울이 로마감옥에서 기록한 옥중서신에서 디모데를 언급하고 있다. 그래서 빌립보서 2:19-24에 "내가 디모데를 속히 너희에게 보내기를 주 안에서 바람은 너희 사정을 앎으로 안위를 받으려 함이니 이는 뜻을 같이 하여 너희 사정을 진실히 생각할 자가 이 밖에 내게 없음이라 저희가 다 자기 일을 구하고 그리스도 예수의 일을 구하지 아니하되 디모데의 연단을 너희가 아나니 자식이 아비에게 함같이 나와 함께 복음을 위하여 수고하였느니라 그러므로 내가 내 일이 어떻게 될 것을 보아서 곧 이 사람을 보내기를 바라고 나도 속히 가기를 주 안에서 확신하노라"고 했다.

그래서 김효성 교수는 디모데는 바울의 귀한 동역자로 교회의 일을 함에 있어서 뜻과 생각과 정신을 같이 할 수 있는 자는 디모데와 같은 자가 없었다고 말했다. 곧 바울에게 디모데는 둘도 없는 귀한 동역자인데 이러한 이유는 다른 사람들은 다 자기의 일을 하는데 디모데는 예수의 일을 구하는 자이기 때문이라고 했다. 곧 디모데는 바울에게 자식이 아버지에게 함과 같이 한자라고 말했다.[106]

디모데가 로마감옥에서 바울과 함께 한 사실은 골로새서 1:1-2에 "하나님의 뜻으로 말미암아 그리스도 예수의 사도 된 바울과 형제 디모데는 골로새에 있는 성도들 곧 그리스도 안에서 신실한 형제들에게 편지하노니 우리 아버지 하나님으로부터 은혜와 평강이 너희에게 있을지어다."라고 함으로 바울은 로마감옥에서 골로새교회에 보내는 옥중서신에서 디모데와 함께 보내는 것을 보아서 디모데가 바울과 로마감옥에서 함께 했던 것을 말해 주고 있다.

---

106) 김효성, 『신역성경강해』, (서울: 옛신앙, 2005), p. 856. 참조.

바울의 옥중서신 중에 하나인 빌레몬서 1:1-2에서 "그리스도 예수를 위하여 갇힌 자 된 바울과 및 형제 디모데는 우리의 사랑을 받는 자요 동역자인 빌레몬과 및 자매 압비아와 및 우리와 함께 군사 된 아킵보와 네 집에 있는 교회에게 편지하노니"라고 함으로 디모데는 바울과 함께 로마감옥에 갇혀 있으면서 바울과 함께 빌레몬서의 공동 집필자로 소개되어 있다.

그래서 풀빗 주석에선 "본 서신의 기록 연대가 사도 바울의 최후 말기, 즉 주후 62년(봄) 내지 64년(봄), 주후 63년 가을이 되어야 마땅하다는 사실은 이로써 충분히 알아차릴 수 있을 것이다. …1. 형제 디모데. 본 서신이 쓰여 질 당시에 디모데는 사도 바울과 함께 있었다. 따라서 그 장소는 로마가 될 것이며, 이러한 사실로 보아 본 서신의 기록 시기가 디모데후서의 기록 시기보다 앞서 있다는 것이 확실하게 된다. 당시 바울은 당시 바울은 로마에 체류하고 있었기 때문이다."[107]라고 함으로 디모데는 바울이 로마 감옥에 갇혀 있을 때에 함께 있었던 것을 말해 주며 빌레몬서는 로마감옥에서 바울과 디모데의 공동 집필의 서신으로 소개하고 있다.

디럭스 바이블 성경사전에선 "바울은 순교 직전 디모데에게 최후의 편지(디모데후서)를 썼다. 고독하게 죽음을 앞전에 둔 노 사도는 그의 '아들'이 빨리 와 주었으면 하고 간절히 바랐다(딤후 4:9, 21). 확언할 수는 없으나, 디모데는 바울이 순교하기 전에 그에게 도착했을 것이다. 그 밖에 디모데의 이름이 쓰여져 있는 것은 히브리서 13:23이다. 그 성구에 의하면, 디모데는 옥에 갇혔다가 다시 석방된 듯하다. 그는 바울과 더불어 한 때 옥고를 맛보았을 것이

---

107) 풀빗주석번역위원회 『풀빗성경주석 디모데전후서. 디도서. 빌레몬서』, (대구: 보문출판사, 1983), pp. 655-669.

다."108)라고 말하고 있다.

그러므로 디모데는 로마감옥에서 바울과 함께 옥고에 동참한 것으로 말하고 있으며, 바울의 순교 직전까지 함께 함으로 최후 순간까지 동역자로 함께 한 바울의 위로자인 것을 알 수 있다.

〈2〉 장애물을 믿음으로 이겨낸 사람이다.

디모데는 마음이 연약한 사람이었다. 이러한 사실들이 걱정된 바울은 디모데에게 보낸 서신인 디모데전서 4:12-13에서 "누구든지 네 연소함을 업신여기지 못하게 하고 오직 말과 행실과 사랑과 믿음과 정절에 대하여 믿는 자에게 본이 되어 내가 이를 때까지 읽는 것과 권하는 것과 가르치는 것에 착념(着念)하라"고 했다.

이러한 사실을 신학자 렌스키는 "우리는 디모데의 나이를 다만 추정할 수 있을 따름이다. 그는 아마도 35-40세 어간이 있을 것이다. 유대인들은 사십 세가 달하기 전에는 연소자로 간주한다. 그런데 여기서 연령은 일반적인 의미에서 연령을 말하는 것이 아니고 바울의 대리자로서 디모데가 가지고 있는 위치와 연령을 말하고 있다. 회중의 장로들은 일반적으로 연로한 자들이었다. 디모데는 그 장로들을 대면하고 다루고 있는 처지였다. …여기서 디모데는 연소함으로 인하여 소심한 자요, 바울은 여기서 이 소심증을 해제할 해독제를 제공하고 있다는 것이다."109)라고 함으로 디모데의 성격이 소심하고 연약한 자인 것을 말해 주고 있다.

디모데가 이렇게 마음이 소심하고 유약한 사람인 것은 바울이 고

---

108) 디럭스 바이블 성경사전, '디모데' 항목 참조.
109) 렌스키 저, 장병일 역, 『성경주석 디모데전후서. 디도서. 빌레몬서』, (서울: 백합출판사, 1976), p. 157.

린도교회에 보낸 서신에 잘 나타나 있다. 이러한 기록은 고린도전서 16:10-11에 "디모데가 이르거든 너희는 조심하여 저로 두려움이 없이 너희 가운데 있게 하라 이는 저도 나와 같이 주의 일을 힘쓰는 자 임이니라 그러므로 누구든지 저를 멸시하지 말고 평안히 보내어 내게로 오게 하라 나는 저가 형제들과 함께 오기를 기다리노라"고 말함으로 나타나 있다.

바울이 고린도교회에 디모데를 보내서 감당해야 하는 임무는 당파 싸움에 대한 소식을 이미 "글로에의 집"으로부터 이미 들어서 알고 있었으며(고전 1:11), 이러한 분쟁에 관한 문제를 바로 잡기 위함이 디모데의 임무였으며, 또 디모데가 고린도로 떠났지만 가는 도중에 각처의 여러 곳을 들리기 위해 경유하여야 함으로 고린도교회에 디모데의 도착이 얼마간 지연될 것을 예상하고, 디모데가 도착하기 전에 바울은 이러한 서신을 써서 고린도교회에 디모데의 안전을 부탁했던 것이다.

당시 고린도교회에는 디모데가 감당하기 어려운 힘든 상황 아래 있었다. 그러한 이유는 교인들 가운데 디모데의 연소함을 위협하여 디모데를 존경할 필요가 없으며, 그를 대접할 필요가 없다고 주장하는 자들도 있었을 것이기 때문이다. 그러므로 바울은 고린도교회에 서신을 통해서 디모데가 도착하거든 잘 대접하며 두려움이 없이 디모데가 임무수행을 할 수 있도록 도와달라고 부탁한 것이다.[110]

그래서 성서대백과사전에선 바울은 자기 대신 젊고 경험이 없는 디모데를 보내 놓고 불안을 느끼고 있었다고 했으며, 디모데를 못 믿어하는 자기의 자세를 바로 잡아 보려고 "주안에서 네 사랑하고

---

110) 렌스키 저, 문창수 역, 『성경주석고린도전서』, (서울: 백합출판사, 1982), pp. 688-689. 참조.

진실한 아들 디모데"(고전 4:17)라고 애써 강조한다. 그러나 디모데를 거론하는 마지막 부분에서 젊은 동역자에 대한 불안을 노출시킨다(고전 16:10-11). 바울은 고린도교회에 디모데를 두려움 없이 그들 가운데 있게 해달라고 함으로 디모데가 몹시 수줍어하거나 적어도 자신이 없는 사람으로 생각하는 것 같은 인상을 준다. 그리고 마치 전에 그러기라도 했던 것처럼 그를 경멸하지 말라고 훈계하기도 하며, 그를 무사히 보내달라고 타일러, 다른 때에 디모데가 그들과 어떤 갈등이 있었던 것 같은 느낌을 주기도 한다고 말하고 있다.111)

그러므로 이상과 같은 내용을 살펴보면 디모데를 조금도 부끄러움이 없이 담대한 사람으로 부각시켜서 말하는 사람들도 있지만 그런 반면에 디모데의 마음이 소심하고 연약한 사람으로 말한 사람들의 주장을 따르면 디모데의 젊은 날은 마음이 소심하고 유약한 사람인 것을 우리들은 알 수 있다.

마음이 소심하고 유약한 디모데는 여기에다가 신체적으로 건강이 연약해서 질병을 앓고 사는 사람이다. 이러한 것을 잘 안 바울은 건강이 연약한 자신의 동역자이며 바울을 대신해서 교회를 돌보며 목회의 길을 걸어가는 디모데를 바라 볼 때에 늘 디모데의 건강을 걱정했던 것을 알 수 있다. 그래서 디모데전서 5:23에서 "이제부터는 물만 마시지 말고 네 위장과 자주 나는 병을 위하여는 포도주를 조금씩 쓰라"고 함으로 바울은 고질병 치료를 위해서 포도주를 약용으로 사용해서 치료에 힘쓰라고 했다.

이러한 사실은 디모데가 전적인 금주가였다는 재미있는 사실을

---

111) 성서백과대사전편찬위원회, 『성서대백과사전 3』, (서울 : 성서교재간
행사, 1980), p. 189. 참조.

알 수가 있으며, 바울은 디모데의 전적인 금주가 건강을 해친다면, 그것을 굳이 고수하기보다는 질병의 치료를 위해서 약용으로 포도주를 사용할 수 있음을 말해 주고 있다. 바울이 이렇게 디모데의 자주 나는 질병에 대한 처방을 내릴 수 있었던 것은 사랑받는 의사인 누가가 디모데에 대한 질병의 처방을 듣고, 누가의 처방에 따라서 말한 것이라고도 할 수 있을 것이다(딤후 4:11).112)

디모데는 이렇게 마음도 소심하고 연약하고 건강도 좋지 못해서 늘 질병을 짊어지고 사는 사람이지만 자신의 믿음의 아버지요 믿음의 스승인 바울의 가르침을 따라서 삶으로 이러한 자신의 연약함에 메여 살지 아니하고 믿음으로 자신의 연약한 점들을 극복하고 살아간 믿음의 사람이다.

⟨3⟩ 모범적인 목회자였다.

디모데가 바울의 동역자이면서도 바울의 지시를 따라서 목회자였음을 우리들은 알 수 있다. 이러한 사실은 바울은 디모데에게 세 편의 목회서신 중에서 디모데에게만 두 편의 목회 서신인 디모데전서와 디모데후서를 보냄으로 디모데가 공식적으로 목회자로 인정함을 명백히 보여준 것이다.

이러한 목회자 디모데에게 바울은 목회적 교훈을 디모데전후서를 통해서 교훈해 줌으로 디모데가 훌륭한 목회자가 되도록 충고해 주고 있는 것이다. 그래서 성서대백과사전에서 "디모데전서와 후서는 그 문장 형식이나 목적, 내용에 있어서 디도서와 밀접하게 관련되어 있다. 이 세 서신들은 목회 서신이라는 이름이 붙여지는데, 이

---

112) 풀빛주석번역위원회 『풀빛성경주석 디모데전후서. 디도서. 빌레몬서』, p. 255.

명칭은 서신들의 교회적 목적을 암시해 주고 있다. 즉 주목사가 교회의 목사들에게 목회상의 충고를 보내는 서신임을 가리키는 명칭이다."고 했다.113)

이러한 디모데를 바울은 안수하여 목회자로 세운 자였음을 바울은 말해 주고 있는 것을 우리들은 알 수 있다. 이러한 사실은 디모데전서 4:14에 "네 속에 있는 은사 곧 장로의 회에서 안수를 받을 때에 예언으로 말미암아 받은 것을 조심 없이 말며"라고 했기 때문이다. 여기서 "은사"란 원어로 '카리스마'(cavrisma)인데, 그 뜻은 '선물', 즉(위험 또는 고난으로부터의) '구속', 특히(영적인) '증여', 즉(주관적으로) 종교적인 '자질부여', 혹은(객관적으로) '신비한 능력', '(값없는)은사<고전 12:4>'(a grace-gift, fovor, gifts)을 말한다.114)

여기서 디모데가 받은 은사 곧 카리스마는 모든 날조된, 그리고 위선적인 교훈에 대립하는 진정한 복음을 이해할 수 있는 그의 능력으로 예언적인 은사를 가지고 있었고(롬 12:6; 고전 12:10), 영들을 구별하는 은사를 가지고 있었다(고전 12:10). 그는 참으로 하나님의 참된 말씀을 전달할 수 있었고, 또 그것을 가르칠 수 있었다. 그리고 그는 그 말씀에서 빗나간 교훈들을 구별할 수 있었다.115)

그런데 디모데가 이러한 은사, 즉 카리스마를 어떻게 얻게 되었는가에 대해서 바울은 "장로회의 회에서 받은 안수"를 근거로 얻게 되었음을 말해 주고 있다. 여기서 '안수'는 영적인 은사, 즉 카리스

---

113) 성서백과대사전편찬위원회, 『성서대백과사전 3』, p. 190.
114) 디럭스 바이블, 디모데전서 4:14에서 '은사'에 대한 원어분해 참조.
115) 렌스키 저, 장병일 역, 『성경주석 디모데전후서』, (서울: 백합출판사, 1982), pp.

마를 얻기 위함만을 말해 주는 것이 아니다. 디모데에게 행한 안수는 직분을 맡기기 위해서 수행한 안수였음을 말해 주고 있다. 곧 그 직분은 목회자로서의 직분을 부여한 것이다. 디모데는 회중의 장로일 뿐 아니라 그에게 주어지는 은사의 한 부분으로 어떤 종류의 직분을 받은 것이다. 이러한 직분을 감당하기 위하여 특별히 받은 은사는 바울의 조력자로 일할 수 있는, 그리고 어떤 회중에 대해서 바울의 대리자로서 일할 수 있는 능력과 직분을 받았음을 말해 주고 있다. 디모데는 바울의 대리자로서 뿐 아니라 바울과 아시아의 판도의 모 교회를 함께 일치된 행위로서 목회자로 지명 받은 것이다. 곧 바울과 일치하여 디모데에게 그의 중요한 목회적인 일과 목회자의 직분을 맡긴 것이다.116)

그러면 디모데는 바울의 대리자와 목회자로서 사역을 감당한 곳은 어디서 이루어졌는가? 디모데는 믿음의 아버지인 바울의 뜻에 순종하여 바울에 의해 파송된 데살로니가 교회에서, 고린도 교회에서, 그리고 에베소 교회에서 성실하고 진실하게 주님의 교회를 보살폈다.

특별히 디모데는 에베소교회에서 목회자로서 충실한 목회활동이 바울의 목회서신 중에 하나인 디모데전서를 보면, 잘 나타나 있다. 여기서 디모데는 에베소에 있는 교회의 책임을 맡았는데, 청년 디모데에게 그것은 감당하기에 힘든 임무였다(딤전 4:12). 그는 거짓 교사들과 싸우며, 임원을 임명하고, 교회의 규칙을 제정하지 않으면 안 되었기 때문이다.

이렇게 디모데의 목회적 지위는 사도 대리와 같은 것이었기 때문에, 바울은 그가 그 직무에 대한 특별한 편지를 쓴 것도 이상스럽지

116) 렌스키 저, 장병일 역, 『성경주석 디모데전후서』, pp. 160-162. 참조.

않다. 그러나 디모데는 젊은 나이에도 불구하고 탁월한 경건함과 깊은 말씀의 가르침으로 교회들을 튼튼히 세워 초대교회 목회의 선구자적 역할을 잘 감당하였다.

4. 루디아

1〉 루디아의 생애

루디아(Λυδία, Lydia)117)는 루디아 지방의 두아디라 (Thyarti

---

117) 유럽에서 예수를 믿게 된 최초의 결신자, 그녀는 바로 아시아에서 건너온 루디아라 하는 여인이다. 바울 일행은 문밖 강가, 즉 오늘도 흐르고 있는 지각티스(Zigaktis) 강가에서 자주 옷감장사 루디아를 만난 것이다. 그녀는 두아디라(오늘의 터키 지역으로써 터키의 명으로는 아키사르 (Akhisar)로 카펫의 산지로 유명하다.) 성에서 자주색 옷감을 가져와 팔았다. 루디아 여인이 히브리 사람들이나 기도하기 위해서 모였던 문밖 강가에 있었던 것도 필시 루디아 여인은 두아디라성에 장사를 하러 자주 왕래하는 연고로 당시 그 지역에 있었던 히브리 사람들과 또 그들이 믿는 유대교를 이미 알고 있던 여인이었던 것으로 추정된다. 두아디라 (Thyatira)는 요한계시록에 나오는 일곱 초대교회 가운데 하나이다. 두아디라는 중국의 비단이 유럽으로 건너가는 무역로인 비단길(Silk Road)이 거쳐 가는 길목으로 알렉산더 대왕에게 정복되어 그리스의 도시가 되었다가 주전 190년경 로마의 식민지가 되었는데, 소아시아의 염색공업의 중심지이다. 자주장사는 바로 중국산 비단을 자주색으로 염색하여 유럽에 판매했던 것이다. 자주색은 열대 뿔 고동이나 조개 혹은 특수한 식물의 뿌리에서 채집되는 당시 가장 값 비싼 염료로써 주로 로마 귀족들이나 무사들만이 입을 수 있는 최고의 옷감이다. 바울 사도는 루디아 여인을 만나 그녀의 집에서 머물면서 선교의 일을 감당했던 것이다. "저와 그 집이 세례를 받고 우리에게 청하여 가로되 만일 나를 주 믿는 자로 알거든 내 집에 들어와 유하라 하고 강권하여 있게 하니라."(행 16:15)

ra) 성의 출신으로 자주장사이다. 여기서 '자주'란 어떤 주석에는 자색물감으로 해석하기도 했으나, 그러나 자색물감을 들인 옷감을 말한다(R. J. Knowing).[118] 루디아는 두아디라에서 빌립보로 가져온 자색 옷감을 파는 여자였다. 두아디라는 루디아의 방방곡곡이 그러하듯이 염색공조합이 형성하고 있었던 사실이 고대의 비문을 통해서 알려져 있던 곳이다. 이러한 루디아 여인이 유했을 것이 틀림없다. 그 이유는 그러한 물건을 장사하는 사람들은 상당한 자본이 있어야 했기 때문이다.[119]

루디아의 이름은 바울이 그의 서신에서 루디아의 이름을 한 번도 기록하지 않은 사실은 루디아(Λυδία)가 루디아 사람으로서의 형용사이지 개종자 개인의 이름이 아닌 것처럼 생각이 든다. 그래서 비문에 다만 루디(Λυδίη)만이 고유명사로서 발견된다는 것이다. 그러므로 루디아란 원래 형용사로서 '루디아의 여인'으로 쓰였을 것을 말하고 있는데, 그의 이름의 뜻은 '생산'이란 뜻이다.[120] 그녀의 이름은 사도행전 16:11-40에서 두 번 나온다.

루디아 그녀의 생애에 관해서 성경에서는 자세히 밝히지 않지만 그녀에 대해서 사도행전 16:14에 "두아디라 성의 자주 장사로서 하나님을 공경하는 루디아라 하는 한 여자가 들었는데"라고 기록하고 있다. 누가가 기록한 이러한 말씀을 보아서 루디아는 유대인이 아

(.http://cafe.daum.net/Blessedtheman/Gls/482. 참조)

118) 자주장사(紫朱~):Seller of purple.[그]porfurovpwli" (porphuropolis) [영] Seller of purple. 소아시아의 성읍 두아디라 출신의 부인 루디아의 직업에 씌어져 있는 말(행 16:14). 두아디라는 값비싼 자주의 특산물로서 유명한 곳이었고, 루디아는 그 자주색 옷감 장수였다.

119) 성서백과대사전편찬위원회, 『성서대백과사전 3』, p. 492. 참조.

120) 디럭스 바이블 성경사전 '루디아'란 항목 참조.

닌 비유대인으로서 유대교로 개종하여 유대교를 믿고 있는 것으로 우리는 알 수 있다.

이러한 사실은 그녀를 특별히 누가가 '하나님을 공경하는 루디아' 라고 기록한 사실에 근거하고 있는데, 이것은 루디아가 아직 예수님이 그리스도이심, 즉 구약성경에 예언된 메시야란 사실은 잘 모르지만 일찍 유대교의 감화로 유대교에 입교한 뒤에는 하나님을 경외하는 사람으로 소개하고 있기 때문이다.

이러한 그녀는 바울이 제2차 전도여행 때에 성령의 인도하심을 따라서 마게도냐의 첫 성인 빌립보에서 실라와 함께 전도할 때에, 바울의 전도로 예수님을 믿고, 구원을 받게 됨으로 루디아는 오늘날 유럽에 속한 빌립보 지역의 전도의 열매가 된 그녀는 유럽의 최초의 신자가 된 것이다. 그리고 그녀는 빌립보교회의 창립 멤버가 되어서 교회를 세웠으며, 바울의 동역자가 된 것이다.

2〉 루디아는 어떤 사람인가?

〈1〉 바울의 전도로 개종한 자이다.

바울이 루디아란 여자에게 복음을 전하게 된 배경은 사도행전 16:9-13절에 "밤에 환상이 바울에게 보이니 마게도냐 사람 하나가 서서 그에게 청하여 가로되 마게도냐로 건너와서 우리를 도우라 하거늘 바울이 이 환상을 본 후에 우리가 곧 마게도냐로 떠나기를 힘쓰니 이는 하나님이 저 사람들에게 복음을 전하라고 우리를 부르신 줄로 인정함이러라 드로아에서 배로 떠나 사모드라게로 직행하여 이튿날 네압볼리로 가고 거기서 빌립보에 이르니 이는 마게도냐 지경 첫 성이요 또 로마의 식민지라 이 성에서 수일을 유하다가 안식일에 우리가 기도처가 있는가 하여 문 밖 강가에 나가 거기 앉아서 모인 여자들에게 말하더니"라고 한 말씀을 근거로 한다.

곧 "마게도냐 사람 하나가 서서 그에게 청하여 가로되 마게도냐로 건너와서 우리를 도우라"는 환상을 본 바울은 주님의 음성을 듣는다. 여기서 "우리를 도우소서."란 환상을 통해서 주신 말씀은 저들의 영혼을 구원하기 위해 복음전도를 기다린다는 뜻이다. 이 호소는 인류가 부르짖는 부르짖음의 표본이다. 이러한 사실은 인류는 그리스도의 복음으로 말미암는 구원 이외에 아무런 도움도 받을 수가 없기 때문이다. 이것은 영혼을 구원하는 도움만이 인류의 진정한 도움이 되기 때문이다.121)

곧 복음을 전해서 그들이 구원에 이르기를 위해서 도움을 청하는 환상을 따라서 바울은 성령의 인도하심인 줄로 인정하고 바울의 전도일행들이 마게도냐로 가게 된다. 이때에 사도행전을 기록한 누가는 "바울이 이 환상을 본 후에 우리가 곧 마게도냐로 떠나기를 힘쓰니"라고 기록함으로 누가도 바울의 전도여행 팀에 합류한 것을 알 수 있다. 누가가 바울의 전도여행 팀에 합류된 채 이들은 마게도냐 지방의 첫 성인 빌립보 성에 이르게 된다.

이렇게 해서 빌립보 성에 도착한 바울 일행들은 안식일 날이 되자 기도처를 찾아 강가로 나아가게 되었다. 이 강은 강기데스 강이었을 것이며, 이들이 안식일에 기도처를 찾아서 강가에 나아간 것은 두 가지 이유인데, 먼저는 유대인들은 거주하는 인구가 소수인 경우에는 회당을 설립할 수가 없기 때문에 강가에 가서 기도처를 만들어서 기도하는 습관을 가지고 있기 때문이다(시 137:1; 스

---

121) 박윤선 지음. 『성경주석 사도행전』, (서울: 영음사, 1977), pp. 337-338. 참조.

8:15). 회당을 얻지 못한 유대인들은 강가를 찾아서 그들의 결례를 위한 편의상 도시에서 조용한 분위기를 얻기 위해서, 그리고 때로는 집회를 위해서 흔히들 취하는 유대인들의 태도이다. 따라서 바울의 전도여행 중에 안식일 날 강가로 나아온 것은 집회를 위해 집회의 장소를 얻기 위해서 강가로 나아간 것이다.[122]

또 다른 하나는 복음사업이 하나님의 도우심으로 많은 영혼들을 구원하기 위해서, 성령의 능력을 힘입어 복음을 전하기 위해서, 기도하는 장소를 얻기 위함이다.

바울의 일행들은 이러한 이유로 안식일에 강가로 나아가다가 강가에서 여자들의 모임을 만나게 된다. 바울은 이 여자들에게 복음을 전하게 되는데, 이때에 자주장사 루디아란 여자도 그 여자들과 함께 바울이 전하는 복음을 듣고 구원을 얻게 된다. 이렇게 함으로 루디아는 오늘날 유럽의 관문이 되는 마게도냐 지방의 첫 성 곧 빌립보[123]성에 전도의 첫 열매가 되는 동시에 오늘날 날 유럽에 첫

---

122) 이상근 지음, 『신약주해 사도행전』, p. 237. 참조.
123) 빌립보(Fivlippoi, Philippi) 「말」 마게도냐 동쪽의 번영했던 성읍이었는데, 오늘날은 휠리베드직(Filibedjik, '작은 빌립보'란 뜻)이라 불리우는 고지(古址)를 남기고 있는데 불과하다. 그 해항 네압볼리에서 서북쪽으로 20㎞의 내륙에 있으며, 그 사이에는 숨볼론 산(Mt. Symbolon)을 넘어 달리는 에그나티아(Eghatia)가 도로로서 연결되고 있었다. 바울이 제2차 전도여행 때 일행과 같이 네압볼리에서 빌립보로 간 것은 이 에그나티아 가도였다(행 16:11, 12). 구릉 꼭대기부근의 오르고 내리는 몇 군데에는 상당히 넓은 범위에 걸쳐 돌로 포장된 고대의 도로가 남아 있으며, 오랜 세월에 걸쳐 밟아 닦아진 흔적이 보인다. 바울 일행이 도보로 네압볼리스에서 빌립보에 가는 데는 족히 하루가 걸렸을 것이다. 빌립보는 팡가에우스 산(Mt. Pangaeus, 오늘날의 Pangaion Oros, 표고 1,957m)의 동북쪽에 발달한 평원의 위치하며, 강기테스 강(River Gangites)의 저지를 굽어보는 구릉에 세워져 이전에는 적어도 BC 7세기 이후 크레네데스(Krenides, Krhnivde)의 이름으로 알려져 있었다. 그것은 구릉촌 부근에

그리스도인이 된 것이다.

누가는 루디아가 바울이 전한 복음을 듣고 그리고 그의 가정이 구원을 받은 사실을 사도행전 16:14-15에서 "두아디라 성의 자주 장사로서 하나님을 공경하는 루디아라 하는 한 여자가 들었는데 주께서 그 마음을 열어 바울의 말을 청종하게 하신지라 저와 그 집이 다 세례를 받고 우리에게 청하여 가로되 만일 나를 주 믿는 자로 알거든 내 집에 들어와 유하라 하고 강권하여 있게 하니라"고 기록하고 있다.

여기서 "저와 그 집이 다 세례를 받고"[124]란 말씀은 루디아와 그

많은 샘(krhvnh)이 있었기 때문이다. BC 358년 마게도냐 왕 필립포스 Ⅱ세(Philippos Ⅱ, BC 359-336 재위)가 점령 확장하여 자기의 이름을 따라 성읍을 '빌립보'라고 불렀다. BC 31년, 옥타비아누스(아구스도)가 악티움(Actium) 해전에서 안토니우스와 클레오파트라에 대하여 결정적 승리를 거두었을 때, 그는 앞서 거기서 거둔 승리를 생각하여 빌립보를 로마 식민시의 위계(位階)로 높이고 이에Colonia Augusta Julia Victrix Philip\pensium라는 칭호를 주었다. 이것은 이태리 시민권(jus Italicum)의 특권(면세와 자유 포함)을 수반하고 로마 군대의 퇴역 군인에게 호적한 식민지로 되었다. 수비대가 주둔했기 때문에 인구의 절반은 로마계이고 나머지 절반은 마게도냐계, 그리고 거기에 소수의 유대의 식민이 섞여 있었다. 빌립보는 군사상, 통상상 중요한 지위를 차지하고 있었으므로 이 지방의 도성 암비볼리를 앞질러 마게도냐의 이 지방에서 제일가는 성읍이라고 하였다(행 16:12). 빌립보에는 디아스포라(Diaspora, diasporav, 유대인으로서 팔레스틴 이외의 땅에 이주한 자)의 유대인은 소수였던 듯하며, 그들은 이 땅에서는 회당을 가질 정도까지는 되지 못하였다. 그들은 성읍 서쪽을 흐르는 강기테스 강가에 '기도처'를 설치하고 집회를 하였다. 바울은 안식일에 거기서 복음을 전하여 개종자를 얻었다(행 16:13-15)(디럭스 바이블 성경사전 '빌립보'항목 참조.

124) 이 말씀은 유아세례의 근거가 되도 변론이 되는 말씀으로 본문 외에도 고넬료(행 10:48), 빌립보 간수(행 16:33), 그리스보(행 18:8), 스데바나(고전 1:16)의 경우를 들 수 있다. 이러한 이유는 본인이 세례를 받을 때에 그의 가족의 전체도 세례를 받았다. 가족의 전체 세례인 구약적 배경은 할례를 유아들이 받는 것으로 보아 예수께서 어린 아들을 축복한 사

녀의 가정의 모든 식구들이 자신이 바울의 전도로 예수님을 믿고 구원을 받은 것처럼 전도를 받고 구원을 받은 것이다. 그리고 이러한 구원의 증표로 그녀와 그의 집의 모든 가족이 바울과 전도일행들에게 세례를 받은 것이다.

그뿐 아니라 "우리에게 청하여 가로되 만일 나를 주 믿는 자로 알거든 내 집에 들어와 유하라 하고 강권하여 있게 하니라"는 말씀대로 바울 일행을 강권하여 자기와 자기의 집에 복음을 전해 줌으로 구원받게 해주심에 대해서 감사해서 접대의 기회를 제공한 것이다.

<2> 자신의 집을 빌립보교회의 처소로 제공한 자이다.

바울 일행으로부터 복음전도를 받고 구원받은 루디아는 빌립보교회가 세워지는데 중요한 역할을 한 것이다. 이러한 사실의 성경적인 근거는 사도행전 16:40에 "두 사람이 옥에서 나가 루디아의 집에 들어가서 형제들을 만나보고 위로하고 가니라"고 한 말씀이 이를 증명하고 있다.

이상근 박사는 주석에서 말하길 "루디아의 집에 들어가서", 즉 빌립보교회이다. 빌립보를 떠나기 전에 루디아의 집에 모인 교회에 들려 위로하고 권면하였다. 그와 같이 빌립보 교회는 설립되었고, 바울이 세운 교회 중에서도 가장 사랑이 많은 교회가 되었다. 이방인의 개종자, 이방인의 여자 노예, 옥의 간수 등, 처음 세 사람과 그의 가족들은 좋은 교회의 전통을 수립하였던 것이다."125)고 했다.

박윤선 박사도 "루디아는 유럽전도에 있어서 가장 먼저 회개한

실을 보아(막 10:16), 유아세례는 그리스도인이 가정에서 받는 것은 당연한 것이다(이상근 박사 지음, 사도행전 주석, p 239 참조).
125) 이상근 지음, 『신약주해 사도행전』, p. 246.

여자이다. 그를 다리로 삼아서 그 땅에 교회가 서기 시작하였다. 예수님의 사마리아 전도에 있어서 물 길러 왔던 미천한 여인이 그 지방 전도의 다리가 된 사실도 있다(요 4:39-42). 교회의 역사를 보면 하나님의 복음사업은 종종 작은 인물로부터 시작하여 널리 펴져 커진다."126)고 했다.

루디아의 집이 빌립보교회의 확실한 예배의 처소라는 명백한 증거는 그랜드종합주석에서 루디아의 집이 예배의 처소로서 다음과 같이 명시하고 있다.127)

"바울과 실라는 옥에서 나오자 바로 루디아의 집(14. 15절)으로 갔다. 그리고 거기서 믿는 형제들을 만났다. 이로 보건대 루디아의 집은 이미 빌립보 지역의 교인들의 집합소 및 예배의 처소가 되어 있었던 것 같다. 그리고 '형제들'이라고 언급된 것을 보아 벌써 여러 믿는 사람들이 생겨난 것으로 여겨진다. 이들은 아마도 루디아의 가족들과 주변의 이웃들 그리고 귀신들렸다가 나음을 받은 여종 등이었을 것이다."

루디아의 집이 빌립보교회의 예배의 처소로 사용되고 있음을 명시한 것이 더 있는데, 그것은 디럭스 바이블 성경사전에서도 분명히 명시하고 있다.128)

"그녀가 이제 바울로부터 복음의 전도를 받으니 주께서 그 마음의 눈을 열어 주셔서 그녀는 마게도냐와 유럽에 있어서 최초의 회심자가 되었다. 이 여인을 교량으로 삼아 교회는 서기 시작했다.

---

126) 박윤선 지음. 『성경주석 사도행전』, p. 340.
127) 기획. 편집 제자원. The Grand Bible Commentary, 『그랜드종합주석 14』, (서울: 성서교재간행사, 1995), p. 373.

예수님의 사마리아 전도에 있어서 물 긷던 여인이 그 지방 전도의 교량이 된 사실도 있다. 그녀는 가족과 더불어 다 세례를 받고 그 일행을 자기 집에 유숙하라고 강권하여 머물게 했다. 이렇게 하여 그녀의 집은 빌립보에서 첫 번째 교회가 되었다(행 16:12-15)."

이와 같은 사실들을 미루어 보아서 루디아는 참으로 믿음이 좋은 여자이며, 그와 그의 가족이 다 예수님을 믿고, 자기의 가족들과 함께 빌립보교회를 세우는데 앞장 선 사람이며 자기가 사는 집을 빌립보교회의 처소로 제공한 사람으로 알 수 있다.

〈3〉 그녀는 바울은 동역자들 중에 속한 자이다.

바울은 루디아란 믿음의 여자를 그가 보낸 빌립보 서신에서 각별히 소중한 동역자라고 일컫고 있다. 바울은 빌 4:3에 "또 참으로 나와 멍에를 같이한 자 네게 구하노니 복음에 나와 함께 힘쓰던 저 부녀들을 돕고 또한 글레멘드와 그 위에 나의 동역자들을 도우라 그 이름들이 생명책에 있느니라."고 말한다.

바울은 자신의 복음전도에 의해서 세워진 빌립보교회를 섬김으로 바울의 복음사역에 동역하는 자들 가운데 빌립보교회의 여자 성도들을 언급하면서 "나와 함께 힘쓰던 저 부녀들을 돕고"란 칭호를 사용했다. 여기서 '부녀들'은 일차적으로 2절에서 언급한 유오디아와 순두게를 들 수 있겠지만 바울과 함께 복음의 사역에 함께 빌립보교회에서 힘쓰던 대표적인 부녀는 바로 루디아를 생각해 볼 수 있다. 그러한 면에서 볼 때에 루디아는 바울과 함께 복음에 힘쓰는 부녀요 동역자가 된 것이다.

칼빈도 빌립보 감옥에서 출옥한 바울 일행들과 사도들은 그들이 전한 복음의 씨앗이 죽지 않도록 허락만 된다면 더 머무르고 싶었는데, 상관들의 무력적 요청에 의해서 응할 수밖에 없었다고 한다. 그럼에도 불구하고 빌립보교회의 형제들을 강건히 하기 위하여 경건한 의무를 수행하기 위하여 루디아의 집을 방문했다고 말하면서 "루디아는 교회의 지도자의 위치에 있었으며 모든 경건한 사람들이 이 여자의 집에서 모이고 있었다는 사실은 그 사실을 더욱 분명하게 하고 있다."고 했다. 이것은 루디아가 바울이 세운 빌립보 교회에서 지도자의 자리에 있었고, 자기의 집을 집회의 처소로 제공하면서 바울의 충실한 복음의 동역자로 수고 했음을 말해 주고 있다.

또 성서백과대사전에서도 빌립보교회가 바울의 전도사업을 돕는데 전적으로 힘을 기울이게 된 것은 빌립보 교회에서 루디아의 역할과 그 역할로 인해서 빌립보교회가 바울에게 물질적인 도움을 주는 주요 원인이었을 것으로 말하고 있다.129)

"루디아는 바울의 말씀을 듣고 그와 또 그와 이야기를 나누었다. 그리고 끝내는 그녀와 그의 가족들이 세례를 받았으며, 그녀의 강권으로 바울과 그의 일행은 그녀의 집에 유했다. 그녀는 극진한 대접으로 빌립보에서 이 사도는 딴 곳에서처럼 생활비를 벌어야 할 필요가 없었다. 빌립보에 있을 때 바울은 이처럼 사람들의 돌보심을 받았을 뿐 아니라, 그의 서신을 미루어 볼 때, 그가 다른 여러 교회에 나가 있을 때에는 빌립보 교회의 기증품을 받았음을 알 수 있다(참조: 고후 11:8; 빌 4:16). 이처럼 그는 다른 교회에 대해서는 허용하지 않았지만, 유독 빌립보교회에 대해서만은 자신을 지원하도록 허락하여 주었다(빌 4:15). 바울의 빌립보서를 보면 그가 빌립보교회를 각별히 사랑했음을 알 수 있다(참조: 1:3-8; 2:12, 15-16; 4:1, 15-16, 18). 이런 특별한 관계가 이루어진 데는 틀림없이 루디아의 도움이 그 주요 원인이 되었을 것이다."

---

129) 성서백과대사전편찬위원회, 『성서대백과사전 3』, p. 492. 참조.

5. 야손

1> 야손의 생애

야손(Ἰάσων, Jason)이란 이름의 뜻은 '병 나은 자'란 뜻이다. 그리고 야손이란 이름은 신약성경에 5회 나오는데, 먼저 사도행전(행 17:5, 6, 7, 9)에 4번 나오고, 그리고 로마서(16:21)에 한번 나온다.

그는 바울과 같은 동족인 유대인 신자이다. 야손은 데살로니가에 거주했으며, 바울과 실라가 제2차 전도여행 중에 데살로니가에서 전도할 때에 바울과 실라를 유숙케 하였다.

그러나 유대인들이 시기하여 괴악한 사람들을 동원하여 소동케하고, 바울을 체포하려고 했을 때 야손이 이러한 사실을 알고 바울과 그의 일행들을 도피시킴으로 바울을 체포하는데 실패로 돌아가게 되었다.

바울을 시기해서 일어난 폭도들이 바울을 체포하는데 실패하자 야손을 잡아 관헌에 넘겼으나 보증금을 내고 곧 풀려났다(행 17:5-6; 롬 16:21).

이러한 야손을 바울은 후일에 로마교회에 보내는 서신인 로마서에 자신의 소중한 동역자 중에 한 사람으로 문안했다. 이러한 문안 사실은 로마서 16:21에서 "나의 동역자 디모데와 나의 친척 누기오와 야손과 소시바더가 너희에게 문안하느니라"고 기록함으로 남기고 있다.

이러한 사실 외에 신약성경에 대한 더 자세한 사실에 대해서 침묵을 지키고 있다. 그러므로 우리들은 그의 생애에 대한 자세한 기록을 알 수는 없으나, 일생 동안 바울의 동역자로서 충실하게 살았을 것에 대한 의심은 전혀 없다.

2> 야손은 어떤 사람인가?

<1> 바울의 데살로니가 전도 때에 회심한 자이다.

야손은 바울의 전도일행이 제2차 전도여행 중에 데살로니가에 도착해서 바울이 데살로니가에 있는 유대인의 회당에 세 안식일 동안 성경을 가지고 풀어서 예수님의 십자가에 죽으심과 부활하심에 대해서 증거했다. 그리고 이렇게 십자가에 죽으시고, 부활하신 분이 바로 구약성경에 예언된 메시야 곧 자기 백성들을 구원하시려 오신 그리스도라고 복음을 전함을 듣고, 예수님을 그리스도로 믿고 구원을 받게 되었다.

이러한 사실은 사도행전 17:1-4에 "저희가 암비볼리와 아볼로니아로 다녀가 데살로니가에 이르니 거기 유대인의 회당이 있는지라 바울이 자기의 규례대로 저희에게로 들어가서 세 안식일에 성경을 가지고 강론하며 뜻을 풀어 그리스도가 해를 받고 죽은 자 가운데서 다시 살아야 할 것을 증명하고 이르되 내가 너희에게 전하는 이 예수가 곧 그리스도라 하니 그 중에 어떤 사람 곧 경건한 헬라인의 큰 무리와 적지 않은 귀부인도 권함을 받고 바울과 실라를 좇으나" 라고 기록되어 있다.

이 말씀에 비추어 볼 때에 유대인의 회당에서 바울이 전한 복음을 듣고 많은 사람들이 예수님을 믿고 구원을 받게 되었다. 그중에서는 "경건한 헬라인의 큰 무리"와 "적지 않은 귀부인"들이 예수님을 믿고 바울과 실라를 좇았다.

물론 이러한 누가의 기록 속에는 야손의 이름이 개인적으로 명시되어 있지는 않으나, 그러나 바울의 전도 열매들 속에 야손의 이름도 포함된 것이다. 그래서 이상근 박사는 "경건한 헬라인. 경건이란, 유대교에 개종한 것을 표시한다(행 10:2, 참조). 이런 개종은 일보 더 나아가 그리스도를 믿게 되었다. 단순히 하나님을 경외하는 개종을 '문간의 개종'(Proselytes of the Gate)라고 한다. 또 많은 귀부인 개종하게 되었다. 마게도냐에서 원래 부인의 위치가 존중되었음으로 이런 부인의 활동은 크게 역할을 하게 된 것이다(16:13 참조). 그 외에 유대인 중에서도 가령 야손이나(5절) 아리스다고와 세군더(20:4)와 같은 신자들을 얻었을 것이다."[130]라고 했다.

이렇게 데살로니가에 있는 유대인의 회당에서 유대인으로서 야손은 바울의 전도로 복음을 듣고 구원을 받은 것이다.

<2> 야손은 바울의 숙식을 제공한 자이다.

이렇게 금방 예수님을 믿게 된 야손은 바울과 그의 전도자들의 무리들을 귀하게 여겼다. 이러한 야손은 바울과 바울의 일행들을 대접해서 자기의 집에서 머무르게 했다.

이상근 박사는 "야손은 '예수'의 헬라 음으로 바울의 일행이 유숙하던 집 주인이다. 로마서 16:21에 나타난 야손과 동일인으로 보이며, 그렇다면 그가 유대인이었을 것이 더욱 분명하다. 그는 바울을 잘 대접하고 전도 사업에 협조하며 위기에는 대신 봉변을 당했다. 좋은 그리스도인이었다고 본다."[131]고 했다.

---

130) 이상근 지음, 『신약주해 사도행전』, pp. 247-248.

〈3〉 바울을 안전한 장소로 숨겨 준 자이다.

회당에서 바울이 복음을 전하자 유대인들 중에서 야손과 같은 사람들처럼 복음을 받아들이는 사람들도 있었지만 복음을 배척한 사람들이 다수였다. 이러한 유대인들은 바울이 전하는 복음을 듣고 많은 사람들이 예수님을 믿고 자기들을 따르지 않고 바울과 바울의 일행들을 따르자 시기하는 마음이 생겼다.

그래서 이들은 어떤 괴악한 무리들을 선동시켜 야손의 집에서 묵고 있는 바울을 끌어내리려고 했다. '괴악한 무리들'은 사장이나 광장들에 불량배들, 요즘 말로 말하면 폭력배들을 돈을 주고 사서 바울과 바울의 일행들을 따르는 전도의 열매들을 와해시키려고 소동케했다. 유대인들은 이러한 폭력배들을 동원해서 야손의 집에 유숙하는 사도 바울을 체포해서 관헌에 넘기고자 했다.

그러나 이러한 사실을 미리 알고 야손은 바울과 바울의 전도자의 일행들을 미리 피신시켜서 그들의 손에서 피하도록 해주었다.

〈4〉 바울을 대신해서 체포된 자이다.

박해자들인 유대인들은 바울과 바울의 일행들을 발견하지 못하자 그들은 바울과 바울의 일행 대신에 이들을 숨겨 준 야손과 형제들 곧 바울의 전도로 예수님을 믿음으로 그리스도 안에서 믿음의 형제들이 된 이들을 체포해서 관헌에 끌고 가서 고소하였다.

그들은 야손과 새로 예수님을 믿음으로 형제들이 된 새 신자들을 읍장에게　고소하였다.　읍장들은　원어로는　'폴리타르카스'(

---

131) 같은 책, p. 248.

πολιτάρχης. politarches)로 이러한 칭호는 신약이나, 고전 그릭에서는 다시 나타나지 않음으로 한때 누가의 문학적 정확성을 의심했으나 19세기 후반 데살로니가에서 발견한 비석들의 비문에 이낱말이 재발견되어 성경의 정확성을 더욱 확실시 해 주었다.132)

읍장이란 칭호는 BC. 2세기부터 A. D. 3세기에 걸친 시대의 비문에서 발견되었고, 마게도냐의 도시들에만 적용되었다고 한다. 이칭호는 로마 영토 내의 자치도시를 책임지는 행정장관을 가리킨다. 로마는 데살로니가를 식민지가 아닌 자유 도시로서 인정하여, A. D. 1세기에는 다섯 명의 읍장들이 이 도시를 다스리게 했고, 그 후 2세기에는 읍장이 6명이 되도록 늘렸다.133)

야손은 바울과 바울의 일행들에게 숙소를 제공하고, 그리고 그들을 숨겨주고, 도피시킨 죄로 박해자들에게 끌려가서 6명의 읍장들 앞에 바울과 전도자의 일행을 대신해서 죄수의 몸으로 재판을 받게 되었다.

유대인 박해자들은 야손과 믿음의 형제들을 끌고 가서 여러 가지 죄목으로 읍장들에게 고소하였다. 먼저는 복음을 전하는 바울과 함께 한 전도자들을 "천하를 어지럽게 한 자들"이라고 고소했다. 여기서 당시 '천하'라고 하는 말은 곧 로마 제국 전체를 가리켰다(눅 2:1). 따라서 본문은 로마제국의 질서를 어지럽히거나 로마에 대해 반란을 일으키는 것을 뜻한다. 그러므로 야손이나 바울은 정치적인 죄목으로 고소를 당한 셈이다. 그리고 "야손이 들였도다"(7절)고 함에서 '들였도다'고 함은 원문에는 완료형으로 기록되어 있음으로

---

132) 이상근 지음, 『신약주해 사도행전』, p. 248.
133) 편자 강병도, 『호크마종합주석 5(사도행전)』, (서울: 기독지혜사, 1991), p. 401.

'손님으로 영접하다'는 뜻이다. 이는 야손이 로마제국을 어지럽게 하는 범죄자들과 하나가 되어 죄를 지었으며, 또 야손의 음모로 그의 집에서 작당(作黨)하여 범죄했다는 암시를 내포한다. 이렇게 함으로 야손과 형제들을 바울과 전도자의 일행들과 범인 은닉죄와 함께 방조죄와 공범죄로 고소한 것이다.

다음으로 야손과 새로 예수님을 믿음으로 형제 된 자들의 죄목은 로마 황제의 명령에 거역한 죄를 지었다고 고소했다. 사도행전 17:7에 "가이사의 명을 거역하여 말하되 다른 임금 곧 예수라 하는 이가 있다 하더이다."라고 폭도들이 고소한 두 번째 죄목에 대해서 누가는 기록했다. 여기서 "가이사의 명을 거역하여"란 가이사의 명은 가이사 율리우스(Julius Caesar)의 '황제의 법령'을 뜻한다.

그리고 "다른 임금 곧 예수라 하는 이가 있다 하더이다"라고 고소함은 가이사 외에 다른 왕이 있다고 하는 것은 곧 반역이었다. 유대인들은 모의 끝에 가장 큰 죄인 반역죄를 뒤집어씌웠다. 그들은 바울의 설교 중 '하나님의 나라'라고 말한 것을 빌미로 로마에 반역하여 새로운 나라와 새로운 임금을 세웠다고 모함했을지도 모른다 (14:22; 19:8; 20:25; 28:23, 31).

그리고 이에 대해서 바울은 로마제국에 대한 반역에 민감한 반응을 보이는 사람들을 염두에 두고 그의 서신들에서 사람들의 오해를 줄이기 위해 '왕국'이라든가 '임금'이란 말을 가능한 회피했을 수도 있다(R. N. Longenecker). 그렇지만 예수께서 로마제국을 초월하여 메시야로서 하나님 나라의 영원한 통치자가 되심은 분명한 사실이다.

이러한 바울의 전도 메시지는 박해자에게 오해의 소지가 되어 빌미를 잡히게 되어서 황제 반역죄로 고소하고, 야손과 형제들에게도 이러한 황제 반역죄에 동죄로 고소한 것이다. 이러한 죄목, 즉 황제에 대한 반역과 로마제국의 질서를 어지럽히는 것에 대한 처벌이 명시되어 있고, 제국 내 모든 곳에 적용되었기 때문에 피할 수 없는 올무에 걸리게 된 것이다.[134]

이러한 유대인 박해자들이 그들이 거주하는 데살로니가의 6명의 읍장들에게 위와 같은 죄목으로 고소하자 고소에 대한 무리들과 읍장의 반응은 큰 소동으로 나타났다. 이러한 사실을 호크마 주석에서는 "그리스도인들이 가이사에게 반역했다는 소리가 다른 무리에게 전해지고 읍장들에게 고해지자 이 소란은 걷잡을 수 없는 지경에 이르게 되었다. 이러한 억울한 누명에 대해서 야손과 그 일행은 빠져나올 방법이 없었으며, 그들을 위해 증언해 줄 바울과 실라도 그곳에 없어서 읍장들의 처벌만을 기다릴 수밖에 없는 상황이었다. 그리고 읍장들은 이러한 고소에 대해 성의 없는 반응을 보이면 그들 역시 반역 공모죄를 범하는 결과를 낳게 됨으로 엄중한 처벌을 내려야만 했다."[135]고 말하였다.

유대인 박해자들의 고소로 인한 소동 속에서 야손과 형제들에게 형벌이 주어졌다. 이들의 형벌에 대해서는 사도행전 17:9에 "야손과 그 나머지 사람들에게 보를 받고 놓으니라"고 누가는 기록하고 있다.

여기서 "보(保)를 받고 놓으니라"는 말씀은 법정용어로서 판결이 명한 보석금을 받고 석방했다는 말이다. 야손과 몇몇 그리스도인들이 어떤 이의를 제기했는지는 모르지만 아무튼 바울과 실라가 데살로니가에 다시 들어가지 아니하였다는 것과 유대인들이 야손의 집

---

134) 같은 책, p. 401.
135) 같은 책, p. 401.

에서 바울 일행을 찾지 못했다는 사실을 감안한다면 야손 일행은 이후로 바울의 일행을 도시 내에 다시 들이지 않겠으며, 접촉하지 않을 것이라는 약속과 함께 보석금을 지불하는 정도로 충분히 석방될 수 있었을 것이다.

그런데 여기서 언급하고자 하는 것은 바울과 실라가 복음을 전하면서 겪는 어려움이지 야손과 그의 일행의 보석금에 관한 문제가 아니다(D. E. Haenchen). 한편 데살로니가전서 2:18에서 바울이 데살로니가에 가고자 하나 사단이 막음으로 해서 들어가지 못한다고 한 것은 이러한 사실을 두고 한 말이며, 특히 바울이 데살로니가에 들어가지 않는 이유는 야손과 그곳의 그리스도인들의 안전을 염려한 사랑의 배려 때문이다(J. W. Packer).136)

이렇게 야손이 바울을 대신해서 체포되면서까지 바울과 바울 일행들을 피신시켜서 안전을 도모해 준 결과 안전하게 피신할 수 있었다. 그래서 바울과 바울의 일행들은 읍장들이 보석금을 받고 조건부로 야손의 일행을 석방했다는 사실을 감안한 뒤에 바울 일행의 데살로니가 체류는 양측 모두에게 매우 위험한 일이었다. 야손이 읍장들에게 끌려갔을 때 아마 바울 일행은 데살로니가의 어느 비밀 장소에 숨어 있었을 것이고, 낮보다는 다소 안전한 밤이 되서야 소수의 새로운 개심자들의 길 안내로 데살로니가를 떠날 수 있었을 것이다.137)

〈5〉 바울이 잊을 수 없는 동역자이다.

야손은 예수님을 믿기 시작한 날부터 바울의 동역자로 살았다.

---

136) 같은 책, p. 401.
137) 같은 책, pp. 401-402.

그리고 이 날 이후에도 바울이 전한 복음을 믿고, 그리고 데살로니가 교회를 섬기고, 바울의 사역에 힘을 썼을 것이다. 그래서 바울은 야손을 잊지를 못하고 로마서를 기록하면서 맨 마지막으로 자신의 복음 사역을 힘써 함께 해주었던 잊을 수 없는 동역자들을 하나하나 나열하였다. 그 가운데 먼저 로마서 16:3-16에서는 바울의 사역에서 잊을 수 없는 신앙의 인물들 26명을 나열해서 문안하고, 로마서 16:21-23에서는 바울의 동역자들의 명단을 들어서 문안한다. 이러한 바울의 동역자들의 명단 속에 야손을 바울은 잊을 수 없는 동역자로 언급하고 있다.

이러한 사실을 바울은 로마서 16:21에 "나의 동역자 디모데와 나의 친척 누기오와 야손과 소시바더가 문안하느니라"고 기록하고 있다. 곧 야손을 바울에게서 잊을 수 없는 동역자들인 디모데와 누기오와 소시바더와 함께 야손을 동반자들의 자리에서 로마교회를 문안한다고 기록하고 있다. 곧 야손은 참으로 성도들의 모범적인 그리스도인으로 살았으며, 바울은 좋은 동역자로 살았음을 말해 주고 있다. 오늘날도 우리들의 교회 안에 얼마나 야손과 같은 주의 종들을 위해서 대신 고난을 받는 복음의 동역자들이 필요로 하는가를 우리들로 생각하게 한다.

6. 아굴라와 브리스길라

1〉 아굴라와 브리스길라의 생애

아굴라(Ακύλας, Agulla)의 출생지는 '본도'(Pontus)인데, 이와 같은 사실은 사도행전 18:2에 "아굴라라 하는 본도에서 난 유대인 하나를 만나니 글라우디오가 모든 유대인을 명하여 로마에서 떠나라 한고로 그가 그 아내 브리스길라와 함께 이달리야로부터 새로 온지라 바울이 그들에게 가매"라고 누가가 아굴라를 본도에서 출생한 사람이라고 밝히고 있기 때문이다.

본도는 소아시아 북부에 위치해 있다. 아굴라의 이름은 라틴어로 '독수리'란 뜻인데, 이러한 이름은 로마의 기사나 호민관들이 많이 가진 이름이라고 한다. 아굴라에 대해서 전하는 바에 의하면 아굴라는 유대인 노예로 있다가 후에 로마에서 자유인이 되어서 로마의 시민권을 가진 귀족 출신인 브리스가와 관계가 있는 유대인 여자와 결혼했다고 전한다.

그리고 브리스길라(Πρίσκιλλα, Priscilla)는 '늙다'는 말로 곧 '존경할 만한 이'란 뜻이며, 브리스가에 대한 애칭이다. 롱게네케(Longenecker)에 의하면 아굴라에게는 기술이 있었고, 브리스길라에게는 돈과 연줄이 있었으며, 이들은 공동으로 천막제조와 가죽 수공상사를 소유했고, 또 이 상사의 지점이 로마와 고린도와 에베소에 있었을 것으로 말하고 있다.138)

이들의 이름이 신약성경에 여러 번 나온다(행 18:2, 18; 롬16:3; 고전 16:19; 딤후 4:19). 그런데 이들 부부의 이름이 나올 때 어떨 때는 그중에 많은 부분에서는 남편인 아굴라의 이름이 먼저 나오지 않고 아내의 이름인 브리스길라의 이름이 먼저 나오는 것을 볼 수 있다. 이러한 곳은 사도행전 18:18에 "브리스길라와 아굴라도 함께

---

138) 같은 책, p. 421. 참조.

하더라"고 했고, 로마서 16:3에서도 "나의 동역자들인 브리스가와 아굴라에게 문안하라"고 했으며, 디모데후서 4:19 "브리스가와 아굴라와 및 오네시보로의 집에 문안하라"고 함에서 남편인 아굴라의 이름보다 아내인 브리스길라의 이름이 먼저 나온다.

이와 같은 이유는 두 가지로 생각해 볼 수 있는데, (1) 브리스길라가 그의 남편 아굴라보다 먼저 그리스도께로 나아온 까닭이라고 생각할 수 있다. (2) 남편인 아굴라보다 더 아내인 브리스길라의 신앙과 활동이 더 신실했기 때문이라고 생각할 수 있다.[139]

그리고 아굴라의 아내 이름이 두 가지로 나오는 것을 볼 수 있다. 하나는 브리스길라와 브리스가란 이름이다. 그러나 이것은 동일한 인물에 대한 두 가지 이름이다. 이 두 이름 다 흔히 로마식의 이름이다.

아굴라와 브리스길라 부부가 바울과 합류해서 함께 동역하게 된 것은 바울이 제2차 전도여행 때에 마지막 도착지인 고린도에 와서 전도하고 있을 때에 로마의 글라우디오 황제의 유대인 추방령이 내렸을 때(A. D. 52년) 이들 부부는 로마를 떠나 고린도에 이주하여 거기서 천막 짓는 업을 했다. 동업 상 바울은 고린도에 있는 그의 집에 머물면서 그들 부부와 친하게 지내게 되었다(행 18:1-3). 그 이후에도 이들 부부는 바울과 동역자의 삶은 계속해서 이어져 갔다.

2> 아굴라와 브리스길라는 어떤 사람들인가?

<1> 이들은 신앙을 우선으로 하는 부부들이다.

---

139) 편집 제자원, 『그랜드종합주석 14권』, p. 416.

이들은 이미 로마에 거주했을 때부터 천막을 만들어서 파는 사업자들이다. 당시 로마는 세계무역의 중심지가 되었음으로 로마에서 사업을 한다는 것은 사업적으로 대단히 좋은 조건을 가지고 있는 사람들이었다. 그러나 이들은 글라우디오 황제가 유대인들을 로마에서 추방령을 내림으로 그들의 사업장에 환난이 온 것이다.

그러나 이들이 만약 신앙을 포기한다면 로마에서 편히 살 수도 있었을 것이다. 그러나 신앙을 지키려면 모든 사업의 좋은 조건들과 물질적인 엄청난 손해를 보고 로마를 떠나야 했을 것이다. 이들 부부는 그러나 사업의 조건을 택하지 아니하고 신앙의 조건을 택했다. 그래서 이들은 로마의 시민권을 가지고 로마에 머물러 있을 수 있으면서도 신앙을 포기할 수 없었기에 고린도에 이사 와서 새로 천막을 제조하는 사업을 시작하면서 영적인 가장 바울을 만나는 복을 주신 것이다.140)

〈2〉 성경적인 부부상을 가지고 있는 자들이다.

아굴라와 브리스길라 부부는 언제나 성경에서 그들 부부를 소개할 때에 따로따로 소개하지 않고 부부가 함께 소개되고 있다. 이러한 사실을 미루어 보아서 이들은 각자 결혼 전에는 각기 다른 환경 속에서 살아왔지만 이들이 가정을 이룬 후에는 언제나 함께 있는 일심동체의 부부로 지금까지 살아왔고, 살아가고 있는 성경적으로 매우 모범적인 부부상을 보여주고 있는 것이다.

이러한 사실을 호크마 주석에선 이들은 성경 상에 두 사람은 언제나 함께 등장하며, 서로간의 부족한 점을 보충해 주며, 동역자로서 하나가 되어 하나님께 영광을 돌리며, 신앙적인 측면에서도 그

---

140) 이정현,『바울 곁의 사람들』, pp. 69-70, 참조.

들 부부 사이에는 언제 하나님이 함께 하심을 자각해서 트라이앵글과 같은 부부로 비유할 수 있다고 했다.[141]

"본문의 아굴라가 바로 그런 사람이었습니다. 성경에는 이들의 이름이 불과 몇 차례 밖에 언급되지 않습니다(롬 16:3; 고전 16:19; 딤후 4:19). 그런데 언급될 때마다 이 두 사람은 항상 함께 나란히 등장합니다. 이들은 서로를 보충해 주고 상대방의 장점을 최대한 살려 주면서 부부로서 또 동역자로서 언제나 하나가 되어 주님께 영광을 돌렸던 것입니다(빌 2:2). 혹자는 신앙적인 측면에서의 부부관계를 트라이앵글에 비유합니다. 트라이앵글의 윗 꼭짓점에 하나님이 계시는 것으로 가정하고 그 좌우의 꼭짓점에는 남편과 아내가 있다고 합시다. 이 때 부부가 가까워지려면 둘 다 하나님이 계시는 꼭짓점으로 가야 서로 하나로서 만난다는 것입니다. 실로 참된 부부관계는 서로를 바로 서게 할 뿐 아니라 그 가문과 이웃에게까지 복되게 하는 부부관계란 하나님 안에서 하나님이 가르쳐 주신 법도에 따라 살아갈 때 가능하다 하겠습니다."

〈3〉 바울과 함께 고린도교회를 세운 자들이다.

바울은 아덴에서 전도를 마치고, 자신의 제2차 전도여행 막바지에 달하는 지역인 고린도에 도착했는데, 고린도는 북쪽으로 중부 그리스와 남쪽으로 펠로폰네수스(Peloponnesus)를 연결시키는 고원 위에 위치했다. 이 도시의 주민들은 대개 헬라인, 이탈리아 출신의 자유민, 로마군의 퇴역장군, 상인, 정부 관리 등 여러 부류의 사람들로 구성되어 있었고, 특히 육상 및 해상 무역로가 집중되어 상업적으로 유리한 위치를 점유해 경제적으로 많은 부를 축적할 수 있었다.

따라서 사람들은 호사스러운 생활을 하였으며, 이런 윤택(潤澤)

---

141) 강병도 편, 『호크마종합주석 5』, p. 437.

한 생활은 결국 주민들의 윤리적, 도덕적 타락의 원인이 되었다. 이 도시는 성적으로 부도덕한 곳이고, 아울러 이곳은 많은 이방 신전들이 있는 우상 숭배의 도시였다. 아덴을 떠나 고린도에 이른 바울은 이 같은 사실들을 익히 알고 있었을 것이다. 바울은 우상숭배의 중심지 아덴에서의 경험을(17:16-34) 잘 분석하여 타락의 중심지 고린도에서 복음을 전해서 교회를 세우려고 하였다.142)

이때에 로마 황제 글라우디오의 로마에서 유대인 추방령(A. D. 49년)을 내렸는데, 그 이유는 유대인들이 폭동의 주동자일지 모른다는 것이다.143) 이때 아굴라와 브리스길라 부부도 글라우디오 황제의 유대인 추방령에 따라 로마에서 추방당해 고린도로 오게 되었다.

이들이 추방당해서 고린도에 오게 된 해는 갈레오 총독을 중심으로 한 시대의 역사적 참고의 자료나 고고학적인 발견에 의하면 A.D. 49-50년경으로 추정할 수 있다(행 18:12-신약의 연대기 (Chronorogy of the New Testament).144)

---

142) 강병도 편, 『호크마종합주석 5』, (서울: 기독지혜사, 1991), p. 421.
143) 글라우디오 - 로마 제국의 4대 황제로서 그의 재위 9년(49년경)에 로마에서 유대인 추방령(追放令)을 내렸다. 수에토니우스(Suetonius)에 따르면 이 추방령이 내려지게 된 동기는 로마의 유대인 사회 내에서 '크레스투스'(Chrestus)라는 사람의 선동으로 유대인들이 계속해서 폭동을 일으켰기 때문이라고 한다. 혹자는 수에토니우스가 언급한 크레스투스가 예수 그리스도를 가리키는 것이라고 보고, 그 소동이란 기독교에 대해 적대적인 유대인들과 그리스도인들 사이에 예수 그리스도에 관한 문제를 두고 충돌한 사건을 가리킨다고 주장한다. 그러나 수 년 후 로마의 유대인들이 바울의 전도를 받고 회심하기도 했다는 본서 28:17-29의 기록 등을 고려해 볼 때 그 주장은 설득력이 약하다(R. C. H. Lenski).
144) 성서백과대사전편찬위원회, 『성서대백과사전 7』, (서울: 성서교재간행사, 1981), p. 320.

만일 브리스길라가 로마 시민권이 있는 가문의 출신이라면 그녀는 글라우디오의 추방령에서 제외될 수 있었을 것이지만 남편과 함께 운명을 같이 하고자 했을 것이다.

그리고 본서나 기타 바울 서신서에서도 이들이 바울에 의해 개종된 자들로 언급되지는 않는다. 이로 보아 이들은 고린도에 오기 전에 이미 그리스도를 믿고 있었던 것 같다(Zahn).

아굴라와 브리스길라 부부가 고린도에서 바울을 만나게 된 것은 이들의 직업이 바울과 같은 천막을 만드는 일을 하였기 때문이다. 고린도에 들어온 시기는 바울이 고린도에 도착했을 때에는 이미 아굴라와 브리스길라 부부가 먼저 도착해서 살고 있으며, 하는 일이 같았음으로 바울은 그들을 알게 되었다. 이때에 부유한 아굴라는 천막제조업을 하고 있는 업주였고, 바울은 이들 부부 밑에서 일을 할 수도 있었을 것이다. 그 이유는 아굴라는 같은 일을 하는 직업의 동료들에게 편의를 도모할 수 있는 집도 가지고 있었다. 이렇게 됨으로 바울과 아굴라와 브리스길라 부부는 직장의 동료 관계가 아니라 동일하게 예수님을 믿는 사람들로 복음 전도의 동역자 관계가 이미 형성된 것이다.[145]

그러면 왜 바울은 복음을 전하면서 천막 제조하는 일을 해야 했을까? 그 이유는 복음을 전하는 과정에서 있어야 할 경제적인 측면을 스스로 감당하기 위해서이다. 그래서 바울이 이렇게 낮에는 일해서 생계비를 자가 부담하면서 복음을 전하는 생활은 모처럼 한 것이 아니라 전도사역을 하면서 계속해서 해 온 일이다(20:34; 고전 9:1-18; 고후 11:7-12; 살전 2:9; 살후 3:7-10).

이렇게 해서 바울을 만나게 된 아굴라와 브리스길라 부부는 바울

---

145) 같은 책, p. 320. 참조.

과 함께 복음을 전하면서 바울이 1년 6개월간 고린도에 머물면서 고린도교회를 세우는 동안에 이 신실한 부부들도 힘써 동역했던 것이다(행 18:11).

<4> 에베소에서도 바울과 동역한 자들이다.

바울이 고린도에서 복음을 전하며 고린도교회를 세우고 전도의 장소를 바꾸어서 에베소로 떠나게 된다. 이때에 고린도에서 바울과 함께 동역했던 아굴라와 브리스길라의 부부도 에베소에서 바울과 함께 동역하기 위해서 고린도를 떠나서 에베소를 향하는 배를 타고 떠난다. 이와 같은 사실을 누가는 사도행전 18:18-19에 "바울은 더 여러 날 유하다가 형제들을 작별하고 배 타고 수리아로 떠나갈 새 브리스길라와 아굴라도 함께 하더라 바울이 일찍 서원이 있으므로 겐그레아에서 머리를 깎았더라 에베소에 와서 저희를 거기 머물러 두고 자기는 회당에 들어가서 유대인들과 변론하니"라고 기록하고 있다.

에베소에 도착한 바울은 회당에 들어가서 복음을 열심히 선포하였다. 그러나 어떤 사람들은 회당에서 증거한 복음에 대한 강론을 마음이 굳어져서 믿지 아니함으로 두란노 서원에서 2년 동안 복음을 강론하였다.146) 이때에도 아굴라와 브리스길라 부부는 바울의

---

146) 박형용 박사는 그의 저서 『사도행전주해』에서 "사도 바울은 자신의 생계유지를 위해서 아침에 일찍 일했고(행 20:34), 대낮에는(오전 11시-오후 4시) 두란노 서원에서 가르쳤고(행 19:8-10), 그리고 나머지 시간은 기독교인을 개인적으로 방문하고(행 20:31) 또 기독교인의 가정을 방문할 수 도 있다(행 20:20). 그리고 날이 저물 때 생계를 위해 다시 일을 계속할 수 있다. 이 추측이 사실이라면 바울은 바쁜 나날의 생활을 했음에 틀림없다"고 했다(박형용 저 『사도행전

복음 사역에 동역하게 되었다.

그렇다면 왜 고린도에서 사귄 복음의 동역자 아굴라와 브리스길라 부부가 바울과 함께 에베소까지 온 것일까? 그 이유에 대해서 브루스(Bruce)는 첫째는, 에베소에서 복음전도 사역에 함께 동역하기 위해서 함께 온 것이다. 둘째는 에베소에다 천막제조와 가죽수공을 위해 새로운 상사를 개설하기 위한 것으로 보인다.147)

이들은 글라우디오 황제가 죽은 후에 다시 로마로 돌아가기까지 이곳에서 5년간 머무르면서 바울의 에베소에서 사역을 도우며 에베소교회를 세우는데 온갖 헌신을 다했다.148)

〈5〉 이들은 성경에 능통한 자들이다.

이들 부부는 고린도에서 바울과 함께 복음을 전하는 일에 동역하다가 바울이 고린도에서 에베소로 전도의 사역지를 옮겨 갈 때에 같이 고린도에서 에베소로 옮겨왔다. 그러던 어느 날 에베소에 있는 유대인들의 회당에 들어가서 하나님께 예배를 드리는데, 아볼로가 설교를 했었다. 아볼로는 성경에 능한 자이며, 학문이 많고 뛰어난 율법사였다. 아볼로는 예수님에 관한 도를 배워서 사람들에게 예수님을 믿는 도를 가르쳤지만 요한의 세례만 알뿐 아직 복음을 전체적으로 이해하지 못하고 미숙했다. 이러한 사실은 사도행전의 기록자 누가는 사도행전 18:24-25에 "알렉산드리아에서 난 아볼로라 하는 유대인이 에베소에 이르니 이 사람은 학문이 많고 성경에 능한 자라 그가 일찍 주의 도를 배워 열심으로 예수에 관한 것을

주해』 .pp. 222-223. 참조).
147) 편집 제자원, 『그랜드종합주석 14권』, p. 416.
148) 같은 책, p. 416.

자세히 말하며 가르치나 요한의 세례만 알 따름이라"고 기록하고 있다.

아볼로가 설교를 마치고 예배가 끝난 뒤에 이들 부부는 학문도 많고 성경도 능통한 교법사 아볼로를 데리고 조용한 곳에 가서 그리스도에 관한 복음의 진리를 더 자세히 성경을 풀어서 가르쳐 주었다. 이것은 아굴라와 브리스길라 부부가 신앙만 좋은 것이 아니라 성경에 능통한 사람인 것을 증명해 주는 것이다. 누가 감히 성경박사요 율법에 대하여 능통한 아볼로에게 성경을 풀어서 그리스도의 복음을 구체적으로 증거해 줄 수 있겠는가? 이러한 사실을 생각해 볼 때에 아굴라와 브리스길라 부부는 참으로 성경에 능통한 사람인 것을 알 수 있다.

그러면 이들 부부가 교법사 아볼로에게 가르쳐 준 복음의 진리는 무엇을 의미하는 것이었을까?

이정현 교수는 "바울 곁에 있는 사람들"이란 책에서 성령세례나 성령 충만에 관해서는 잘 몰랐을 것이다"[149]라고 말하고 있다.

호크마 주석에서는 "아볼로가 회당에서 말씀을 전하는 것을 들었는데, 그가 복음의 진수에 다하여 무지한 것을 발견하고 그에게 예수님의 죽음과 부활, 오순절 성령강림을 통해서 이루어진 모든 일들을 가르쳤다."[150]고 했다.

박윤선 박사도 "아볼로가 학문이 많고 예수님을 어느 정도 알고 있으나 예수님에 대한 그의 지식은 넉넉하지 못하였다. 그는 세례 요한이 예수님을 알았던 정도의 지식을 가진 것뿐이었다. 실상 세례 요한은 예수님의 사역의 완성을 보지 못하고 별세하였으니만큼

---

149) 이정현,『바울 곁의 사람들』, p. 71. 참조.
150) 강병도 편,『호크마종합주석 5』, p. 430.

예수님에 대한 그의 지식은 빈약했다."151)고 했다.

이와 같이 아굴라와 브리스길라 부부는 예수님에 관한 성경의 기록에 능통하고 예수님의 복음의 진리에 대해서 능통해서 율법학자이며 성경에 능한 교법사 아볼로에게 복음의 진리를 바로 알고 가르쳐 줄 정도로 성경에 능통한 사람들이다.

<6> 바울이 잊을 수 없는 동역자들이다.

바울은 아굴라와 브리스길라를 동역자로 잊을 수 없는 사람들이었다. 그래서 바울은 로마서를 기록하면서 잊을 수 없는 자기의 26명의 명단에 아굴라와 브리스길라의 부부의 이름을 남기기를 서슴지 않았다. 이러한 사실은 로마서 16:3-4에 "너희가 그리스도 예수 안에서 나의 동역자들인 브리스가와 아굴라에게 문안하라 저희는 내 목숨을 위하여 자기의 목이라도 내어 놓았나니 나 뿐 아니라 이방인의 모든 교회도 저희에게 감사하느니라."고 기록하였다.

그래서 이병규 목사는 이들 부부 중 아내인 브리스길라가 믿음의 호주이며, 바울을 많이 도와준 동역자이며, 바울이 핍박을 받을 때에 바울을 살리기 위하여 목숨을 내놓은 자들이라고 했다.152)

"브리스가와 아굴라는 부부로서 브리스가는 아내이고, 아굴라가 남편이다. 바울이 아내의 이름을 먼저 기록한 것은 아내의 믿음이 더 좋은 까닭이며 아내가 믿음의 호주였다. 브리스가와 아굴라 부부는 바울의 동역자로서 전에 바울을 많이 도와준 사람들이다(행 18:2, 3, 18, 26). 바울이 핍박을 받을 때에 이 부부가 바울의 목숨을 살리기 위하여 자기들의 목숨을 내놓은 자였다. 그들은 바울이 하는 하나님의 일이 귀중하기 때문에 자기들의 생명을

---

151) 박윤선 지음. 『성경주석 사도행전』, p. 378.
152) 이병규 지음, 『성경강해 로마서』, (서울: 염광출판사, 1998), p. 312.

내놓고 바울을 도와주었다. 그러므로 이 부부는 바울의 은인이요 하나님의 교회를 위하여 충성한 사람들이다. 그러므로 이방 교회들도 이 부부에 대하여 감사하셨다. 이 브리스가와 아굴라가 본서를 보낼 때에는 로마에 있었다. 로마 성도들도 이런 사람에게 문안하는 것이 합당한 일이므로 그들에게 문안하라고 바울이 권면한 것이다."

박윤선 박사는 아굴라와 브리스길라 부부가 바울의 좋은 동역자가 되어서 목숨을 건 희생적인 사랑을 할 수 있었던 것을 두 가지 동기에서 말하고 있다. 하나는 우애로서 사랑하였기 때문이며, 다음으로는 진리를 가르쳐 주어서 복음의 진리 도리에 확신을 시켜주었기 때문이다.153)

"(1) 우애로 사랑하였기 때문임. ① 그는 직업관계로 그들과 친근히 지냈음. 행 18:3을 보면 그는 고린도에서 그들과 업이 같으므로 함께 거하였다고 하였다. 동업자들도 거리가 멀어지는 경우도 있다. 그것은 서로 욕심을 채우려고 신용을 지키지 않기 때문이다. 그러나 그들이 서로 도와주면 형제와 같이 가까워진다. 바울은 장막을 만들며 바울과 더불어 동업하였으나 그들에게 누를 끼치지 않고 도리어 유익을 주었던 것이다. 그는 사욕을 품지 않고 남들을 돕기 위하여 노동하였다. ② 그는 브리스가와 아굴라로 더불어 그리스도 예수 안에서도 동역자였다. 영적 동역은 더욱 피차간에 우애를 돈독히 해준다. 육신영업에 보다 영적 사업에는 원수와 대적이 많다. 복음의 동역자들이 이런 원수들을 꼭 같이 함께 미워하며, 서로끼리 가까워지며 서로 뜨겁게 사랑하게도 된다. 그뿐 아니라, 복음의 일꾼들이 서로 도와주면 서로끼리 사랑하는 것이 더욱 뜨거워진다. 이렇게 될 때에는 그들에게 성령의 은혜가 더 많아져서 그리스도의 사랑이 깊이 느껴져 서로끼리 위하여 죽을 마음도 생길 수 있다. 개혁자 쯔윙글리(Zwingli)의 별세 소식을 들은 그의 동역자 오에클람파디우스(Oeclampadius)는 상심한

153) 박윤선 지음. 『성경주석 로마서』(서울: 영음사, 1975), pp. 400-401.

나머지 병들었다가 오래지 않아서 그도 죽었다.

(2) 그는 브리스길라와 아굴라에게 진리를 가르쳐 복음의 도리에 확신을 시켜 주었음. 브리스길라와 아굴라는 성경학자 아볼로에게 하나님의 도를 '더 자세히 풀어' 일러 주었다고 한다(행 18:26). 이것을 보면, 그들이 하나님의 말씀을 보통으로만 아는 것이 아니다. 그들은 그야말로 신학적으로 복음을 깊이 알았다. 그들이 이런 확신이 어디서 얻었을까? 두 말할 것 없이, 그들은 바울에게서 배웠을 것이다. 사람이 신령한 은혜를 받은 다음에는, 그 은혜를 소개해 준 인도자에게 은혜를 깊이 생각을 갖는 법이다."

⟨7⟩ 자기 집을 교회로 내 놓은 자들이다.

아굴라와 브리스길라 부부가 자기의 집을 교회에 예배 처소로 내놓아서 이들의 가정이 교회로 사용된 근거를 로마서 16:3과 고린도전서 16:19을 근거로 삼고 있는데, 그 중에서도 고린도전서 16:19에 "아시아에 있는 교회들이 너희를 문안하고 아굴라와 브리스가와 및 그 집에 있는 교회가 주안에서 너희에게 문안하고"라고 함으로 분명히 하고 있다.

그래서 이상근 박사는 초대교회는 지도자의 집에서 모이는 가정교회인데, 이러한 이유는 그리스도교회와 유대교의 회당이 분리되면서 회당에 모이지 못한 결과라고 했다. 그리고 이러한 가정교회가 3세기까지 교회당을 건립하지 못하고 존속되었으며, 아굴라와 브리스가의 가정도 에베소에서도 교회로 사용되었다. 그리고 로마에 돌아와서도 그의 집이 예배 처소인 교회로 사용되었다고 함으로 이들 부부가 자기들의 가정집을 예배의 처소인 가정 교회로 사용하게 했음을 분명히 말하고 있다. 그리고 이러한 가정교회도 교회의 이상과 본질을 분명히 가지고 있다고 했다.154)

---

154) 이상근 지음, 『신약주해 로마서』, (서울: 기독교문사, 2003), pp.

"초대교회는 지도자적인 신자의 집에서 모인 가정 교회였다. 오순절 교회가 마가의 다락방(행 1:3)에서 탄생한 것을 위시하여, 예루살렘 마가의 집(행 12:12), 빌립보의 루디아의 집(행 16:40), 골로새의 빌레몬의 집(몬 2), 라오디게아의 눔바의 집(골 4:15), 지금 본서에 쓰고 있는 고린도의 가이오의 집(고전 16:23) 등이 그것이었다. 그것은 그리스도교회가 유대교와 분리하면서 회당에서 모이지 못한 자연스런 결과이기도 하였다. 적어도 제 3세기에 이르기까지는 별개의 교회당을 건립한 흔적이 없고 (Lightfoot), 이런 가정 교회들을 합하여 "고린도에 있는 교회", "빌립보에 있는 교회" 등으로 불렀던 것이다. 로마에 있는 아굴라 부부의 집에 모인 교회도 이런 가정 교회로 본다(Zahn). 아굴라와 브리스가의 집은 에베소에 있을 때에도 교회(고전 16:19)였으며, 로마에 돌아온 지 얼마 안 되었으나(1년 이내) 여기서도 교회로 모이고 있었다. 그들의 신앙적인 열성과 교회적 위치를 짐작할 수 있다. 이와 같이 가정 교회 발전상에 있어서 자연스런 과정이었으나 거기에 교회의 본질과 이상이 간직되어 있는 듯하다. 교회란 하나님을 아버지라 부르며 그리스도를 맏형으로 모신 하나님의 집이기 때문이다."

7. 아볼로

1> 아볼로의 생애

아볼로(Απολλώς. 아폴로스, Apollos) 이름의 뜻은 '침략자', '풍성한 자'이다. 그는 디아스포라 유대인(로마제국 여러 곳에서 흩어져 살고 있는 유대인)이다. 그의 출생지는 사도행전 18:24에 "알

346-347.

렉산드리아에서 난 아볼로라 하는 유대인이 에베소에 이르니"라고 한 누가의 기록에 의하면 이방인 출신이 아니라 유대인 출신인데, 유대인 중에서 유대인 본토 출신이 아니라 아프리카의 북부지역인 알렉산드리아 출신이라는 말이다. 특별히 "알렉산드리아에서 난"이란 원어의 의미는 그냥 알렉산드리아에서 살고 있었던 사람을 의미하는 것이 아니라 알렉산드리아에서 태어나서, 알렉산드리아에서 자라나서, 성장한 알렉산드리아의 토박이 출신임을 말해 주고 있다.

이러한 아볼로의 출생지이며, 성장지인 알렉산드리아는 어떤 곳인가? 이 도시는 알렉산더대왕이 페르시아의 지배 아래 있는 이집트를 빼앗은 후 B. C. 331년에 건설하였다. 이 도시는 70만권의 거대한 장서가 준비된 '고대 알렉산드리아 도서관'이 있었다.[155]

---

155) Ⅱ. 고대 알렉산드리아 도서관. 1. 탄생: 프톨레마이우스 1세는 자기 아들 교육을 위해 대학자 스트라토를 아테네에서 초빙했으며, 좀 더 조직적인 교육을 위해 BC 306년 Mouseion을 설립했고, 이것이 알렉산드리아 도서관의 기원이 됐다. 2. 구성: i. Mouseion : 박물관과 도서관 본관은 궁전 경내의 브루케이움이라고 하는 구역에 설치 ii. serapium : 프톨레마이오스 3세가 사라피스 신전에 보조적인 '딸 도서관(serapium)'을 설립하였고, 40,000개 이상의 두루마리를 소장했다. Mouseion의 자료보관 장소 부족으로 인해서 별도의 도서관이 필요했으며, 그래서 궁전과 떨어진 도시 남쪽에 분관을 설치하게 되었다. iii. 장서 ♠ 장서 수 : 70여 만 권 정도인데, 대부분이 파피루스 형태이고 책의 분량(1/10)이 지금의 것보다는 작아서 생각보다는 넓은 장소를 차지하지 않았다. ♠ 장서 수집 – 프톨레미왕의 정책 : 지구상의 모든 민족의 책을 수집하여 보관하는 정책을 폈다. – 구매 : 사서들을 각지에 파견하여 책을 구매하였으며, 도서관 자체가 큰 도서 수요자였다.
(도서광의 활발한 유통) – 필사 : 항구의 정박 중인 선박의 책을 빌려 필사하고 원본을 돌려주지 않거나 하는 방법 등으로 현대 도서관의 장서 수로도 막대한 수인 70여만 권을 수집하였다. 항구 도시라는 지리적 혜택을 받았음을 알 수 있다. 3. 역할 ① royal library : 당시의 세계 최대의

도서관 ② 국립학술원의 성격 : 도서관의 기능과 학문 연구의 대학기능을 같이 했다. 특히 자연과학 연구의 중심지였다. 에우리피데스, 소포클레스, 아리스토텔레스를 비롯한 그리스 학자들 책의 원본을 상당수 소장했던 것으로 알려져 있으며, 학자들에게 연구실과 연구비를 지원하였다. 알렉산드리아 도서관은 수학, 천문, 기하학, 의학, 응용과학 등의 분야에서 당시 학계를 주도했다. ③ 문화의 중심지 : 적어도 200년 동안은 고대 희랍세계 문화 발달에 중요한 역할을 했으나, 몇몇 학자는 알렉산드리아 도서관이 그리스 문명 수집, 보존에 치우쳐 새로운 학문 저술이나 희랍 문헌에 큰 영향을 주지 못했다고 주장하기도 한다. ④ 고대 지식의 보고 : 그리스의 문헌 수집, 배열, 주석 부가하였다. 그리스 문헌을 취합함은 물론지중해, 중동, 인도 등지의 모든 언어를 그리스어로 번역하여 보전하였다. 특히 이곳에서 히브리어 성서인 "70인의 성경"이 그리스어판 구역성서로 번역되었다.

4. 사서와 학자 사서종사자와 학자들의 명부가 있었다는 점이 중요하다. ① 디미트리우스 : 장서수집담당 사서 ② 제네도토스 : 디미트리우스의 업무를 이어받아 도서관을 급성장시킨 사서 ③ 칼리마쿠스 : "학문과 저서의 모든 면에 뛰어난 사람들의 점토판"이란 문헌이 조각으로 남아있으며, 저자목록(권자본)인 '피나케'(120권)를 만들었고, 파피루스를 도서로 나누는 기술을 고안하였다(같은 길이 두루마리로 보관용이). ※ 피나케 분류 : 웅변술, 역사, 법학, 의학, 산문, 시학, 비극, 기타 등 미완성. ④ 유클리드 : 기하학의 아버지, 수학자 ⑤ 에라토스테네스

5. 멸망 ① 도서관의 존재기간 : BC 300 년경 ~ AD 390 년경, 알렉산드리아 도서관은 역사 속에서 적어도 450년은 넘게 존재하였다. ② BC 47년 : 클레오파트라와 프톨레미 XIII(카세르게테스)와의 civil war에서 시저에 의해 부분적으로 파괴되었고, 기독교시대 이후 그 영향력이 적어졌으며, 마크 안토니가 클레오파트라에게 200,000개 정도의 두루마리를 주어 도서관 재건에 도움을 주었으리라고 보여진다. 이는 후에 다시 로마도서관에 소장되었다. ③ AD 391년 : 테오필로스 주교가 세라피움(딸 도서관)을 종교적인 이유에서 파괴하였다.

④ AD 645(642)?년 : 모슬렘 정복자 오마르에 의해서 완전히 파괴되었다. 파괴시기에 관해 학자들 간에 논란이 있다.

III. 현대의 알렉산드리아 도서관 :이집트 정부가 주도하고 유네스코와 선진 각국의 지원으로 지난 10년간 2억 달러의 비용이 투입되었고, 많은 나라의 자금과 기술, 장비를 지원 받은 알렉산드리아 도서관은 전 세계 기술자들이 참여하는 첨단 인텔리전트 빌딩으로 건설되었다. 400만권의 장

이러한 학문의 도시에156)서 아볼로는 출생하고, 자라나고, 성장하며 교육을 받은 사람이었다. 아볼로가 출생한 알렉산드리아의 도시 인구 중에서 5분의 3이 유대인 거주자들이었다. 이곳에서 유대 알렉산드리아 철학이 발전하였다. 그 주요한 주창자는 유명한 유대인 철학자 필로(Philo)로 아직 생존하였다.157)

이곳에서 70인역이 번역되어 구약성경의 어느 다른 번역 성경보다도 더 영향을 주었다. 영감을 받은 신약의 저자들이 이 70인역을

서가 목표지만 현재까지 확보된 책은 50만권이고, 이 중에는 과거 알렉산드리아에 산재했던 지역 도서관들에서 수집된 고서들과, 5,000여권에 이르는 10~18세기의 중요 과학 도서들이 포함돼 있다. 2001년 개관하였으며 열람시간은 9시까지이며 누구나 자유롭게 열람가능하고 인터넷 검색도 가능하다(출처:http://home.megapass.co.kr/~bjp923/lec2/his2002/alexander.htm).

156) 필로(Philo), 알렉산드리아 유대인 철학자 필로. 알렉산드리아에 유대인 필로라는 인물이 존재하는데, 그는 예수 그리스도와 동시대인으로서 그가 자신의 철학을 전개할 때는 예수에 대해서는 알지 못하였다. 당시에 알렉산드리아의 인구의 약 80%는 유대인이었다고 한다. 그래서 그곳은 유대교의 유일신 신앙과 그리스 철학이 최절정으로 종합을 이루는 곳이었다. 이 유대인 학자 필로는 스토이즘과 플라톤의 철학의 로고스가 유대교의 하나님을 동일하게 파악하고, 창세기의 창조에 관한 성경해석을 시도하였다. 하나님을 그대로 로고스로 바꾸어서 해석을 시도하였던 것이다. 그는 이 양자의 일치에 대해서 깊은 확신이 있었던 듯싶다. 이러한 필로의 시도는 이제 당시에 이루어진 시대적인 요청이었다. 두 진리가 만나서 이제는 하나로 흡수되거나 통합되거나 아니면 잘못된 것은 도태되어야 하는 상황이었던 것이다. 그런데 기독교의 진리가 막강했던 것처럼 당시의 스토아철학도 막강하였다. 당시 로마 세계를 떠받치는 하나의 학문 체계였던 것이다. 그리고 그 안에는 선한 진리로 가득하였던 것이다. 필로에 의하면, 로고스는 처음에 하나님 안에 있었고, 이 로고스가 하나님에게서 먼저 나와서 하나님이 이 로고스를 통하여 우주를 창조한 것이다. 이리하여 로고스는 우주 창조의 원리와 원동력이 되어 있다고 한다(액츠비즈미션. 기독교 사상사. 참조).

157) 이상근, 『신약주해 로마서』, p. 236. 참조.

인용하였다. 알렉산드리아 유대인들은 예루살렘을 그들의 종교의 중심지로 생각하지만 레온토폴리스(Leontopolis)는 그들의 성전을 따로 갖고 있다.

이러한 알렉산드리아에서 학문을 학습한 아볼로에 대하여 사도행전의 기록자인 누가는 "학문이 많고 성경에 능한 자라"(행 18:24)고 기록하고 있다. 이러한 기록에 대하여 흠정역은 영어 개정역의 "학식 있는"과 달리 "웅변적으로"라고 번역했는데, 바르게 번역된 것 같다. 다시 말해서 아볼로는 대화술에 있어서 천부적인 재질을 가지고 태어났으며 아주 세련된 사람이었다. 그는 의심할 바 없이 그의 고향인 알렉산드리아 어느 대학에서 교육을 받았을 것이다. 그러므로 그는 천부적인 웅변술과 함께 알렉산드라의 학문의 숲속에서 교육을 받은 사람이라는 사실을 생각해 볼 때에 그는 매우 유능한 인물이며, 당시 아볼로는 최고로 유능한 사람이었음을 우리는 알 수 있다.158) 그는 사도행전의 기록자인 누가에 의하면 "성경에 능한 자라(행 18:24)"라고 했다.

아볼로는 학문을 연구하는 데만 일생을 바친 것이 아니라 성경을 연구하는데도 많은 시간을 바친 성경학자인 것을 알 수가 있다. 이러한 성경을 아볼로가 많이 연구하는 것은 구약성경만을 국한한 랍비적인 능력만을 말한 것이 아니라 신약적인 의미에서 복음에 대한 성경 지식도 많이 가지고 있었을 알 수 있다. 이러한 아볼로의 성경적 지식으로 그는 예수 그리스도를 전파하는데 세례 요한이 그리스도에 대해서 증거한 정도로 그리스도에 관한 그의 성경의 지식을 사용하였다.159)

---

158) 같은 책, p. 236. 참조.
159) 같은 책, p. 236. 참조.

이러한 아볼로가 바울과 관계를 갖게 된 것은 하나님의 섭리 가운데 바울이 사역하고 있는 에베소에 들어오게 됨으로 만나게 된다. 이때는 바울이 2차 전도여행을 마친 시점이기 때문에 복음이 유럽까지 전달되면서 교회가 세워지고 토대를 다지는 시기였다. 이 시기에는 헬라파 유대인들이 열정을 가지고 복음 증거자의 대열에 합류하게 되었다. 특히 아볼로가 있었던 알렉산드리아 지역은 로마 제국에서 가장 유명한 도시 가운데 하나였으며, 헬라 문화와 학문의 중심지였다. 이러한 곳에서 자란 아볼로는 복음을 받아들이고, 로마제국의 각 지역으로 다니면서 자신의 역량을 최대한 발휘하며, 복음을 증거하게 되면서 바울을 만나게 된 것이다.

그리고 아볼로의 첫 자료는 고린도전서에서 나오게 되는데, 이것은 바울과 개인적인 친분을 가진 후에 기록한 바울이 고린도전서를 기록하였기 때문이다. 바울은 고린도전서 1:12에서 아볼로는 고린도교회가 아볼로, 바울, 게바(베드로), 그리고 그리스도파로 네 개의 파당을 이루고 있는 사실을 말하고 있음으로 아볼로의 사역이 고린도교회에서 얼마나 지대한 영향을 미쳤는가를 알 수 있다. 이것은 고린도교회에서 아볼로의 지도력이 얼마나 탁월하였는가에 대해서 말해 주고 있다.

그의 기록은 사도행전에 기록된 아볼로의 행적인 고린도교회와 에베소교회에서 그의 사역에 대한 기록이 나타나 있는데, 그러나 사도행전에 나타난 아볼로의 행적은 바울과 독립적으로 나타나 있다. 만약 우리가 아볼로의 다른 행적을 찾을 수가 없다면 우리는 두 사람의 사역의 길이 서로 엇갈리지 않았음을 우리들은 알아야 한다.

아볼로의 사도행전 18:18-19:7에 나타난 기록에 보면 아볼로가 에베소에 도착했을 때에는 바울은 에베소에 없었다. 아볼로가 에베소에 도착했을 때에 바울은 가이사랴와 예루살렘으로 갔으며, 그 후 안디옥으로 갔다. 그리고 바울은 갈라디아와 브리기아에 세운 교회들을 다시 돌아보기 위해서 갔다. 이와 같이 바울이 전도에 전념하고 있을 때에 아볼로는 에베소에 도착했다. 또 아볼로가 그리스에 가기를 원했을 때에 에베소교회의 형제들이 그를 위해 천거서를 썼다.

또 아볼로가 고린도에서 사도들이 증거한 복음을 반대하는 유대인들과 공개석상에서 논박이 있을 때에 바울은 소아시아에 있는 교회들을 돌아보기 위해 에베소에 도착해서 전도사역을 정리하고 있었다.

이러한 아볼로는 제롬에 의하면 디도서 3:13의 주석에서 아볼로가 그레데(Crete)에 잠깐 머문 후 고린도에 돌아가서 그가 고린도교회의 감독이 되었다고 한다. 그러나 이러한 전승의 기록에 특별한 비중을 둘 필요가 없다. 또 루터는 아볼로가 히브리서의 기자라고 주장하기도 한다.

2> 아볼로는 어떤 사람인가?

<1> 아볼로는 학문이 뛰어난 자이다.

아볼로가 학문에 뛰어난 사람이란 것은 사도행전의 기록자인 누가의 주장에 그 근거를 들 수 있다. 누가는 아볼로에 대해서 기록하기를 사도행전 18:24에 "알렉산드리아에서 난 아볼로라 하는 유대인이 에베소에 이르니 이 사람은 학문이 많고…"라고 기록하고 있다. 여기서 '학문이 많고'란 말씀은 '웅변'이란 의미도 있지만 또

한 '학문'이란 의미도 있다.

그러면 아볼로가 가지고 있는 '학문이 많고'라는 의미는 무엇을 말하는가? 이정현 교수는 세상적인 학문을 말하며 철학과 과학과 자연이나 웅변술이나 종교에 관한 다양한 학문을 가지고 있다고 말하고 있다. 그 이유는 아볼로가 탄생하고 자라난 알렉산드리아가 학문적인 도시이며, 유대주의와 헬라의 철학의 융합으로 이루어진 유대인의 철학자 필로의 영향을 받은 것이라고 주장한다. 그리고 이러한 세상의 학문에 능한 자를 하나님이 쓰셨는데, 그 중에는 모세와 같은 사람들이며, 다니엘과 사드락과 메삭과 아벳느고 같은 사람들이며, 신약시대에 철학과 신학에 능통한 바울과 같은 사람들을 들 수 있다고 했다. 아볼로는 이러한 당대에 지성인이며 어거스틴이나 칼빈이나 프란시스 쉐이퍼 같은 지성인이라고 말하고 있다.[160]

"이것은 세상적인 학문을 말합니다. 철학이나 과학이나 자연이나 웅변술, 그리고 종교에 관한 다양한 학문을 말합니다. 적어도 1세기 문맥 속에서 유행했던 당시의 모든 헬라적 학문을 말합니다. 이런 학문에 능한 사람이란 말입니다. 어느 자료에 보니까, 이 당시 알렉산드리아에는 유명한 철학자 필로가 있었는데, 그는 유대주의와 헬라철학을 융합한 철학을 주장하였다고 합니다. 바로 이 필로의 영향을 많이 받았던 사람이 아볼로라고 합니다. 아무튼 아볼로는 그 학문의 경지가 상당한 수준에 이른 것은 분명합니다. 모세도 애굽의 언어와 학문에 능했던 인물이 아닙니까? 그래서 하나님께서 귀하게 쓰임 받은 민족의 인물이 되었습니다. 다니엘과 사드락과 메삭과 아벳느고도 바벨론 학문에 뛰어나고 꿈을 해석하는 능력까지 있어서 바벨론 도에서 높임을 받는 인물이 되었습니다. 바울이나 누가 같은 인물도 철학이나 신학이나 의학에 능했

---

160) 이정현 지음, 『바울 곁의 사람들』, pp. 77-78.

던 사람이었습니다. 기독교인들이 꼭 세상 학문에 뛰어날 필요가 있습니까? 세상의 철학이나, 과학, 국어, 역사, 언어 등등 이런 것에 대한 상당한 지식을 가지고 있을 필요가 있습니까? 예, 있습니다. 그런 것으로 하나님을 섬길 수가 있으며, 좀 더 분명하게 복음을 전할 수가 있기 때문입니다. …어떤 사람이, 기독교인으로서 세계역사를 주도해 갔던 여러 인물들 가운데, 풍부한 지식을 통하여 당대에 많은 사람들에게 영향력을 끼쳤던 사람들 몇 사람 꼽았습니다. 히포의 변증가 어거스틴, 제네바의 지성적인 지도자 존 칼빈, 현대 기독교 지성인 프란시스 쉐이퍼 등이 있습니다. 이 사람들은 한결같이, 많은 지식으로 다른 사람들에게 좋은 영양을 끼쳤던 인물들입니다."

〈2〉 구약성경에 능한 자이다.

사도행전의 기록자인 누가는 아볼로가 지식에만 능한 사람이 아니라 성경에도 능한 자라고 기록하고 있다. 이러한 사실은 사도행전 18:24에 "아볼로라는 하는 유대인이 에베소에 이르니 이 사람은 …성경에 능한 자라"고 기록하고 있다. 아볼로가 성경에 능한 사실을 사도행전의 기록자인 누가는 사도행전 18:27에서 "이는 성경으로써 예수는 그리스도라고 증거하여 공중 앞에서 유력하게 유대인들의 말을 이김일러라"고 기록하고 있다.

이러한 사실에 대해서 칼빈은 아볼로가 성경에 능한 자란 의미는 '성경을 잘 알 뿐 아니라 그것에 내포하고 있는 비결을 잘 활용하여 사단의 궤계를 능히 막기까지 함을 말한다'[161]고 했다.

박윤선 박사는 "예수님께서 바로 구약의 예언의 대상은 메시야라고 함은 언제나 필요한 전도 내용이다. 특별히 초대교회에는 이 주장이 더욱 강조되어야 할 것이었다. 그 이유는 그 때에는 유대인들

---

161) 존. 칼빈, 『신약성경주석 6(사도행전Ⅱ)』, (서울: 신교출판사, 1978), p. 197.

앞에서 예수님과 성경과 관련성이 밝혀져야 하겠기 때문이다. 구약을 믿는다고 하는 유대인들에게는 형식적이나 구약성경이 그들의 신앙의 근거가 되어 있었다."고 했다. 그러므로 아볼로가 가지고 있는 성경의 지식은 구약성경의 지식으로 예수님이 그리스도이심을 증거하는데 활용된 성경의 지식을 말한다.

이상근 박사는 이러한 아볼로가 가지고 있는 성경에 능함을 구약성경에 능함인데 곧 브리스길라와 아굴라를 통해서 얻은 바른 믿음에 기초로 해서 자기 자신이 평소에 알고 있는 성경에 대한 지식이 활용이 됨으로 성경으로 유대인들을 설복시킨 것이라고 말하고 있다.162)

이정현 교수는 아볼로가 성경에 능했다는 사도행전에 대한 기록에 대해서 말하길 "본문의 성경은 구약성경을 말하고, 그 성경에 능한 자라는 말은, 성경에 막힘이 없을 정도로 해박한 지식을 가지고 있었다는 뜻입니다. 오늘로 말하면 구약학 박사학위를 가진 사람 정도 되는 것 같습니다. 유대인들은 대부분 구약성경에 능통했지만 이 사람은 그 정도가 아니라, 막힘이 없을 정도로 통달했다고 볼 수 있겠습니다. 그래서 루터라는 종교 개혁자는 본문의 이 아볼로가 히브리서 성경을 썼다고 말하기도 합니다. 왜냐하면 히브리서는 구약에 정통한 사람의 작품이기 때문입니다. 구약에 능한 자가 아니면 히브리서를 쓸 수가 없을 것입니다. 그래서 구약에 능통한 아볼로가 썼을 것이라고 루터가 추측하는 것입니다."163)라고 했다.

그리고 이어서 말하기를 "그리고 그가 성경에 능함은 고린도교회에 아주 큰 영향을 끼쳤음을 보아서도 알 수 있습니다. 아볼로의 영

162) 이상근 지음, 『신약주해 사도행전』, p. 273. 참조.
163) 이정현 지음, 『바울 곁의 사람들』, pp. 78-79.

향을 고린도교회에 영향을 끼쳐 바울과 맞먹는 아볼로파가 형성되기까지 하였습니다."164)라고 했다.

이러한 사실을 미루어 볼 때에 아볼로가 가지고 있는 성경에 능통한 지식은 구약성경에 관한 말씀에 대한 탁월한 성경의 지식을 가지고 있었으며, 이러한 구약성경적인 지식으로 예수님이 메시아 곧 그리스도이심을 증거해서 유대주의자들을 이겼다. 그리고 고린도교회에서 아볼로의 사역을 통해서 성경의 능통함을 더욱 명백히 하고 있는데, 이러한 사실은 아볼로의 성경에 대한 가르침이 바울과 베드로와 조금도 손색이 없을 정도로 탁월하다고 생각함으로 고린도교회 안에 아볼로파가 형성되었음을 알 수 있다.

<3> 복음의 진리를 배울 줄 아는 겸손한 자이다.

아볼로는 이렇게 구약성경에 해박한 구약학 박사와 같은 전문적인 성경의 지식과 그리고 유대철학자 필로의 영향을 받아서 알렉산드리아에서 얻은 학문적인 해박한 지식을 가지고 있었다. 그럼에도 불구하고 자기보다 구약성경에 대한 지식도, 그리고 세상 지식도 부족한 아굴라와 브리스길라 부부가 그에게 세례 요한이 가르쳐 준 복음의 진리 밖에 모르는 것을 보고 그리스도에 대한 진리의 지식을 가르쳐 주었다. 이때에 아볼로는 교만해서 그들을 정죄하거나 논쟁을 불러일으키지 않고 자기의 부족한 부분을 가르쳐 준 진리에 대한 지식을 감사한 마음으로 겸손하게 배우는 사람이었다.

이러한 사실을 사도행전의 기록자인 누가는 사도행전 18:25-26에 "그가 일찍 주의 도를 배워 열심히 예수에 관한 것을 자세히 말하며 가르치나 요한의 세례만 알 따름이라 그가 회당에서 담대히

---

164) 같은 책, p. 79.

말하기를 시작하거늘 브리스길라와 아굴라가 듣고 데려다가 하나님의 도를 더 자세히 풀어 이르더라."고 기록하였다.

이상근 박사는 "당시 수리아와 아시아 지방에는 세례 요한파라는 것이 있어, 요한처럼 예수가 메시야인 것을 열심히 가르쳤으나, 요한을 보다 더 숭상하였다. 아볼로는 ① 주의 도(9:2)를 배웠으나 신앙하지 않았고, ② 예수에 관한 것을 알았으나 예수는 몰랐으며, ③ 요한의 세례는 알았으나 성령세례는 받지 못하였다. 요한 그는 성령 이전의 사람이었고, 거듭나지 못한 사람이었다. 이와 같이 지금도 신앙을 학문과 혼동하고 있는 아볼로형의 교인들이 얼마나 많은가."165)고 했다. 곧 아볼로는 그리스도를 메시야라고 생각했지만 예수님을 그리스도라고 믿지 않은 사람이며, 그는 지식적인 믿음이었지 구원에 이르는 믿음이 못되었다고 말하고 있다.

이상근 박사는 이어서 말하길 "브리스길라와 아굴라가 듣고. 영적으로 거듭난 이들은 아볼로의 유식한 설교를 들으면서 금시 그 결함을 발견했을 것이다. 유식한 아볼로166)는 보다 무식한 이 부부를 통해 진정한 신앙을 배워 참 사역자가 된 것이다. 하나님의 도. 전절의 주의 도와 같은 뜻이다. 주의 도는 그리스도를 통한 구원의 교훈. 하나님의 도는 하나님이 그리스도를 보내사 구원하신다는 교훈."이라고 했다. 곧 아볼로의 구원에 이르지 못한 지식적인 그리스도에 관한 믿음만 가지고 있는 아볼로를 보고 아굴라와 브리스길라 부부가 진정한 구원에 이르는 도리의 지식을 가르쳐 줌으로 구원받는 믿음을 가지고 확실한 사역자의 길로 들어서게 되었다는 것이다.

---

165) 이상근 지음, 『신약주해 사도행전』, p. 272.
166) 같은 책, p. 272.

이러한 사실은 아볼로가 참으로 겸손한 사람이었음을 우리는 알 수 있다. 만일 그가 교만한 사람이었다면 구약학 박사와 같은 그가 자기보다 모든 면에 부족한 평신도 사역자와 같은 아굴라 부부에게 그리스도에 관한 가르침을 받을 수가 있었겠는가?

그래서 호크마 주석에선 "양약은 입에는 쓰나 몸에는 좋으며, 충언은 귀에 거슬리나 길잡이 역할을 합니다. 자신의 단점을 지적 받거나 충고조의 말을 들으면 반발하는 것이 인간의 본능입니다. 그러나 이러한 거슬리는 말을 객관적으로 수용할 수 있는 그릇이어야 비로소 유익한 일꾼이 될 수가 있습니다. 본문의 아볼로는 그런 사람이었습니다. 얄팍한 인간적인 자존심을 내세우고자 한다면 그도 누구 못지않게 자기주장을 할 수도 있었을 것입니다. 그러나 아볼로는 진리 앞에 자신을 객관적으로 비추어 보고자 하는 겸허한 자세를 지니고 있었습니다."[167]라고 했다.

<4> 믿는 자들에게 유익을 주는 자이다.

아볼로는 그의 사역을 통해서 다른 많은 사람들에게 유익을 주는 자이다. 이러한 기록은 사도행전 18:27에서 "아볼로가 아가야로 건너가고자 하니 형제들이 저를 장려하며 제자들에게 편지하여 영접하라 하였더니 저가 가매 은혜로 말미암아 믿는 자들에게 많은 유익을 주니"라고 기록되어 있다.

그러면 아볼로가 아가야에 가서 사역을 하면서 다른 많은 사람들을 유익하게 한 것은 무엇을 말하는가? 이상근 박사는 "에베소에 유하던 고린도교인들이 아볼로에게 듣고 저들과 같이 저들의 고향으로 가기를 청하였다. 그가 이를 수락하매, 고린도에 있는 제자들

---

167) 강병도 편, 『호크마종합주석 5』, p. 430.

은 이 사람을 받아 드리도록 편지하였다. 이는 교회가 교역자를 초청하는 최초의 예일 것이다. 아굴라 집에 모인 교회(고전 16:19)는 이와 같이 아볼로를 환영하고 그가 고린도에서도 환영받기 위해 글을 보냈다. 아굴라 부부의 미덕을 볼 수 있다."168)고 했다.

그리고 이어서 "믿는 자들에게 많은 유익을 주니. 이미 바울을 통해 믿은 자들이 아볼로를 통해 새 은혜를 받은 것이다. 과연, 바울은 심고 아볼로는 물을 주었다(고전 3:6). 그러나 이로 인하여 고린도교회에는 분파가 일어나 바울파, 아볼로파 등으로 대립된 것은 슬픈 일이었다(고전 1:11-12)."고 했다. 곧 아볼로가 다른 사람들에게 목회적인 새 은혜를 끼침으로 유익하게 했다. 그리고 사도행전 18:28에서 아볼로의 고린도 사역에서 아볼로가 유대인들의 회당에서 공개적으로 구약성경을 가지고 예수는 그리스도라 증거하여 유대주의자들을 이김으로 믿는 자들에게 유익을 끼쳤다.

그래서 김효성 교수도 "아볼로가 아가야 지방, 즉 고린도로 건너가고자 했을 때 에베소에 있는 형제들은169) 그 곳의 제자들에게 편지하여 그를 영접하라고 부탁하였다. 아볼로는 그곳에 가서 성경을 가지고 예수는 그리스도라고 증거하여 공중 앞에서 힘 있게 유대인들의 말을 이김으로 믿는 자들에게 많은 유익을 주었다."170)고 했다.

디럭스 바이블 성경사전에서도 "에베소에서 브리스길라와 아굴라를 만나 하나님의 도를 더 자세히 배우고, 아가야의 소개장을 받아 가지고 그곳으로 가서 열심히 전도하여 성령으로 예수는 그리

---

168) 이상근 지음, 『신약주해 사도행전』, p. 273.
169) '형제들'은, 아굴라와 브리스길라를 비롯하여, 사도 바울의 짧은 전도 (18:19)와 또 아볼로의 가르침을 통해 믿게 된 자들을 가리키는 것 같다.
170) 김효성 지음, 행 18:27-28절

스도라고 증거하여 유대인들의 말을 이겼다. 아볼로는 예수님을 완전히 알게 된 후에는 지식보다도 은혜가 앞서 그는 "은혜로 말미암아" 이렇게 남들에게 유익을 주게 되었다. 그는 구약성경에 능한 것인 만큼 유대인들을 회개시켜 예수를 메시야라고 믿도록 하기에 유력한 변증가였다(행 18:24-28). 후에 사도 바울이 만난 '성령을 모르는 제자들'이란 아마 이 아볼로의 제자들이었으리라(행 19:1, 2). 이것으로 아볼로는 회개의 세례 밖에 전도하지 못한 것을 알 수 있다."171)고 했다.

<5> 그는 바울의 동역자이다.

바울과 아볼로는 고린도 인들에게 복음을 전파하고, 가르쳐 그들로 하여금 믿음을 갖게 하고, 그 믿음에서 자라게 한 복음의 일꾼이었다. 이러한 사실은 바울이 고린도교회에 보낸 고린도전서 3:3-9에서 바울은 고린도교회를 존재케 하기 위해서 씨를 뿌린 사람으로서 소개하고, 아볼로는 복음의 진리를 가르쳐서 잘 자라도록 물을 주는 자로서 소개하고 있다. 그러면서 바울과 아볼로는 하나님이 고린도교회를 위해서 세우신 동역자들이라고 말하고 있다. 또 바울은 말하길 바울이나 아볼로는 아무것도 아니요 오직 자라나게 하시는 분은 하나님이심을 강조하고 있다. 곧 교회가 세워져서 성장하게 되는 과정에서 영광을 받을 자는 복음을 증거하며, 교회에서 수고하는 자들에게 돌아가는 것이 아니라 오직 교회가 세워짐에서부터 지금에 이르기까지 섭리하시고 주장하시는 하나님께 영광을 돌려야 함을 말하고 있다.

그러나 중요한 것은 바울은 고린도교회를 세우는데 분파를 만드

---

171) 디럭스 바이블 성경사전 '아볼로' 항목 참조.

는 자들이 주장한 것처럼 경쟁자로서 아볼로를 소개한 것이 아니다. 바울은 주께서 고린도교회에 주셔서 고린도교회로 하여금 복음을 전해서 믿게 하며 자라게 하는 사역자 곧 아볼로는 바울 자신과 동일하고 동등한 동역 자들임을 분명히 하고 있다.

> "너희가 아직도 육신에 속한 자로다 너희 가운데 시기와 분쟁이 있으니 어찌 육신에 속하여 사람을 따라 행함이 아니리요 어떤 이는 말하되 나는 바울에게라 하고 다른 이는 나는 아볼로에게라 하니 너희가 사람이 아니리요 그런즉 아볼로는 무엇이며 바울은 무엇이뇨 저희는 주께서 각각 주신 대로 너희로 하여금 믿게 한 사역자들이니라 나는 심었고 아볼로는 물을 주었으되 오직 하나님은 자라나게 하셨나니 그런즉 심는 이나 물주는 이는 아무 것도 아니로되 오직 자라나게 하시는 하나님뿐이니라 심는 이와 물주는 이가 일반이나 각각 자기의 일하는 대로 자기의 상을 받으리라 우리는 하나님의 동역자들이요 너희는 하나님의 밭이요 하나님의 집이니라(고전 3:3-9)"

또 아볼로는 바울과 아주 좋은 동역을 하였으며, 고린도교회에서도 전임자와 후임자의 차원에서 조화를 이루었다. 이들은 서로 간에 부족한 것을 메웠다고 할 수 있다. 그래서 아주 아름다운 동역을 이룬 것이다. 앞에서도 살펴보았지만 아볼로는 배우려는 사람이다. 자신이 부족한 것이 있으면 평신도 사역자인 아굴라와 브리스길라에게 까지 기꺼이 배우는 겸손한 사람이다. 이러한 겸손한 아볼로가 바울과 분열할 이유가 없는 것이다.

그러나 문제는 바울과 아볼로와 아름다운 동역자로서 사역의 조화를 이룬 지도자들과 상관없이 그들을 따르는 자들이 스스로 분열하는 경우가 된 것이다. 그리고 이들은 심지어는 지도자들을 충동질하여 서로 분열하게 만드는 경향도 있는 것이다. 고린도교회에는 많은 지도자들이 머물면서 말씀을 가르치고 세례를 베풀었다. 이들이 전한 복음은 동일하게 예수그리스도였다. 그런데 이상한 것은 무리들이 스스로 분열하기 시작했다. 서로 자신들이 존경하고 자랑할 만한 인물을 전면에 내세우기 시작했다. 나는 바울에게 속했고, 나는 게바에게 속했고, 나는 아볼로에게 속했다고 말한다. 그리고 어떤 이들은 나는 그리스도에게 속했다고 말한다.

자신들이 세례 받은 것에 대해서도 서로 자랑한다. 나는 예수님의 수제자인 게바에게 세례를 받고, 나는 최고의 학문을 한 바울선생에게서 받았고, 나는 당대의 최대 달변가이고 성경에 능통한 아볼로에게 세례를 받았다고 말한다. 그러나 어떤 이들은 말하기를 나는 그리스도에게 속했다고 말하는 것이다. 이렇게 무리들 안에서 분열이 형성될 수 있다.

그러나 아볼로는 분열하는 사람이 아니었다. 그는 바울과 서로 조화를 이룬 아름다운 동역을 이루는 사람이었다. 그래서 청교도 신학자 토마스 왓슨은 바울의 동역자 아볼로를 다음과 같이 칭송하고 있다.172)

> "바울과 아볼로는 생수가 솟아나는 샘터와 같은 자들이다. 이 샘물에는 독약이 들어가서는 안 되듯이 목사들 역시 입이 봉해지거나 닫혀져도 안 된다. 그리스도의 사자는 곡식을 쌓아두고 있는 곡물 창고이며, 동시에 곡물을 퍼서 내어 주는 관리인이기도 하다. 아볼로의 입은 때를 얻던지 못 얻든지 떨어지는 꿀송이였다. 성령의 은사들은 신령한 꽃들과 같다. 비록 이 꽃들은 죽지 않는 것이기는 하지만 하나 쉽게 메말라 버리는 것이다. 따라서 아볼로는 반드시 물이 담긴 화병을 가지고 있는 자이다."

---

172) cafe. daum, net/the Loadcome. 참조.

8. 소바더

1> 소바더의 생애

소바더(Σώπατρος, Sopater)의 이름의 뜻은 '안전한 아버지', '믿을 만한 아버지'란 뜻으로 소바더에 대하여 기록한 성경 구절은 사도행전 20:4에 "아시아까지 함께 가는 자는 베뢰아 사람 부로의 아들 소바더와 데살로니가 사람 아리스다고와 세군도와 더베 사람 가이오와 및 디모데와 아시아 사람 두기오와 드로비모라"고 누가는 기록하고 있다. 곧 바울이 제3차 전도여행을 마치고 돌아온 길에 바울과 동행한 6명의 동행자들 중에 한 명으로 소개하고 있다.

이러한 바울의 3차 전도여행의 길에 동행자인 그는 베뢰아 사람 이라고 기록하여 있다. 그러면 소바더의 거주지인 베뢰아는 어떤 곳인가? 베뢰아(Περαία, Beroea)는 데살로니가 서방 40㎞ 지점, 베르미우스산 기슭에 자리 잡고 있는 마게도냐의 도시이다. 오늘날 의 지명은 베리아(Verria)이다. 베뢰아가 데살로니가처럼 상업도시 의 번성함을 이루지는 못했지만, 장색 세공업과 농업, 석공업의 중 심지로는 그 이름을 떨쳤다. A. D. 51년 바울과 실라가 데살로니가 에서 쫓겨난 후, 베뢰아로 들어가 베뢰아 회당에서 전도하였다(행 17:10, 11) 많은 베뢰아의 청중들은 말씀을 간절히 듣고 성경을 열 심히 공부하였다. 이때 많은 그리스인들도 신자가 되었는데, 그 가 운데 소바더도 끼어 있었던 것 같다(20:4). 그러나 데살로니가에서 온 유대인들이 방해하고 선동하는 바람에 바울은 또다시 이 도시에

서도 추방당하였다(17:13-14).173)

　이러한 사실을 미루어 보아서 바울이 제3차 전도여행 중에 베뢰아에서 유대인의 회당에서 복음을 전했는데, 그 때에 바울이 복음을 전할 때에 하나님의 놀라운 역사가 일어났다. 이러한 사실을 사도행전의 기록자인 누가는 사도행전 17:10-15에서 "밤에 형제들이 곧 바울과 실라를 베뢰아로 보내니 저희가 이르러 유대인의 회당에 들어가니라 베뢰아 사람은 데살로니가에 있는 사람보다 더 신사적이어서 간절한 마음으로 말씀을 받고 이것이 그러한가 하여 날마다 성경을 상고하므로 그 중에 믿는 사람이 많고 또 헬라의 귀부인과 남자가 적지 아니하나 데살로니가에 있는 유대인들이 바울이 하나님 말씀을 베뢰아에서도 전하는 줄을 알고 거기도 가서 무리를 움직여 소동케 하거늘 형제들이 곧 바울을 내어보내어 바다까지 가게 하되 실라와 디모데는 아직 거기 유하더라 바울을 인도하는 사람들이 데리고 아덴까지 이르러 바울에게서 실라와 디모데를 자기에게로 속히 오게 하라는 명을 받고 떠나니라"고 기록하고 있다.

　이와 같은 누가의 기록에 의하면 데살로니가에서 유대인들의 핍박이 일어났고 이러한 핍박을 야손의 도움으로 피해서 바울의 전도일행은 베뢰아로 전도의 장소를 옮기에 되었는데, 베뢰아 사람은 '데살로니가 사람들보다 더 신사적'인 사람들이었다고 기록하고 있다. 이 말은 원문의 의미는 최상급을 말하는 것으로서 데살로니가 사람들과 비교하여서 이 말을 쓰고 있는 것이다. 곧 신사적인 베뢰아 사람들은 바울 일행이 유대인의 회당에 들어가서 전한 복음을 받아들이고, 그리고 바울이 전한 복음이 기록된 성경 말씀을 부지런히 상고함으로 이들의 믿음이 잘 자라나게 되었다. 바로 이때에

173) 디럭스 바이블 성경사전 '베뢰아' 항목 참조.

많은 전도의 열매들이 나왔다. 이러한 바울 일행들의 복음 증거의 결과로 나온 전도의 많은 열매들 중에 한 명이 3차 전도여행 중에 바울의 동행자가 된 소바더가 나온 것이다.

그래서 풀빗주석에서 "베뢰아의 유일한 개종자로 우리가 알고 있는 사람은 '소다더'(행 20:4) 또는 '소시바더'이다. 그는 같은 인물인지도 모른다(롬 16:21). 그것이 사실이라면 그는 유대인이 분명하며, 그의 히브리어의 이름은 '아비수아'(Abishua)였으리라"[174]고 말하고 있다.

호크마 주석에서도 "17:12 헬라의 귀부인과 남자. 상류사회에 속해 있으면서 사회적 영향을 미쳤던 헬라인들을 가리킨다. 그 중에는 유대교로 개종했던 이방인들과 이교도를 믿던 사람들도 다소 있었을 것이다. 복음은 헬라인과 유대인의 구별 없이 모든 믿는 자에게 구원을 주시는 하나님의 능력이 됨을 보여 주는 구절이다(롬 1:16). 한편 바울의 아시아 전도여행에 동반했던 '소바더'도(행 20:4) 이 때에 그리스도인이 되었으리라 짐작이 된다."[175]고 했다.

또 이상근 박사도 그의 저서 "신약주해 사도행전"에서 "12. 많고 또 헬라의 귀부인과 남자. '많고'는 유대인들을 가리킨다. 그중에는 부로의 아들 소바더도 포함되었을 것이다(행 20:4). 유대인 외에도 헬라인 남녀가 많이 믿게 되었다. 모든 성경을 진지하게 연구한 결과였다"[176]고 했다.

이상의 내용을 살펴볼 때에 소바더가 예수님을 믿고 회심한 것은 바울 일행이 제2차 전도여행 때에 베뢰아에서 전도한 많은 전도의

---

174) 풀빗성경주석번역위원회, 『풀빗성경주석 사도행전(중)』, (대구: 보문출판사, 1981), p. 519.
175) 같은 책, p. 519.
176) 이상근 지음, 『신약주해 사도행전』, p. 251.

열매들 중에 하나란 것을 알 수 있다.

2> 소바더는 어떤 사람인가?

<1> 바울과 동행자이다.

소바더가 바울의 동행자란 사실은 누가의 사도행전의 기록에 나타나 있다. 사도행전 20:4에 "아시아까지 함께 가는 자는 베뢰아 사람 부로의 아들 소바더와"라고 바울의 동행자로 명시되어 있다.

여기서 알렙 사본과 바티칸 사본에는 "아시아까지"가 생략되어 있다. 여기에 나타난 동반자들은 이방교회들에게서 예루살렘교회로 보내는 구제헌금을 가지고 가는 사람들이었다. 이러한 근거는 고린도전서 16:1-4에 "성도를 위한 연보에 대하여는 내가 갈라디아 교회들에게 명한 것같이 너희도 그렇게 하라 매주일 첫날에 너희 각 사람이 이를 얻은 대로 저축하여 두어서 내가 갈 때에 연보하지 않게 하라 내가 이를 때에 너희의 인정한 사람에게 편지를 주어 너희의 은혜를 예루살렘으로 가지고 가게 하리니 만일 나도 가는 것이 합당하면 저희가 나와 함께 가리라"고 한 말씀에 둔다.177)

소바더는 위에서 이미 언급한 사도행전 20:4에 "아시아까지 함께 가는 자는"이란 원문의 의미는 '그와 함께 했다'는 뜻도 되겠지만 여기서는 바울의 수행자로 동행한 것을 뜻한다. 여기에 나오는 일곱 사람은 지난 2년 동안 이방교회들이 예루살렘교회의 궁핍한 성도들을 구제하기 위하여 연보해 두었던 구제헌금을 가지고 가는 사명을 가지고 동행한 각 교회의 대표자로 이들이 바울과 동행한 자들이다. 이것은 바울이 자신의 손으로 이 연보에 관여하지 않고 각

---

177) 같은 책, p. 287. 참조.

교회의 대표자에게 맡겼는데, 이것은 초대교회의 사도적인 결정에 따르는 지혜로운 행동이었다(행 6:1-6). 그리고 소바더는 여기서 베뢰아 사람 부로의 아들로서 마게도냐 교회를 대표한다.[178]

〈2〉 바울이 잊을 수 없는 동역자이다.

바울은 로마서를 기록하면서 자신이 잊을 수 없는 자들의 이름을 거명하고 있다. 처음에는 로마서를 받는 수신자들 중에서 잊을 수 없는 자들을 거명한다. 그리고 중간에 거짓선생들에 대한 문제들에 대해서 말하면서 잠시 중단되다가 다시 바울은 자신에게 있어서 잊을 수 없는 동역자들을 거명하고 있는데, 편지를 보낸 송신자들의 이름을 하나하나 거명하고 있다. 곧 바울은 로마서에서 송신자 편에서 잊을 수 없는 동역자들을 언급하는 중에 '소시바더'란 인물이 거명된다. 여기서 거명된 '소시바더'에 대하여 어떤 신학자들은 동일 인물로 보기도 하고(Vincent), 어떤 학자들은 '소시바더'를 사도행전 20:4에 나오는 '소바더'[179]와 동일한 인물로 보지 않는 자들도 있다(Alford, Denny). 그러나 많은 학자들은 사도행전 20:4에 나온 '소바더'와 로마서 16:21에 나오는 '소시바더'를 동일 인물로 본다.

그래서 동일인으로 볼 때에 바울과 구제헌금을 예루살렘교회에 운송되어 갈 때에 마게도냐 교회의 대표자로 참여해서 바울의 예루살렘 길의 동행자 소바더는 바울에게서 잊을 수 없는 동역자가 되는 것이다.

---

178) 강병도 편, 『호크마종합주석 5』, p. 466. 참조.
179) 이상근 지음, 『신약주해 사도행전』, pp. 354-355. 참조.

9. 아리스다고

1> 아리스다고의 생애

아리스다고(Ἀρίσταρχος, Aristarchus)의 이름의 뜻은 '선한 정치'란 뜻이다. 그의 이름은 신약성경 안에 총 5회 나온다(행 19:29; 20:4; 27:2; 골 4:10-11; 몬 1:24). 그는 데살로니가의 마게도냐 사람이다(20:4; 27:2). 데살로니가는 살로니가 만 머리에 있어서 정치, 교통, 무역의 중심지였다.

이곳은 온천지대임으로 옛날에는 델마(Therma, '온천')라 불렀으나 빌립왕의 왕자인 카산더(Cassander)가 주전 315년에 이곳을 건축하고 알렉산더의 대왕의 누이이며, 그의 아내의 이름을 따서 데살로니가로 명명하였다. 처음에는 마게도냐의 둘째 지방의 수도였으나, 주전 146년 로마의 지배 하에서 마게도냐의 전 주의 수도가 되었다.180)

이러한 마게도냐 지방의 수도인 데살로니가 출신인 아리스다고는 예수님을 믿고 구원을 받게 된 것은 바울의 제2차 전도여행에 데살로나가에 복음을 전함으로 이때에 예수님을 믿고 구원을 받은 것이다. 이러한 사실은 사도행전 17:1-9에서 다음과 같이 누가는 기록하고 있다.

"저희가 암비볼리와 아볼로니아로 다녀가 데살로니가에 이르니

---

180) 같은 책, p. 247. 참조.

거기 유대인의 회당이 있는지라 바울이 자기의 규례대로 저희에게로 들어가서 세 안식일에 성경을 가지고 강론하며 뜻을 풀어 그리스도가 해를 받고 죽은 자 가운데서 다시 살아야 할 것을 증명하고 이르되 내가 너희에게 전하는 이 예수가 곧 그리스도라 하니 그 중에 어떤 사람 곧 경건한 헬라인의 큰 무리와 적지 않은 귀부인도 권함을 받고 바울과 실라를 좇으나 그러나 유대인들은 시기하여 저자의 어떤 괴악한 사람들을 데리고 떼를 지어 성을 소동케하여 야손의 집에 달려들어 저희를 백성에게 끌어내려고 찾았으나 발견치 못하매 야손과 및 형제를 끌고 읍장들 앞에 가서 소리질러 가로되 천하를 어지럽게 하던 이 사람들이 여기도 이르매 야손이 들였도다 이 사람들이 다 가이사의 명을 거역하여 말하되 다른 임금 곧 예수라 하는 이가 있다 하더이다 하니 무리와 읍장들이 이 말을 듣고 소동하여 야손과 그 나머지 사람들에게 보를 받고 놓으니라(행 17:1-9)”

이상의 말씀 속에서 누가는 사도행전 17:4에 “그 중에 어떤 사람 곧 경건한 헬라인의 큰 무리와 적지 않은 귀부인도 권함을 받고 바울과 실라를 좇으나”란 말씀에서 바울 일행은 데살로니가에서 많은 헬라인들의 큰 무리와 적지 않은 귀부인들이 복음을 받아들였다고 기록되어 있다. 이때에 유대인들 중에서 소수의 사람들이지만 야손과 함께 아리스다고도 바울의 전도로 예수님을 믿고 회심한 것이다.

그래서 이상근 박사는 “4. 경건한 헬라인. 경건이란 유대교로 개종한 것을 표시한다(10:2 참조). 이런 개종자들이 일보 더 나아가 그리스도를 믿게 되었다. 단순히 하나님을 공경하는 개종자를 ‘문간 개종자(Proselytes of the Gate)’라고 한다. 또 많은 귀부인들이 믿게 되었다. 마게도냐에서는 원래 부인의 위치가 존중되었음으로 이런 부인들의 활동은 크게 역할을 했을 것이다(16:13 참조). 그 외에 유대인 중에서도 가령, 야손이나(5절) 아리스다고와 세군도

(20:4) 같은 신자들을 얻었을 것이다."라고 했다.181)

또 호크마 주석에서도 "바울의 설교 끝에는 늘 권고가 따른다. 여기서 바울의 권고로 많은 회심자가 생긴다. '경건한 헬라인들'이란 우상을 숭배하고 부도덕한 생활을 하는 세계 가운데서도 자신들을 더럽히지 않고 '하나님을 경외하는 사람들을 가리킨다. 여기서 20:4에 언급된 '아리스다고'와 '세군도'가 예수를 믿게 되었던 같다"고 했다.

이와 같은 사실들을 미루어 볼 때에 바울이 데살로니가에 있는 유대인의 회당에서 세 안식일 간 복음을 전했을 때에 유대교를 믿고 있던 아리스다고는 예수님을 믿고 회심한 사람인 것을 우리들은 능히 짐작할 수 있다.

이러한 아리스다고는 바울 일행이 제3차전도 여행 때에 에베소에서 복음을 전하며, 에베소교회를 세워서 왕성한 성장기에 달하고 있을 때에 마귀의 시험이 일어났다. 그것은 빌립보교회에서와 같이 (행 16:19-24) 아데미 여신상을 만들어서 파는 우상숭배의 상인들이 복음이 왕성해짐으로 쇠락의 길을 걷고 있을 때에 데메디리오가 우상을 만들어서 파는 상인들을 충동시켜서 대소요 사태가 일어났다(행 19:23-34). 그러나 이러한 소요사태도 서기장을 통해서 잘 무마되었다(행 19:35-41). 그러나 이러한 사건 직후에 바울은 에베소를 떠났고 이때에 아굴라 집에 유하던 바울을 찾던 그들은 바울을 체포하지 못하자 바울 대신에 마게도냐 사람 가이오와 함께 아리스다고가 사로잡혔다. 이러한 아리스다고는 연극장으로 폭도들에 의해서 끌려가서 온갖 고통을 다 당하기도 했다. 이러한 사실은 사도행전 19:29에 "온 성이 요란하여 바울과 같이 다니는 마게

_____

181) 같은 책, pp. 247-248. 참조.

도냐 사람 가이오와 아리스다고를 잡아가지고 일제히 연극장으로 달려 들어가는지라"고 기록되어 있다.

이렇게 아리스다고는 바울의 충실한 동역자로서 생애를 살았다. 그래서 사도행전 20:4, 6에서는 바울의 제3차 전도여행을 마치고 돌아오는 길에 그는 여러 이방인의 교회에서 구제헌금을 거두어서 예루살렘교회에 보낼 때에 그는 마게도냐 교회의 대표자로 바울과 예루살렘 길을 동행한 사람이 되었다.

그리고 이러한 아리스다고는 나중에는 바울이 로마의 죄수 호송선을 타고 로마의 황제 가이사의 재판을 받으러 갈 때에도 바울과 함께 간 바울의 신실한 동역자로서 남은 인생을 살았다. 그래서 누가는 사도행전 27:1-2에 "우리의 배 타고 이달리야로 갈 일이 작정되매 바울과 다른 죄수 몇 사람을 아구사도 대의 백부장 율리오란 사람에게 맡기니 아시아 해변 각처로 가려 하는 아드라뭇데노 배에 우리가 올라 행선할 새 마게도냐의 데살로니가 사람 아리스다고도 함께 하니라"고 기록하고 있다.

어떤 학자들은 이러한 아리스다고는 바울이 로마 감옥에 있을 동안에 바울의 곁에 남아서 내내 바울을 수종 들었다고 한다. 그러므로 로마 감옥에서도 바울은 아리스다고로 통해서 받은 위로가 컸을 것이라고 말하기도 한다.[182]

2> 아리스다고는 어떤 사람인가?

<1> 에베소 소동 때 바울 대신 체포된 자이다.[183]

---

182) 디럭스 바이블 성경사전, '아리스다고' 항목 참조.
183) 이상근 지음, 『신약주해 사도행전』, pp. 280-283. 참조.

아리스다고는 바울을 대신해서 체포된 자이다. 이러한 일을 바울이 에베소에서 교회를 세워서 목회함으로 에베소교회가 크게 부흥하고 있을 때에 교회가 말씀과 성령을 힘입어서 크게 부흥하였다. 이러한 에베소 교회의 부흥으로 우상을 숭배하는 자들과 우상을 제작해서 돈을 버는 업주들에게 우상의 수요가 줄게 되어 그들의 생업에 타격을 줄 정도로 위기감이 감돌 지경이었다.184)

이렇게 됨으로 데메드리오라 하는 우상 제작자가 동업자들을 선동해서 에베소지역에 폭동을 일으켰고, 이러한 일로 에베소지역에 사는 우상 숭배자들이 동조함으로 에베소교회가 위기를 당하였다. 이러한 위기의 순간에 폭도들은 바울을 체포해서 법정에 세우려고 바울이 기거하는 아굴라와 브리스길라의 집을 급습했으나 바울은 이미 피하고 없었고 바울의 동역자들인 마게도냐 사람 가이오와 아

---

184) 기독교가 로마 제국 내에 얼마나 급속도로 확산되었으며, 복음이 모든 계층에 골고루 전파되었는지에 대한 보고가 있다. 플리니우스(Plinius)는 주후 112년경에 트라야누스 황제(Trajanus, 980117) 차하에서 소아시아의 비두니아(Bithynia)를 다스리는 총독으로 파견되어 갔다. 플리니우스는 점차로 확산되고 있는 기독교의 세력이 만만치 않음을 간파하고 어떻게 조처하면 좋은 것인지를 황제에게 문의한다. 황제는 대수롭지 않게 생각하고 과민반응을 보이지 않도록 당부하지만, 플리니우스는 기독교의 세력이 걷잡을 수 없이 증대되고 있음을 인식하였음으로 이를 심각하게 여기지 않을 수 없었다. 기독교는 여러 도시뿐 아니라 시골까지 확산되었으며, 이교도들의 신전들은 빈집이 되었고 희생의 제물로 사용된 고기는 실제로 팔리지 않게 되었다고 한다. 비두니아는 이미 모든 계층의 사람들이 그리스도의 공동체를 이루고 있었다고 한다. 이러한 사실에 대해 터툴리안(Tertullian, 160-2 팔)의 변증서(Apolgia)에는 이런 글이 있다. '우리들의 기독교 역사는 비록 짧으나 우리는 이제 당신들이 가진 모든 것을 다 채웠습니다. 도시들과 섬들과 요새들과 도심의 거리들과, 집회의 장소들, 심지어 군대의 병사며, 부족들과 왕궁이며, 법정까지 채웠습니다. 우리가 당신들을 위해 남긴 것이라고는 사원들뿐입니다'라고 했다(김영재 저, '기독교 교회사', pp. 56-57. 참조)

리스다구가 바울을 대신해서 체포되어 끌려가서 법정에서 재판을 받게 되었다. 이러한 사실에 대해서 사도행전의 기록자인 누가는 사도행전 19:23-29에 다음과 같이 기록되어 있다.

"그 때쯤 되어 이 도로 인하여 적지 않은 소동이 있었으니 즉 데메드리오라 하는 어떤 은장색이 아데미의 은감실을 만들어 직공들로 적지 않은 벌이를 하게 하더니 그가 그 직공들과 이러한 영업하는 자들을 모아 이르되 여러분도 알거니와 우리의 유족한 생활이 이 업에 있는데 이 바울이 에베소뿐 아니라 거의 아시아 전부를 통하여 허다한 사람을 권유하여 말하되 사람의 손으로 만든 것들은 신이 아니라하니 이는 그대들도 보고 들은 것이라 우리의 이 영업만 천하여질 위험이 있을 뿐 아니라 큰 여신 아데미의 전각도 경홀히 여김이 되고 온 아시아와 천하가 위하는 그의 위엄도 떨어질까 하노라 하더라 저희가 이 말을 듣고 분이 가득하여 외쳐 가로되 크다 에베소 사람의 아데미여 하니 온 성이 요란하여 바울과 같이 다니는 마게도냐 사람 가이오와 아리스다고를 잡아 가지고 일제히 연극장으로 달려들어 가는지라"

이상에서 말한 대로 아리스다고가 바울을 대신해서 체포되어 바울을 대신해서 온갖 수난을 당한 사실을 당시의 이러한 사실에 대한 기록을 주석한 주석가들은 다음과 같이 기록하고 있다.

이상근 박사는 그의 사도행전 주해서에서 말하기를 바울의 에베소 전도 당시에 에베소지역에 일어난 부흥으로 마술사들이 회개하여 책을 불사른 지 얼마 지난 후에 바울의 성공에 반감을 음성적으로 조장되어 있었다고 했다. 그 때에 여기에 대한 반발 심리를 이용해서 자기들의 사업적인 이해 문제가 얽힌 데메드리오가 갑자기 일으킨 소요인데, 소요의 주동자인 데메드리오는 아데미의 은감실 제조업자의 조합장 격으로 생각할 수 있는데, 이러한 사실은 이 시대(50-60)에 속한 고대의 비문에 데메드리오란 이름이 나오는 것을 보아서 짐작할 수 있다고 했다.

아데미는 라틴명으로 "디아나(Diana)"로 우선 헬라의 아데미
(행 17:17 주 참조)와 구별되며 아덴에서 빌려 온 제우스(Zeus)의
딸이요 아폴로(Apollo)의 누이로, 순결한 처녀의 신이요 사냥의 신
이며, 아폴로가 태양신인 것처럼 아데미는 달신이라고 말하고 있
다. 특히 에베소의 아데미신은 대지의 어머니며, 인간이나 모든 동
물의 생식을 장악하는 오랜 역사를 가진 최고의 여신이라고 한다.
이러한 여신은 에베소의 수호신으로 에베소 전 지역에 편만했는데
바울의 전도로 우상 제작업자들의 위신이 떨어지고 생계에 위협을
느낄 정도가 되었다고 한다.

그때에 데메드리오는 자기들이 동업자들을 선동시켜서 '분이 가
득하여 …크다 에베소 사람의 아데미여'라고 사람들을 선동시키기
위해서 외쳤다. 그런데 원어에는 '외쳐'란 말이 미완료과거형으로
되어 있음으로 이것은 계속해서 중단되지 않고 무리들을 동조하기
까지 외쳐대는 것을 말한다. 이렇게 해서 무리들이 자기가 일으킨
폭동에 동조되자 데메드리오는 자기의 폭동에 동요된 폭도들을 이
끌고 바울이 기거하고 있는 아굴라와 브리스길라의 집에 바울을 체
포하기 위해서 급습했다.

그런데 마침 바울이 없음으로 가이오와 아리스다고를 체포해서
잡아 갔다고 한다. 이렇게 바울 대신 체포된 아리스다고는 에베소
에 있는 연극장으로 끌려갔는데 이 연극장은 극장으로도 쓰이고,
정치적 공중회합의 장소로도 쓰여졌다고 한다. 최근에 고고학자들
에 의해서 이 연극장이 발견되었는데 그 규모가 얼마나 큰지 약 2
만 5천명이나 수용할 수 있는 장소라고 한다. 여기서 바울 대신에
체포된 가이오와 아리스다고는 시민 재판에 회부되었다고 한다.

이때에 재판 석상에서 폭도들은 고소했는데 서로 고소의 내용이 각자 다르게 고소되어서 고소의 내용이 일치점을 이루지 못하게 되었다. 이때에 이러한 사실을 지켜보고 있던 유대인들은 에베소에서 바울의 전도로 일어난 폭동들이 자기들에게도 위협이 미칠 것을 예측하고 위협이 미치는 것을 막아 보려고 알렉산더를 통해서 법정에서 변론을 시도하려고 했다.

그러나 에베소에서 일어난 폭동의 사람들은 그리스도인들과 유대교를 믿는 자들과 차이를 구별하지 못하여서 동일하게 생각하게 되었다. 이렇게 됨으로 유대인들이 알렉산더를 통해서 자기들이 그리스도인들과 다른 차별을 두게 함으로 위기를 면해 보려고 한 결과가 다 허사로 돌아갔고 도리어 에베소 사람들의 감정을 더 자극하여 폭동의 동조자들은 '크도다 에베소 사람의 아데미여'라고 두 시간 동안이나 외쳤다.

이때에 의회의 서기장으로 에베소의 가정 큰 권력자로 법령을 기안하고, 시 예산을 집행하고, 로마의 총독과 밀접한 관계에 있는 대단한 실권자가 재판장이 되었다. 이러한 실권자인 서기장이 에베소 사람들이 섬기는 아데미신을 높이는 판결을 했다. 그의 판결은 소요에 동요된 에베소 사람의 감정을 진정시키게 되었고 또한 바울의 전도에 대하여 무죄를 주장하기에 이르렀다. 이렇게 됨으로 폭동의 소요에 동참한 자들은 자기들의 처소로 다 돌아갔고 자연히 바울 대신에 체포된 아리스다고도 가이오와 함께 풀려났다고 말하고 있다.

이와 같은 주장을 살펴 볼 때에 아리스다고는 에베소의 데메드리오의 폭동이 일어났을 때에 바울 대신에 붙잡혀서 큰 위기를 당했으나 하나님께서 이방인인 서기장의 지혜로운 판결을 이용해서 자기를 고소하는데 동요했던 에베소 인들의 감정을 진정시키고, 한 편으로는 바울에 대해서 무죄를 주장함으로 아리스다고도 바울을 대신해서 체포된 가이오와 함께 풀려나서 자유의 몸이 되었다.

<2> 구제헌금 전달시 바울의 동행자이다.

아리스다고는 이방교회에서 수집된 예루살렘교회에 대한 구제 헌금을 전달하기 위해서 예루살렘을 향해서 나아가는 일곱 명의 바울의 동행자들 중에 한 명으로 참여했다. 이 때 바울과 동행한 일곱 명의 사람들은 2년 동안 구제헌금에 동참 한 교회들의 대표자들이었다. 이때에 아리스다고는 마게도냐 교회의 대표자로 구제헌금의 이송자로 바울과 동행한 것이다.

이러한 이방 여러 교회의 구제헌금 동참 사실은 고린도전서 16장 1-4절에서 "성도를 위하는 연보에 대하여는 내가 갈라디아 교회들에게 명한 것같이 너희도 그렇게 하라 매 주일 첫날에 너희 각 사람이 이를 얻은 대로 저축하여 두어서 내가 갈 때에 연보를 하지 않게 하라 내가 이를 때에 너희의 인정한 사람에게 편지를 주어 너희의 은혜를 예루살렘으로 가지고 가게 하리니 만일 나도 가는 것이 합당하면 저희가 나와 함께 가리라"고 기록하고 있다. 그리고 바울은 그 후에 고린도후서 8-9장에서 다시 언급하였고, 또 로마서 15장 25-27절에서 "그러나 이제는 내가 성도를 섬기는 일로 예루살렘에 가노니 이는 마게도냐와 아가야 사람들이 예루살렘 성도 중 가난한 자들을 위하여 기쁘게 얼마를 동정하였음이라 저희가 기뻐서 하였거니와 또한 저희는 그들에게 빚진 자니 만일 이방인들이 그들의 신령한 것을 나눠 가졌으면 육신의 것으로 그들을 섬기는 것이 마땅하니라"고 바울은 기록하고 있다.

위에서 바울의 예루살렘으로 구제헌금을 전달하려고 동행한 7명의 사람들은 교회의 회중 가운데서 헌금을 지참하기로 선정된 자들로 모금 한 것을 안전하게 전달하고, 헌금을 전달하는 자나 그 헌금을 받는 자나 쌍방 다 효과적이고, 조직적인 방법을 위해서 이와 같이 정한 것이다. 이렇게 헌금을 전달하는 자들을 선정하는데 교회가 여러 가지 일로 여러 번 시험을 거쳐서 선정된 것을 고린도후서 8장 16-22절에서 자세히 언급하고 있다.

"너희를 위하여 같은 간절함을 디도의 마음에도 주시는 하나님께 감사하노니 저가 권함을 받고 더욱 간절함으로 자원하여 너희에게 나아갔고 또 저와 함께 한 형제를 보내었으니 이 사람은 복음으로서 모든 교회에서 칭찬을 받는 자요 이뿐 아니라 저는 동일한 주의 영광과 우리의 원을 나타내기 위하여 여러 교회의 택함을 입어 우리의 맡은 은혜의 일로 우리와 동행하는 자라 이것을 조심함은 우리가 맡은 이 거액의 연보로 인하여 아무도 우리를 훼방하지 못하게 하려 함이니 이는 우리가 주 앞에서만 아니라 사람 앞에서도 선한 일에 조심하려 함이라 또 저희와 함께 우리의 한 형제를 보내었노니 우리가 여러 가지 일에 그 간절한 것을 여러 번 시험하였거니와 이제 저가 너희를 크게 믿으므로 더욱 간절하니라(고후 8:16-22)"

이렇게 교회가 많은 시험을 통해서 그동안 예루살렘교회에 보낼 구제헌금을 모아서 예루살렘교회에 보내기 위해서 바울과 동행자로 선정된 일곱 명의 사람들 중에 아리스다고는 마게도냐 교회의 대표자로 선정되었다. 이러한 사실은 박윤선 박사는 "이 구절에서 기록된 일곱 사람, …이방교회들이 예루살렘 성도들을 위하여 연보한 금액을 맡아 가지고 가는 사명을 받았다(롬 15:25-26; 고후 8:1-2; 9:1-2). 바울이 친히 이 금전을 관할하지 않은 것은 지혜로운 일이다. 그것은 초대 교회의 사도적 결정에 준하여 행한 것이다."185)라고 말하고 있다. 여기에서 일곱 명의 교회 선정자들 가운데 하나는 베뢰아로부터 왔으며, 둘은 데살로니가에서, 나머지 네 사람은 마게도냐 지방에서 온 것이다. 아리스다고는 바울이 제3차 전도여행을 마치고 돌아오는 길에 바울의 동행자 참여된 것이다.

그래서 호크마 주석에선 "아리스다고. 19:29의 아리스다고와 같은 인물일 것이다. 그는 로마까지 바울을 따라갔으며, 마게도냐 교회를 대표하는 데살로니가 출신이다(27:1; 골 4:10; 몬 1:24)."186) 라고 말함으로 이러한 사실을 확인 시키고 있다.

아리스다고는 이렇게 마게도냐 교회에서 신임 받은 인물로 선출되어서 예루살렘 교회에 보낼 구제헌금 관리자로 선정되어 바울과 동행한 인물이었다.

<3> 죄수 호송선에 바울과 함께 한 자이다.

바울이 가이사에게 재판받기를 상소함으로 로마로 죄수 호송선을 타고 출발했다. 이때 바울이 타고 출발한 로마의 죄수 호송선에는 바울에 충성스러운 동역자들이 함께 탔다. 그 중에서는 아리스다고도 함께 승선한 사실을 누가는 사도행전 27:1-2에 "우리의 배 타고 이달리야로 갈 일이 작정되매 바울과 다른 죄수 몇 사람을 아구사도 대의 백부장 율리오란 사람에게 맡기니 아시아 해변 각처로 가려 하는 아드라뭇데노 배에 우리가 올라 행선할 새 마게도냐의 데살로니가 사람 아리스다고도 함께 하니라"고 기록하고 있다.

바울이 로마행 죄수 호송선에 딴 자신의 동역자들을 누가는 '우리'라고 표현하고 있다. 이렇게 누가가 '우리'란 말을 사용한 것은

---

185) 박윤선 지음, 『성경주석 사도행전』, pp. 396-397. 참조.
186) 편자 강병도, 『호크마 종합주석(사도행전) 5』, pp. 466-467.

사도행전 27장에서 계속해서 나온다. 여기서 '우리'란 사도행전의 기록자인 누가와 바울을 말한 것은 확실한 사실이다. 그러나 누가와 바울과 그 외에 우리 속에 포함될 사람이 더 있다. 바로 그 사람이 아리스다고이다.

이러한 사실을 생각해 볼 때에 바울이 로마 황제의 재판을 받기 위해서 죄수의 몸으로 떠나는 로마행의 여행길은 매우 쓸쓸했을 것이다. 이러한 바울에게 아리스다고가 바울과 함께 승선해서 함께 여행한다는 것은 참으로 큰 위로가 되었을 것이다.

람제이(Ramsay)란 신학자는 "이 두 사람은 바울의 노예로 자체하여 동행함으로써 백부장 율리오의 눈에 바울을 중요한 인물로 보이게끔 했다"고 주장한다. 그리고 어떤 학자들은 "누가는 의사로, 아리스다고는 바울의 시중드는 자로 함께 승선하였을 것이라"고 주장한다. 이러한 아리스다고의 행동을 볼 때에 바울의 동역자로 아리스다고는 바울의 서신 중에서 빌레몬서 1:24과 골로새서 4:10에 재 언급된 것과 이 두 서신이 바울이 옥중에서 기록한 서신이라는 것을 미루어 볼 때에 아리스다고는 바울의 로마 여행 중에 계속해서 동행했음을 말해 주고 있다.[187]

신학자 렌스키는 말하길 "누가는 이 항해에 바울과 동행하였다. 여기서 마지막으로 '우리'가란 이 기록을 읽는 독자에게 나타나고 있다. 바울의 둘째 번 동행은 아리스다고인데, 그는 '마게도냐의 데살로니가 사람'이라는 점이 첨가 설명으로 20:4에 언급되어 있는 사람과 동일시되어 있다. 그렇다면, 그는 예루살렘에 많은 의연금을 수집하여 가지고 온 일행 중에 한 사람이다. 우리는 먼저 그를 행 19:29에서 나오다 에베소에서 만나고 골 4:10과 몬 24절은 그

---

187) 같은 책, p. 610. 참조.

가 바울과 함께 로마에서 연금 상태에서 있었던 것을 보여준다."라고 했다.

여기서 아리스다고가 누가와 어떻게 해서 함께 로마의 죄수 호송선을 타고 갈 수 있었는지는 정확히 알 수는 없지만 그러나 중요한 것은 아리스다고가 바울의 로마행 호송선에 바울과 함께 했다는 것은 사실이다. 그리고 이러한 사실은 바울에게 큰 위로가 되었을 것도 확실하다. 아리스다고는 이렇게 바울의 로마호송선에 바울과 함께 한 사람이다.

<4> 바울과 함께 로마 감옥에 갇힌 자이다.

아리스다고는 바울과 함께 예루살렘 교회에 구제헌금을 전달할 때에도 구제헌금 관리인으로 마게도냐 교회의 대표자로 참여한 이후에 바울이 황제의 재판을 받기 위해서 죄수 호송선을 타고 로마행을 할 때에도 바울과 함께 하였다. 그뿐 아니라 바울은 아리스다고에 대해서 그는 바울 자신과 함께 감옥에 갇혀 있다고 골로새교회에 보낸 서신에 언급했다. 이러한 사실은 골로새서 4:10에 "나와 함께 갇힌 아리스다고와 바나바의 생질 마가와(이 마가에 대하여 너희가 명을 받았으매 그가 이르거든 영접하라)"고 했다. 곧 바울은 아리스다고를 가리켜서 '나와 함께 갇힌 아리스다고'라고 밝히고 있다. 이렇게 아리스다고는 바울에게 있어서 잊을 수 없는 생사고락을 함께한 동역자였다. 그래서 바울은 빌레몬서 1:23-24에서 "그리스도 예수 안에서 나와 함께 갇힌 자 에바브라와 또한 나의 동역자 마가, 아리스다고, 데마, 누가가 문안하느니라"라고 했다.

4세기의 교회사 학자인 유세비우스도 그의 저서 「유세비우스 교회사」에서 아리스다고에 대해서 말하길 "네로는 펠릭스의 후임으로 베스도를 총독으로 임명했다. 바울은 베스도의 치하에서 자신을 변론한 뒤 죄수의 몸이 되어 로마로 압송되었다. 이 때 아리스타쿠스(Aristarchus)도 그와 동행했다. 바울은 그의 서신에서 그를 동료 죄수라고 부르고 있다."고 했다.[188]

이러한 아리스다고에 대해서 렌스키는 그의 성경주석 골로새서에 나타난 본문에 대한 주석에서 아리스다고는 예루살렘 대회에 참석했던 대표자 중에 한 사람으로 바울이 로마에 호송될 때 함께 있었으며, 바울이 로마 감옥에 갇혔을 때도 함께 갇혔다고 했다. 그러나 여기서 바울과 함께 감옥에 갇혔다는 표현은 빌립보 감옥에서 바울과 실라가 함께 구금된 것처럼 갇힌 것이 아니라 어떤 조건하에 바울의 동역자들이 순번제로 바울의 고난에 참여하였다고 말한다. 곧 바울의 노고에 동참자란 의미로 사용된 말이라고 주장한다.[189]

"아리스다고는 데살로니가에서 온 사람이다. 그는 예루살렘 대회에 참석했던 대표자 중에 한 사람이다(행 19:24; 20:4). 그는 바울이 가이사랴에서 로마로 호송될 때에 바울과 수행했었다. 그가 바울의 로마 투옥기간에 함께 줄곧 있었는지에 대해서 우리로서는 말할 수 없으나, 단지 그가 지금 바울과 함께 있다는 것만은 사실이다. 바울은 아리스다고를 '나와 함께 갇힌 자'라고 부른다. 몬 23절에서 에바브라는 이러한 칭호를 받았는데, 아리스다고는 동역자임을 시사하고 있는 표현이다. 롬 16:7에서 안드로고니와 유니아도 함께 갇힌 자로 되어 있다. 이 말은 영역에서와 같이 'fellow prisoner'가 아니다. 마치 실라가 바울과 함께 빌립보 감옥

188) 유세비우스(Eusebius), Eusebius Pamphilas Ecclesiastical History, 엄성옥 옮김, 『유세우스의 교회사』, p. 110.
189) 렌스키 저, 『성경주석 빌립보 골로새서 데살로니가 전후서』, (서울: 백합출판사, 1979), pp. 363-364.

에 갇힌 것처럼 함께 구금된 것을 의미하지는 않는다. …어떤 사람들은 바울의 이들 친구들이 어떤 조건 하에 국한 되어 있는 바울과 함께 그런 제약을 받고 동참했었다고 한다. 그리하여 지금 아리스다고가 그 순번에 와 있었다는 것이다. 그리고 에바브라는 빌레몬서 기록될 때였다고 한다. 그러나 이 두 편지는 동시에 기록되었다. 아마도 같은 날에 기록되었음 즉하다. '함께 갇힌 자'란 바울의 노고에 참여한 자이다. 그러므로 어느 경우나 아리스다고에 적용시킬 수 있다. '함께 갇힌 자'는 바울의 감금과 관련성을 가진 것이고 동역자는 바울이 감금되거나 안 된 상태이거나 관계없이 그와 연관된 것을 말한다."

10. 두기고

1〉 두기고의 생애

두기고(Τυχικός, Tychicus)의 이름의 뜻은 '유쾌함'이란 뜻이며, 아시아 사람이다. 이러한 사실은 누가가 기록한 사도행전 20:4에 "아시아 사람 두기고와"라고 기록하고 있다. 신약성경에는 두기고의 이름을 언급한 것이 총 5번 기록되어 있다(행 20:4; 엡 6:21; 골 4:7; 딤후 4:12; 딛 3:12).[190]

---

190) 행 20:4 "아시아까지 함께 가는 자는 베뢰아 사람 부로의 아들 소바더와 데살로니가 사람 아리스다고와 세군도와 더베 사람 가이오와 및 디모데와 아시아 사람 두기오와 드로비모라"
엡 6:21 "나의 사정 곧 내가 무엇을 하는지 너희에게도 알게 하려 하노니 사랑을 받은 형제요 주 안에서 진실한 일군인 두기고가 모든 일을 너희에게 알게 하리라"
골 4:7 "두기고가 내 사정을 다 너희에게 알게 하리니 그는 사랑을 받는 형제요 신실한 일군이요 주 안에서 함께 된 종이라'

그는 바울의 동역자로서 디모데, 디도, 오네시모, 아리스다고 같은 인물들과 동시대의 사람이다. 당시 복음이 유럽을 넘어 로마까지 편만하게 증거되었던 시기이다. 그러나 그리스도인들에 대한 박해는 여전했으며, 특히 A.D. 1세기 후반으로 가면서 기존의 거짓선지자들이 많이 등장하면서 초기 교회들이 혼란을 많이 겪고 있었던 시기이다.

바울은 이러한 혼란과 각 지역 교회의 문제를 해결하기 위해 서신을 써서 보내거나, 동역자들을 파송하여 문제를 해결하였다. 이 시기에 바울과 함께 중요한 동역을 이룬 사람이 두기고이다.

그런 두기고는 바울보다 먼저 마게도냐에서 드로아로 가서 사도들 일행을 기다린 사람 중의 한 사람이다(행 20:4). 바울은 두기고를 주님의 충성스러운 일꾼으로 생각하고, 에베소나 골로새 사람에게 편지를 전하게 했다. 그리고 저로 하여금 바울의 옥중 사정을 이들과 제자들에게 전하게 하였다. 바울은 두기고를 개인적으로 사랑하는 믿음의 형제요, 직무상으로는 바울의 충실한 동역자로, 전도의 일을 돕고, 그리스도에 대해서는 바울과 함께 종인 점을 들어 높이 평가하고 있다. 바울은 또 그레데에 있는 디도에게도 두기고를 사자로 보내려고 했다(엡 6:21; 골 4:7; 딤후 4:12; 딛 3:12).191)

2〉 두기고는 어떤 사람인가?

딤후 4:12 "두기고는 에베소로 보내었노라"
딛 3:12 "내가 아데마나 두기고를 네게 보내리니 그 때에 네가 급히 니고볼리로 내게 오라 내가 거기서 과동하기로 작정하였노라"
191) 디럭스 바이블 성경사전 '두기고' 항목 참조.

<1> 헌금관리인으로 바울과 동행한 자이다.

바울은 총 3차에 걸쳐서 전도여행을 실시했다. 1차는 이방선교의 모체가 되는 안디옥교회에서 출발하여 많은 핍박 가운데서도 구브로와 비시디안 안디옥과 루스드라와 이방세계에 복음을 전했다(행 13:1-14:28). 그리고 2차 전도여행은 마게도냐 환상을 통해서 유럽을 중심으로 복음이 전해졌는데 이때에 바울은 빌립보, 데살로니가, 베뢰아, 아덴, 고린도지역에 복음을 전했다(행 16:6-18:23). 마지막으로 3차 전도여행은 약 3년에 걸쳐 실시되었는데, 소아시아 서부 지역에서 에베소 중심으로 복음이 증거되었다(행 18:23-21:16). 바울은 3차 전도여행에서 이방전도의 중요한 성과를 올렸다.

이러한 바울의 전도여행 가운데서 제3차 전도여행을 마쳐갈 무렵 예루살렘으로 상경하게 되었다. 바로 이때에 바울은 소아시아 여러 교회에서 그동안 모아온 예루살렘교회에 대한 구제헌금을 전달하게 되었다. 바로 이때에 바울은 자신이 직접 헌금관리를 하지 않고 사도의 전통을 따라서 각 교회에서 대표자들을 구제헌금 관리인으로 선정해서 구제헌금을 관리하게 했다. 그리고 이러한 각 교회의 헌금관리인들은 바울과 함께 동행하게 되었다. 이때에 두기고는 아시아교회를 대표해서 구제헌금의 관리인으로 바울과 동행하게 되었다(행 20:4).

<2> 주 안에서 신실한 일꾼 된 자이다.

바울은 에베소교회에 자신의 사정, 즉 자신이 무엇을 하고 있으며, 자신의 근황이 어떠한지에 대해서 알려줄 사람을 소개하고 있는데 그 사람이 바로 두기고이다. 이러한 두기고를 바울에 대한 사정의 소개자로 소개함에 있어서 에베소교회 성도들에게 말하기를 두기고는 '주 안에서 신실한 일꾼이라'고 소개하고 있다.

이러한 사실은 바울이 에베소교회에 보낸 서신인 에베소서 6:21에서 "나의 사정 곧 내가 무엇을 하는지 너희에게도 알게 하려 하노니 사랑을 받은 형제요 주 안에서 진실한 일군인 두기고가 모든 일을 너희에게 알게 하리라."고 했다.

그래서 호크마 주석에선 "바울의 충실한 동역자였음이 분명하다. 바울은 본 절에서 두기고에 대해 에베소 교인들에게 두 가지로 소개하고 있다. 첫째로, 두기고는 바울은 물론 그를 아는 모든 사람들로부터 사랑받은 형제였다. 둘째로, 그는 주 안에서 복음과 사역을 잘 감당하며 바울을 도와 주의 일을 하는 진실한 일꾼이었다. 바울은 이러한 소개를 통해서 두기고가 바울 자신과 매우 친밀한 관계를 맺고 있으며, 복음을 선포함에 있어서 신뢰할 수 있는 자임을 에베소 교인들에게 밝히고 있다."[192]라고 했다.

칼빈도 바울이 에베소교회 교인들에게 두기고를 칭찬한 것은 그의 말이 권위를 가지게 하려 함이며, 공적인 교회를 봉사하면서 불렀는지, 아니면 사적인 면에서 불렀는지는 확실하게 알 수는 없지만 '사랑스런 형제'란 말과 '주 안에서 진실한 일꾼'이란 두 가지 표현해서 생겨난 것이라고 말하고 있다. 그러면서 칼빈 자신은 교회의 공적인 면에서 진실한 일꾼이라고 생각한다고 말하고 있다.[193]

---

192) 강병도 편, 『호크마종합주석(에베소서. 빌레몬서) 8』, (서울: 기독지혜사, 1992), p. 111.
193) 존. 칼빈. 존. 칼빈성경주석 출판위원회 역편, 『신약성경 칼빈주석(고린도후서, 에베소서, 디모데전후서) 9』, (서울: 성서교재간행사, 1979), p. 393.

"바울은 두기고를 칭찬함으로써 그의 말이 보다 권위를 가질 수 있도록 해주고 있다. 그러나 공적인 교회 봉사 면에서 그를 '주안에서 진실한 일군'이라고 불렀는지, 아니면 개인적으로 자기에게 보여준 충성스러움에서 그렇게 불렀는지는 확실하지 않다. 이러한 애매한 점은 '사랑받는 형제요, 주 안에서 진실한 일군'이라고 한 것과 연관된 두 가지 표현에서부터 생겨난 것이다. 처음 표현은 바울과 관계된 것인데, 많은 사람들은 두 번째 표현도 마찬가지로 생각한다. 그러나 나는 그것이 공적인 봉사를 가리킨다고 해석한다. 그 이유는 교회에서 그만한 평판을 가지지 못한 사람을 바울이 자기의 편지와 함께 에베소 교인들에게 보낸 것으로 생각지 않기 때문이다."

신학자 렌스키도 우리는 두기고가 바울의 조력자 중에 하나이고, 예루살렘교회의 의연금을 수집해서 전달한 전달자란 사실 외에는 알 수 없다. 그러나 그는 고상한 성격의 소유자이며, 개인적으로 사랑하는 자이며, 바울의 교회에 있어서 '동료의 종'으로 자발적인 봉사자라고 말한다. 그는 일군이고 형제라는 수식 이상이 필요치 않다고 했다.194)

"행 20:4는 그를 소아시아 태생인 한 '아시아인'이라고 부르고 있다. 그는 딤후 4:12에서도 언급하고 있다. 우리는 그가 바울의 조력자 중에 하나이었고, 예루살렘의 의연금을 수집하여 전달하는 자(행 20:4)라는 그 이외의 사실에 대해서는 아는 바가 없다. 그는 고상한 성격의 소유자요, 바울의 개인적으로 사랑하는 자이었다. 이러한 자격으로 두기고가 지금 봉사하고 있는 것이다."

---

194) Richard C. H. Lenski, The Interpretation of St, Paul's Epistle to the Ephesians, 장병일 역, 『성경주석(에베소서)』, (서울: 백합출판사, 1975), pp. 587-588.

이러한 사실을 보아서 두기고는 칼빈이 말하는 것처럼 교회에서 공적으로 주 안에서 진실한 일군으로 교회로부터 사랑받은 일꾼이요 렌스키의 말대로 두기고는 또한 바울에게서 있어서 사적으로나 바울에게서 사랑하는 형제이며, 주안에서 진실한 일군이 된 것이다. 곧 바울은 두기고에게 어느 것 하나 숨길 것이 없었으며, 자신의 모든 것을 두기고에게 보여줄 수 있었고, 모든 것을 말해줄 수 있었고, 모든 것을 얘기하고 의논할 수 있었던 상대가 두기고였다. 두기고는 바울이 참으로 믿을 만한 사람이었다.

〈3〉 교회들로부터 사랑을 받는 형제이다.

바울은 자기의 소개자로 두기고를 소개할 때에 에베소서 6:21에서 "너희에게도 알게 하려 하노니 사랑을 받은 형제 …두기고가 모든 일을 너희에게 알게 하리라"고 했다. 그 뿐만 아니라 오네시모와 함께 골로새교회로 보낼 때에도 바울은 골로새교회 교인들에게도 소개할 때에도 골로새서 4:7에 "두기고가 내 사정을 다 너희에게 알게 하리니 그는 사랑을 받는 형제요 신실한 일꾼이요 주 안에서 함께 된 종이라"고 했다.

이러한 사실은 두기고가 에베소 교회로 가는 편지, 또 골로새 교회로 가는 편지, 그리고 디모데에게 전달되는 편지를 모두 전달할 수 있었던 것은 그만큼 그가 에베소 교회와 골로새 교회로부터 사랑을 받고 인정받고 있었기 때문이다. 두기고에 의해 골로새서, 에베소서, 디모데후서가 전달되었고, 그것이 수신자들에게 영향력을 미쳤을 것이며, 또 그 편지가 오늘날까지 성경으로 우리에게 감동을 주고 있다는 사실은 그만큼 두기고의 사람됨이 어떠하였는지, 특히 두기고가 많은 사람들에게 두루 사랑을 받았고 인정을 받았다는 사실을 증명하고 있는 것이다.

<4> 사람들의 마음을 위로해 주는 위로자이다.

두기고는 바울이 로마 감옥에 투옥되어 있을 때에 바울의 대행자로 와서 바울의 형편과 에베소교회나 골로새교회의 성도들을 위로해 주는 위로자이다. 이러한 사실은 에베소서 6:22에 "우리 사정을 알게 하고 또 너희 마음을 위로하게 하기 위하여 내가 특별히 저를 너희에게 보내었노라"고 했다. 또 골로새서 4:8에서도 "내가 저를 특별히 너희에게 보낸 것은 너희로 우리 사정을 알게 하고 너희 마음을 위로하게 하려 함이라"고 했다.

박형용 박사는 바울이 두기고를 에베소에 보낸 두 가지 이유를 제시했는데 첫째는 바울의 사정을 에베소에 알리기 위해서이다. 바울이 로마 감옥에 매여 있어 육신적으로 자유롭지 못했기 때문에 두기고를 보내서 자신의 형편을 자세하고 정확하게 알기를 원했다 (엡 6:21). 둘째는 에베소교회를 위로하기 위해서이다. 바울은 두기고를 보내서 특별히 위로하기를 원했는데 그것은 그리스도 안에서 에베소교회와 깊은 연관을 맺기를 원함이었다고 했다(엡 6:22). 그것은 바울과 에베소교회와 자신이 교회의 공동체의 일원임을 말해 주고 있다고 했다.[195]

호크마 주석에선 "에베소 교인들은 바울이 감옥에 투옥된 사실을 알고 있었을 것이며, 이로 인하여 상당히 어려움과 실의에 빠져 용기를 잃어버릴 위험에 처해 있었다(3:13). 그래서 바울은 두기고를 보내 비록 자신이 감옥에 있을지라도 그 현실을 통해 하나님의

---

195) 박형용 지음, 『에베소서 주해』, (수원: 합동신학대학원대학교출판부, 1998), p. 276-277. 참조

복음을 이방의 중심지인 로마에 선포하려는 자신의 계획을(19, 20; 행 28:17-31) 알림으로써 에베소 교인들을 위로하고 용기를 북돋우어 주고 있다."196)라고 했다.

박윤선 박사는 그리스도의 충성된 종의 내정과 사생활이 다른 사람들에게 알려질 때에 유익한 결과가 되는데, 그 이유는 충성된 종의 생활의 내면이 외면으로 나타낼 때에는 선미한 것이 있기 때문이고, 교회의 감동과 위로를 주기 때문이라고 했다. 곧 두기고로 통해서 전달된 옥중의 바울 소식은 듣는 청취자들인 에베소교회나 골로새교회의 성도들에게 위로를 주기 때문이라고 했다.197)

> "그리스도의 충성된 종의 내정과 사생활은, 다른 신자들에게 열려질 때에 유익한 결과를 낸다. 그 이유는. 주님의 충성된 종은 생활의 내면이 그 외면에 나타난 것 이상으로 선미한 것이 있기 때문이다. 바울이 그리스도를 위하여 옥에 갇힌 생활의 이면은, 모든 교회에 큰 감동과 격려를 줄 것이다. 너희 마음을 위로하게 하려 함이라. 그리스도를 위하여 갇힌, 사도의 실정을 알고자 갈망하던 골로새 교회가, 두기고에게서 그의 모든 정황을 청취할 때에 큰 위로(신앙을 격려하는 위로이고 단지 근심에서의 안심만을 이름이 아님)를 받게 될 것이다. 그 이유는, 그들이, 두기고를 통하여 바울이 비록에 옥에 갇혔으나 그들을 위하는 관심이 간절한 것을 알게 되는 까닭이다."

곧 두기고는 로마 옥중에 복음을 위해서 갇힌 바울의 사정을 정확히 전달하는 심부름꾼 노릇을 잘함으로 바울이 얼마나 에베소교회나 골로새교회를 사랑하는지를 알려 줌으로 그들에 두기고가 전

---

196) 강병도 편, 『호크마종합주석(에베소서. 빌레몬서) 8』, p. 111.
197) 박윤선 지음, 『성경주석 바울서신』, (서울: 영음사, 1877), pp. 338-339.

한 바울의 소식을 통해서 위로를 받게 하는 위로자인 것이다.

<5> 다른 사역자의 대리 시무자이다.

바울은 디모데에게 두기고를 에베소교회에 보내었다고 했다. 그러한 이유는 디모데후서 4:9에 "너는 어서 속히 내게로 오라"고 함으로 바울이 자기에게로 디모데를 속히 오라고 부탁했다. 그것은 디모데에게 바울이 사욕을 채우기 위해서 멀리 있는 디모데를 급히 오라고 한 것이 아니라 교회의 유익을 위한 상담 때문이다. 그리고 디모데가 로마의 감옥에 갇혀 있는 바울에게 오라고 한 것은 고적한 바울의 감옥의 생활에 위로를 받고자 함이다. 바울이 이렇게 감옥에 고적하게 지내고 있는 이러한 근거는 디모데후서 4:16 "내가 처음 변명할 때에 나와 함께 한 자가 하나도 없고 다 나를 버렸으나 저희에게 허물을 돌리지 않기를 원하노라"고 한 서신의 내용을 통해서 알 수 있다. 바울의 옥중생활의 현실은 자신이 로마 감옥에 갇혀서 복음을 변호할 때에 조력하는 자가 없이 외롭게 홀로 있었다. 모든 친구들은 겁약해서 바울을 떠나가 버렸다. 그러나 바울은 자기를 떠나간 사람들을 정죄하지 않고 하나님께서 용서해 주시기를 기원했다. 그 이유는, 저들은 강퍅한 복음의 원수가 아니라 다만 연약한 신자들이기 때문이다. 사도의 위안이 자기의 사리사욕을 채우고자 함이 아니라 자신이 디모데로 통해서 받은 교회의 유익을 주고자 함이다(고후 1:3, 6).198)

이러한 바울은 디모데가 자기에게로 속히 오게 했고, 디모데가 로마감옥에서 옥중생활을 하고 있는 바울에게 오게 됨으로 디모데가 사역하고 있는 에베소교회는 사역자가 없는 목회적 빈 공간이

---

198) 같은 책, p. 561. 참조

생기게 되었다. 이렇게 생겨진 에베소교회의 목회적인 빈 공간을 두기고를 통해서 디모데의 목회사역을 대리 사역을 하게 하기 위해서 두기고를 에베소에 보낸 것이다.

그래서 박윤선 박사는 "두기고는 에베소에 보내노라. 엡 6:21; 골 4:7; 행 20:4; 딛 3:12. 참조. 이 구절을 보면은 '두기고'는 바울이 사랑하는 또 하나의 조사였다. 이번에 그를 에베소에 보낸 것은 디모데가 로마에 오게 되니만큼(9. 12절 참조) 그로 하여금 교회를 대리 시무하려는 듯하다"199)고 했다.

렌스키(Richard C. H. Lenski)도 바울이 두기고를 에베소에 보낸 것은 디모데의 목회지의 빈 공간을 교체하기 위함이다. 그리고 두기고 디모데를 대리해서 목회하는 기간은 시간적으로 상당히 오랜 기간을 말하고 있다.

> "두기고는 바울이 디모데에게 마가를 데려 오라고 요구한 다음에 언급되어 있다. 이제 바울의 요청으로 그들의 일터를 떠나는 디모데와 마가는 바울이 보낸 대리자 곧 두기고와 교체된 셈이다. …그러므로 '내가 에베소로 보낸다'이고, '내가 너에게 보낸다' 혹은 '보냈다'가 아니다. 물론 두기고는 이 편지를 디모데에게 전달할 것이다. 그러나 바울은 '두기고를 에베소에 보내고 있는 것이다. 그것은 디모데가 부재중에 그 위치를 메우기 위함이다. 그 기간은 상당히 길어질 것이다. 왜냐하면 만일 디모데가 겨울 전에 로마에 당도한다면, 비록 바울의 순교가 일어난다고 하더라도, 디모데와 마가는 그 이듬해 봄까지 아시아에 돌아갈 수 없을 것이다. 겨울 동안 배는 출항하지 않기 때문이다."

두기고는 바울의 충실한 조력자로 다른 사역자들의 목회적인 빈 공간이 없도록 대리적 사역을 한 사실은 디모데의 사역지에 대리적

---

199) 같은 책, pp. 562-563.

사역을 감당한 것 외에도 디도를 대신해서 두기고가 대리적 사역을 감당한 것도 알 수 있다. 이러한 사실은 디도서 3:12 "내가 아데마나 두기고를 네게 보내리니 그 때에 네가 급히 니고볼리로 내게 오라 내가 거기서 과동하기로 작정하였노라"고 함으로 명시되어 있다.

여기서 바울이 디도에게 아데마와 두기고를 보내겠다고 한 것은 디도가 곧 니고볼리로 와서 바울을 만나기로 되어 있었는데, 이 때 바울은 니고볼리에서 과동, 즉 겨울을 보내기로 작정되어 있기 때문이다. 이때에 아데마나 두기고 둘 중에 한 명은 디도를 대신해서 사역을 하게 될 것을 말하고 있다. 곧 두기고는 디도의 대리적 사역자로 디도에게 보내짐을 알 수 있다.

이렇게 두기고는 바울의 충실한 조역자로 다른 사역자들의 목회적 공간이 생길 때에 다른 사역자들을 대시해서 대리 시무를 감당한 사역자이다.

11. 드로비모

1> 드로비모의 생애

드로비모(Τρόφιμος, Trophimus)의 이름의 뜻은 '자양분, 교양이 있는 사람'이란 뜻이다. 그의 이름은 신약 성경에 세 번 나온다(행 20:4; 행 21:29; 딤후 4:20).[200]

---

200) 행 20:4 "아시아까지 함께 가는 자는 베뢰아 사람 부로의 아들 소바더

그는 이방인 그리스도인이다. 그는 에베소 출신으로 아시아교회의 대표이다. 이러한 사실은 사도행전 20:4에 "아시아 사람 두기고와 드로비모라"라고 한 말씀이 이를 증거 한다. 여기서 드로비모를 아시아 출신이라고 함은 에베소가 아시아 지역에서 속한 지역이기 때문에 넓은 의미로는 드로비모는 아시아 출신이 된다. 그러나 좁은 의미로 에베소는 아시아에 속해 있음으로 드로비모는 에베소 출신이라고 해도 맞는 말이다. 그리해서 누가가 기록한 사도행전에서 드로비모를 소개할 때에 동일인을 가지고 사도행전 20:4에서 "아시아 사람 드로비모"라고 기록하고, 사도행전 21:29에선 "이는 저희가 전에 에베소 사람 드로비모"라고 말하고 있다. 그러므로 드로비모가 아시아 출신이라고 해도 맞는 말이 되고 에베소 출신이라고 해도 맞는 말이 되는 것이다.

이러한 드로비모는 바울보다 먼저 마게도냐에서 드로아로 가서 사도들의 일행을 기다리던 바울의 동역자 7명 중에 한 사람이다. 그는 아시아 지역의 여러 교회들 곧 바울이 에베소를 중심으로 해서 3차 전도여행 기간에 세워졌던 여러 교회들을 대표로 두기고와 함께 참여해서 예루살렘교회에 헌물을 가지고 왔던 사람이다.

그뿐 아니라 바울이 그를 성전 안에 데리고 들어왔다는 혐의 때문에 소동을 일으켰던 것도 드로비모를 통해서 일어난 사건이다. 이러한 사실은 사도행전 21:27-29에 "그 이레가 거의 차매 아시아

와 데살로니가 사람 아리스다고와 세군도와 더베 사람 가이오와 및 디모데와 아시아 사람 두기고와 드로비모라"
행 21:29 "이는 저희가 전에 에베소 사람 드로비모가 바울과 함께 성내에 있음을 보고 바울이 저를 성전에 데리고 들어간 줄로 생각함일러라"
딤후 4:20 "에라스도는 고린도에 머물렀고 드로비모는 병듦으로 밀레도에 두었노니"

로부터 온 유대인들이 성전에서 바울을 보고 모든 무리를 충동하여 그를 붙들고 외치되 이스라엘 사람들아 도우라 이 사람은 각처에서 우리 백성과 율법과 이곳을 훼방하여 모든 사람을 가르치는 그 자인데 또 헬라인을 데리고 성전에 들어가서 이 거룩한 곳을 더럽게 하였다 하니 이는 저희가 전에 에베소 사람 드로비모가 바울과 함께 성내에 있음을 보고 바울이 저를 성전에 데리고 들어간 줄로 생각함일러라"고 했다.

또 드로비모에 대한 마지막 기록은 바울이 그의 믿음의 아들 디모데에게 보낸 목회서신에서도 나타나 있다. 이러한 사실은 디모데후서 4:20에 "에라스도는 고린도에 머물렀고 드로비모는 병듦으로 밀레도에 두었노니"란 말씀에서 언급된다.

바울이 드로비모를 병들었음으로 밀레도에 남겨 두었다는 말은 바울이 최근에 되어진 일로 바울이 3차 전도여행 때에 서머나를 거쳐서 로마로 오는 도중에 그가 병들어 여행이 불가능해지자 그 중의 한 경유지인 밀레도에 남겨 두었던 것으로 추측이 된다.[201]

2> 드로비모는 어떤 사람인가?

<1> 아시아 교회의 대표자로 바울과 동행자이다.

바울은 약 3년간의 에베소 사역을 마치고 일행들과 함께 마게도냐와 아가야 지방을 재방문을 하게 되었다. 시간적으로는 약 10개월 정도로 걸리는 여정으로 이러한 사실을 기록한 본문의 내용으로는 극히 짧기만 하다. 10개월간의 재방문 중에 하나는 특별히 관심을 가진 것은 예루살렘 교회에 곤궁한 신자들을 돕기 위해서 구제

---

201) 강병도 편, 『호크마종합주석(에베소서. 빌레몬서) 8』, p. 599. 참조

헌금을 거두는 일이었다. 바울은 전에도 수리아 안디옥에서 이런 연보를 한 일이 있으며(11:27-30), 이 연보는 그리스도의 지체된 각 교회가 그리스도 안에서 한 몸이라는 것을 상징해 주는 것이다.

이러한 바울은 마게도냐 지방과 아가야 지방의 모든 이방교회들에게 이 연보를 준비시켰다(롬 15:25-32; 고전 16:1-4; 고후 8, 9장). 바울의 이러한 사역은 이방 신자들로 하여금 모교회인 예루살렘교회에 대한 중요성을 깨닫게 해주며, 동시에 예루살렘 교회로 하여금 이방교회들의 생동하는 신앙을 보여주기 위함이다.

이러한 바울의 전도여행은 바울의 혼자 힘으로만 이루어질 수 없는 것이다. 그에게는 참으로 이러한 사역에 동참해서 바울의 전도여행에 중추적인 역할을 한 사람들이 있었다.

바로 중추적인 역할을 한 사람들이 7명이 나타나는데, 소바더와 아리스다고, 세군도, 가이오, 디모데, 두기고, 그리고 드로비모이다. 이들은 마게도냐와 아시아 등지의 이방교회의 지도자로서 각 교회의 헌금을 전달하는 사명을 띠고 바울과 함께 가고자 모였다. 이들은 바울에게 복음을 전해 받아 구원을 받은 사람들인 동시에 바울과 함께 복음을 증거하는 사역에 동참한 바울의 동역자들이었다. 이들이 바울의 예루살렘 길을 동행하는 것은 바울의 마음을 흡족하게 했을 것이다.

드로비모는 이러한 바울의 소중한 7인의 동역자 중에 한 사람이었다. 드로비모는 세 교회의 대표자들이었는데, 곧 마게도냐 교회와 갈라디아 교회와 아시아 교회를 대표하는 자들이었다. 드로비모는 두기고와 함께 아시아 교회를 대표해서 헌금관리인으로 바울과 함께 예루살렘 길을 동행한 사람이다.[202]

---

202) 편자 강병도, 『호크마 종합주석(사도행전) 5』, pp. 476-477, 참조.

<2> 성전출입 자로 오해함으로 폭동의 원인이 된 자이다.

바울은 3차 전도여행을 매듭을 짓고 예루살렘 길을 향하였다. 그이유는 두 가지인데, 하나는 그동안 전도한 전도의 결과를 예루살렘 교회에 보고하기 위함이다. 그리고 다른 하나는 이방교회들로부터 모아진 구제헌금을 예루살렘 교회에 전달하기 위함이었다.

이러한 바울은 이방교회의 대표자들이 각 교회에서 모아진 구제헌금을 가지고 7명의 사람들이 바울과 동행하여 예루살렘에까지 함께 방문했다. 예루살렘에 도착하자 예루살렘교회는 바울을 영접하였고, 바울은 그동안 전도의 결과를 예루살렘교회 앞에서 보고하였다.

그러나 예루살렘에 살고 있던 유대인들이 각처에 바울이 구약의 모세율법을 전적으로 폐기한다고 선전되어 있음으로 바울이 율법의 폐기론자가 아니라 준행자임을 보이게 함으로 유대인들의 오해를 풀기 위해서 성전에 들어가서 결례의식을 행하게 했다.

그 결례의식은 예루살렘교회에 속한 신자들 4명과 함께 결례를 행하는데, 그들의 비용을 대신 내었다. 여기에 들어가는 비용은 결례의 기간이 끝나면 번제물로 일 년 된 수양 한 마리와 속죄 제물로 일 년 된 어린 암양 한 마리와 그 외에 무교병, 과자 등을 바치는 것으로 비용이 적지 않았다. 이러한 결례의 비용을 바울이 책임지는 것이었다. 그리고 결례의 기간은 30일간으로서 시작과 끝에는 머리를 깎고 그 기간 동안 금욕적인 생활을 하는 것이었다.

바울이 이들과 함께 예루살렘 성전에서 결례의식을 행했으나 그결과는 도리어 유대인들의 배척과 소요와 폭동이 일어났다.

그 원인은 에베소를 수도로 한 지방인 아시아에서 바울이 삼년간이나 힘을 기울여 복음을 전했던 그 아시아 지방에 사는 바울의 얼굴을 아는 유대인들이 에베소교회에서 구제헌금을 가지고 교회를 대표해서 바울과 동행하였다. 이때에 예루살렘에 같이 온 드로비모와 바울이 예루살렘 성 안에 함께 다니는 것을 보고 바울이 드로비모를 성전 안 유대인들의 뜰에까지 데리고 간 줄로 오해하였다.

예루살렘 성전에는 유대인의 뜰과 이방인의 뜰 중간에는 높은 담이 가로 막아져 있었다. 만일 이방인들이 이 담을 넘어서 들어오면 사형에 처한다고 헬라어와 라틴어로 쓴 표지가 붙어 있었다(Jos., Ant. xv. 11:5; Philo, Leg. ad Gai, 212, by Bruce).[203]

그런데 사도 바울이 이방인들이 들어올 수 없는 이방인과 유대인의 뜰의 경계를 넘어서 유대인의 뜰을 넘어서 이방인 출신인 드로비모를 데리고 거룩한 성전에 들어왔을 것이라고 오해를 한 것이다. 이렇게 오해한 유대인들이 에베소에서 바울을 고소함으로 예루살렘에 사는 유대인들은 일시적으로 큰 소요와 폭동이 일어났다.

드로비모를 성전에 데리고 들어옴으로 거룩한 성전을 더럽혔다는 사건의 오해로 바울은 유대인들의 무리에게 체포되어 사형을 처하려는 위기의 순간에 이러한 소식을 들은 로마 군대의 도움으로 바울은 구출되었다.

드로비모는 바울에 대한 에베소에서 온 유대인들의 오해의 원인이 되기도 한 사람이다. 이러한 사실을 사도행전의 기록자인 누가는 사도행전 2126-29에 "바울이 이 사람들을 데리고 이튿날 저희와 함께 결례를 행하고 성전에 들어가서 각 사람을 위하여 제사 드

---

203) 이 명문들 가운데 1871년에 예루살렘에서 발견된 것은 현재 이스탄불에 보관되어 있으며, 1935년에 발견한 또 다른 하나는 예루살렘에 소장되어 있다(F. F. 브루스 저, 초대교회사(복음은 불꽃같이). p. 189. 각주 참조.

릴 때까지의 결례의 만기된 것을 고하니라 그 이레가 거의 차매 아시아로부터 온 유대인들이 성전에서 바울을 보고 모든 무리를 충동하여 그를 붙들고 외치되 이스라엘 사람들아 도우라 이 사람은 각처에서 우리 백성과 율법과 이곳을 훼방하여 모든 사람을 가르치는 그 자인데 또 헬라인을 데리고 성전에 들어가서 이 거룩한 곳을 더럽게 하였다 하니 이는 저희가 전에 에베소 사람 드로비모가 바울과 함께 성내에 있음을 보고 바울이 저를 성전에 데리고 들어간 줄로 생각함일러라"라고 기록하였다.

이러한 사실은 F. F. 브루스는 그의 저서 「복음은 불꽃같이」란 책에서 이러한 사실을 기록하길 이때에 드로비모에 대한 오해로 사형을 당할 뻔한 난동이 일어났고 이방인인 드로비모를 데리고 성전에 들어갔다는 오해로 위기를 당했는데, 이러한 오해는 무서운 결과를 가져 오게 되었다. 그 이유는 이 성역을 침범하는 자는 로마인들에게까지 사형집행이 허락되었기 때문이라고 한다. 이러한 위기의 때에 성전 바로 옆 안토니아 요새(fortress of Antonia)에 주둔하고 있는 수비대 책임자의 구조로 폭도들의 폭행을 면할 수가 있었다고 기록하고 있다.204)

　　"그 때에 만약 바울이 제사법에 의한 정화(cleansing)의 행사에 참여하는 경우, 예루살렘 인들이 그를 훌륭한 유대인으로 생각하리라고 보았던 것 같다. 그러나 막상 이를 위해서 성전에 나타나자, 그가 거의 사형(lynch)을 당할 뻔한 난동이 벌어졌다. 즉 바울이 이방인을 대동하고 성전의 성안에 들어왔다는 소문이 퍼졌던 것이다. 이는 사형에 해당하는 큰 범법이었다. 성전 바깥마당과 안마당을 구분하는 울타리에는 헬라어와 라틴어로 이방인들이 성역을 침범하는 경우 사형에 처해진다는 경고문이 붙어 있었다. 로

---

204) F. F. 브루스 저, 『초대교회사(복음은 불꽃같이)』, pp. 188-189.

마인들까지도 유대인들의 예민한 종교적인 입장을 존중하여 이 법을 범하는 로마인들에게도 사형을 허락하고 있었다. 바울은 성전 옆의 안토니아 요새(fortress of Antonia)에 주둔하고 있던 수비대의 책임자가 때마침 구조해 줌으로써 폭도들의 폭행을 면할 수가 있었다."

〈3〉 바울이 병듦으로 밀레도에 남겨 둔 자이다.

드로비모가 병듦으로 밀레도에 머물러 두게 한 사실은 바울이 믿음의 아들 디모데에게 두 번째로 보내는 목회서신인 디모데후서 4:20에 "드로비모는 병듦으로 밀레도에 두었노니"라고 기록함으로 나타나 있다.

이러한 사실을 이상근 박사는 "드로비모는 **병듦으로 밀레도에.** 그는 에베소 사람으로 아리스다고와 같이 에베소교회의 구제헌금을 가지고 바울을 따라 에베소까지 동행하였다(행 20:4; 행 21:29). 그것이 바울이 예루살렘에서 체포된 직접 구실도 되었다. 밀레도는 그의 고향인 에베소에서 외항으로 약 45킬로미터의 거리였다. 아마 이 해안 도시가 에베소보다 병 치료에 좋았을 것이다. 이때의 그의 병은 정신적인 것(Vincent)보다 육체적인 것이다"[205]고 했다.

'드로비모'는 위에서 살펴본 대로 에베소 출신으로 에베소 교인들이 한 헌금을 예루살렘까지 운반한 자이다(행 20:4; 21:29). 이 일은 최근에 되어진 것으로 바울의 3차전도 여행 때 서바나를 거쳐 로마로 오는 도중에 그가 병들어 여행이 불가능해지자 그 중의 한 경유지인 밀레도에 남겨 두었을 것으로 추측된다.[206]

---

205) 이상근 지음, The Lee's Commentary on Thessalonians-Titus. 『신약주해 살전-디도』, (서울: 기독교문사, 2003), p. 303.
206) 편자 강병도, 『호크마 종합주석(에베소서→빌레몬) 8』, (서울: 기독지

제 3 장
전도 여행 이후에 나타난 주변 인물들

1. 빌립

1〉 빌립의 생애

빌립(Φίλιππος, Philip)이란 이름의 뜻은 '말(馬)을 사랑하는 자'란 뜻이다. 그런데 이러한 빌립이란 이름은 신약성경에 여러 명 나온다.

첫 번째로 빌립이란 이름을 가진 자는 예수님의 12제자 중 한 사람으로 사도 빌립을 들 수 있다. 사도 빌립은 안드레와 베드로와 같은 고향 사람으로 그 집은 갈릴리 바다 벳새대 사람이다. 예수님은 갈릴리에서 빌립을 만나시고 '나를 좇으라'고 부르셨다. 그 때 빌립은 예수님의 부르심을 듣고 즉시 좇음으로 예수님의 제자가 되었고, 제자가 된 빌립은 나다나엘을 찾아가서 "모세가 율법에 기록하였고 여러 선지자가 기록한 그이를 우리가 만났으니 요셉의 아들 예수니라"고 전도하였다. 이 빌립은 나다나엘을 전도한 사람이다 (요 1:43−51). 예수님은 제자 빌립을 오병이어의 사건으로 시험하

혜사, 1992), p. 599.

셨다(요 6:5-6). 그는 매우 현실적이고 계산적인 사람이었다. 그는 예수님이 최후에 예루살렘에 입성하실 때에 헬라인들이 빌립에게 찾아와서 예수님을 뵙게 해달라고 청하였다. 이것은 장차 이방인들이 예수님을 믿게 될 것을 예표하는 증거인데, 이들 헬라인들이 빌립을 찾아온 것은 그의 이름이 헬라식이란 사실을 들어서 생각해 보면 헬라어를 잘하고 있는지, 아니면 헬라인들이 많이 사는 벳세다 마을에서 온 탓인지는 모른다(요 14:8-12).

그는 예수님께 "하나님 아버지를 우리에게 보여달라"고 요구하기도 한 사람이다(요 14:8-12). 사도 빌립은 이렇게 영이신 하나님을 보기를 원할 정도로 현실적이고 감각적인 사람인 것을 말해준다. 이러한 사도 빌립은 사도행전 1:13에서 예수님의 다른 제자들과 함께 마가 요한의 다락방에 올라가서 기도하며, 성령 강림의 현장에서 성령을 힘입은 사람으로 나온다. 그리고 그는 사도들과 함께 복음을 증거하다가 다른 사도들처럼 영광스러운 인생을 마쳤을 것이다.

전설에 의하면 사도 빌립은 "그는 소아시아에서 전도하다가 잡혀서 매를 맞고 감옥에 끌려가 기원 후 54년 십자가에 못 박혀 죽었다(혹은 기둥에 매달려 죽었다)."207)고 한다.

두 번째는 헤롯대왕의 아들 빌립이다. 그는 헤로디아의 남편이고 헤롯 안디바의 형제이다(마 14:3; 눅 3:19). 요세푸스는 헤롯 대왕의 족보를 기록하고 있는데, 그것에 의하면 헤로디아는 마리암네와 헤롯 대왕의 아들인 헤롯과 결혼하여 후에 남편을 버리고 남편의 이복형제인 안디바와 불의한 결혼을 했다. 복음서는 이러한 빌립을 헤로디아의 첫 남편인 분봉왕 헤롯 안디바의 형제였다고 기술하고

---

207) 김문제 저, 『십계명과 십자가 3』, (서울: 세종문화사, 1977), p. 53.

있다(눅 3:1).208)

세 번째는 분봉왕 빌립이다. 헤롯 대왕과 예루살렘의 클레오파트라와의 사이에서 난 두 아들 중 하나이다. 그는 이복형제 아켈라오와 안디바와 같이 로마에서 교육을 받았다(고대사, 전기). AD 4년 아켈라오가 부왕의 위를 계승할 것을 변호하여 그 자신도 바타네아(바산)˙ 드라고닛˙ 아우라니티스 및 기타 지방의 분봉왕으로 임명되었다(고대사, 전기). 세례 요한이 공적 활동을 시작한 해, 즉 디베료 황제의 재위 15년에 그는 이두래와 드라고닛의 분봉왕이었다(눅 3:1). 그는 마리암네와 헤롯 대왕의 아들인 헤롯과 헤로디아의 딸인 살로메와 결혼했다(고대사).209)

네 번째는 사도행전에 나타난 전도자 빌립을 들 수 있다. 그는 바울의 동역자로 본 저서에서 언급하고자 하는 빌립이다. 그는 초대교회인 예루살렘 교회의 7명의 집사 중에 한 사람이며, 성령과 지혜가 충만하고 칭찬 듣는 사람이다(행 6:3-6).

스데반 순교 후에 예루살렘 교회에 큰 핍박이 일어나서 사도들 외에는 다 신앙의 자유를 위해서 흩어졌는데, 이때 흩어진 사람들이 두루 다니면서 복음을 전할 때에 빌립도 사마리아성에 내려가서 큰 역사를 일으키며 복음을 전했다(행 8:4-8). 이때부터 집사 빌립은 전도자 빌립이 된 것이다.

그 후 전도자 빌립은 하나님의 사자의 명을 좇아서 예루살렘에서 가사로 내려가는 길에 에디오피아의 여왕 간다게의 국고를 맡은 내시에게 복음을 전하고 세례를 주었다(행 8:26-39). 그 후 빌립은 아소도에 나타나 여러 성을 지나다니며 복음을 전하고 가이사랴에

---

208) 디럭스 바이블 성경사전 '빌립' 항목 참조.
209) 디럭스 바이블 성경사전 '빌립' 항목 참조.

이르렀다(행 8:40).

이러한 시기에 사도 바울이 최후로 예루살렘으로 올라가는 도중 가이사랴를 지나갔는데, 빌립은 그때 거기 있었다. 사도 바울은 자신의 일행들과 함께 전도자 빌립의 집에 여러 날을 유하면서 바울과 주 안에서 신령한 교제를 나누었다. 사도행전의 기록자인 누가는 당시의 상황을 사도행전 21:8-10에 "이튿날 떠나 가이사랴에 이르러 일곱 집사 중 하나인 전도자 빌립의 집에 들어가서 유하니라 그에게 딸 넷이 있으니 처녀로 예언하는 자라 여러 날 있더니"라고 기록하고 있다.

위의 말씀에서 언급한대로 전도자 빌립에게는 예언하는 네 처녀 딸이 있었는데, 그것은 유명하다(행 21:8, 9). 이 딸들에 대한 후세의 기록은 주로 몬타니스트(Montanits)에게서 얻은 것이다. 프로클라스(Proclus)는 카이우스(Caius, 약 210년)에게서 인용하여 말한다. "그(불명의 예언자)의 다음에 아시아의 히에라볼리에 빌립의 딸인 네 여자 예언자가 있었다. 그들의 무덤은 아비의 무덤과 같이 그 땅에 있다"라고 유세비우스는 빌립의 세 딸에 대해서만 기록하고 둘은 히에라볼리에, 한 사람은 에베소에 묻었다고 했다. 나머지한 딸은 빌립이 가이사랴로 옮기기 이전에 죽었을는지 모른다. 빌립을 트랄레스(Tralles)의 감독으로 하고 있는 후대의 전설은 분명히 이 빌립을 사도 빌립과 다른 사람으로 취급하고 있다.210)

20세기의 유명한 교회사학자 해리 채드윅(Herry Chadwick)은 그의 저서 「초대교회사」에서 "복음 전도자 빌립은 네 예언자 딸들과 함께(행 21:9) 브리기아(Phrygia)에서 죽었다는 2세기 전승들은 보다 더 신빙성이 있어 보인다."211)고 말하기도 한다.

---

210) 디럭스 바이블 성경사전 '빌립' 항목 참조.

2> 전도자 빌립은 어떤 사람인가?

<1> 예루살렘교회의 7 집사 중에 한 자이다.

초대교회에서 헬라파 유대인들이 자기의 과부들이 매일 구제에 빠지므로 히브리파 사람을 원망하는 일이 일어났을 때, 과부나 가난한 자들을 도와주도록 선택된 성령과 지혜가 충만하고 칭찬 듣는 7사람 중 한 사람이다.

존 칼빈은 예루살렘교회의 7명의 집사 자격을 선정할 때에 성령과 지혜가 충만한 사람이란 성령의 다른 은사를 공급받는 일만이 아니고 지혜를 구비하여 집사직을 수행함에 있어서 참으로 구제의 대상과 잘못된 구제의 대상을 구분하고 선정하고 집행하는데 많은 지혜가 필요함을 말하고 있다.[212]

"누가가 말한 '성령과 지혜가 충만하여'라는 말을 나는 다음과 같이 해석한다. 그들에게 필요한 것은 성령의 다른 은사를 공급받는 일만이 아니요, 또한 확실히 지혜를 구비한 일이다. 왜냐하면 그것이 없이는 그 직책이 제 생각만을 가진 자들의 협잡과 사기행위, 또는 극도로 빈궁에 젖어 있는 형제들에게 필요한 것까지를 빨아대는 자들을 경계할 뿐 아니라 또 그런 일을 할 계제가 아닌데도 끊임없이 험담을 조작해 내는 자들의 중상도 경계하여야 할 것이다. 왜냐

---

211) Herry Chadwick, The early church, 박종숙 역, 「초대교회사」, (서울: 크리스챤 다이제스트, 2001), p. 17. 저자는 1920년생으로 케임브리지 대학을 졸업하고 케임브리지 대학과 옥스퍼드 대학의 교수와 학장을 지냈다. 영국. 미국. 프랑스 학술원 회원이며, 1989년에 가사 작위를 받기도 했다. 그는 교회사 분야에 살아 있는 전설로 불린다.

212) 존 칼빈 저, 존 칼빈성경주석편찬위원회, 『신약성경주석 5』, (서울: 신교출판사, 1978), p. 221.

하면 그런 직책이라 매우 힘든 일일 뿐 아니라 또한 당치 않는 불평
도 면하기 어려운 일이기 때문이다."

이러한 사실을 생각해 볼 때에 전도자 빌립이 예루살렘교회의 7
명의 집사 중에 한 명으로 선정된 사실은 그는 성령이 충만할 뿐
아니라 성령이 주신 지혜를 잘 활용하였다. 그리고 이러한 지혜로
교회의 빈궁한 사람들에게 재정을 분배하는 일에 있어서 매우 공정
하며, 민첩하며, 분명하여 사리에 매우 밝은 그러한 행정력을 가진
인물인 것을 알 수 있다.

〈2〉 집사의 직에서 전도자가 된 자이다.

스데반 집사의 순교 이후 박해자 사울로 통해서 예루살렘 교회에
큰 핍박이 일어났다. 박해자 사울은 예루살렘 교회를 잔멸할 새 각
각 집에 들어가서 예수님을 믿는 남녀 성도들을 체포해서 감옥에
넘기는 일을 자행했다. 이렇게 됨으로 예루살렘 교회는 큰 핍박의
소용돌이에 쌓이게 되었고 급기야 사도들 외에는 다 흩어지게 되었
다(행 8:1-3).

이렇게 사울의 핍박으로 흩어진 예루살렘 교회의 성도들은 신앙
의 자유를 찾아서 두루 다니면서 이들은 자기들이 구원에 이르는
복음의 진리를 전파하였다. 바로 이때에 예루살렘 교회의 일곱 집
사 중에 한 명인 빌립 집사도 핍박을 피해서 흩어져 다니며 복음을
전하는 전도자가 되어서 사마리아 지역에 복음을 전파하였다.

집사 빌립이 전도자 빌립이 되어서 사마리아 성에 복음을 전파할
때에 대단한 하나님의 역사가 일어났다. 빌립이 사마리아 성에 복
음을 전할 때에 일어난 역사들은 귀신을 좇아내고, 중풍병자나 앉

은뱅이 등 요즘 말로 말하면 각종 난치병 환자들이 병 고침을 받았다. 이러한 역사들은 마태복음 10:1에서는 사도들에게 복음을 전하는 전도현장에 주시는 능력이었으나 예수님이 부활하신 후 승천 직전에는 모든 믿는 자들에게 주어지는 역사 중에 하나였다(막 16:17).

이렇게 복음 전파와 함께 일어난 질병을 치유하는 사건은 큰 기쁨이 사마리아 성에 일어났다. 그것은 단순히 질병을 치료받은 사건을 통해서만 생겨진 것이 아니다. 사마리아 성에 빌립의 전도로 일어난 기쁨은 표적을 통해서 예수님을 그리스도로 믿는 믿음을 얻게 되고, 또 이러한 믿음으로 그들의 심령의 병은 죄에서 죄 사함을 받음으로 생겨진 구원의 기쁨인 것이다.

또 이러한 주님의 역사로 질병의 치유와 함께 일어난 구원의 역사가 일어나는 빌립의 전도 현장에 마술사 시몬이 회개한 사건도 일어났다. 그 사람은 순교자 저스틴(Justin Martyr, 150년경. Apol. 1:26)에 의하면 그는 사마리아의 깃톤 촌(Gitton)에서 출생하여 애굽에서 철학과 마술을 배워 '대 시몬(Simon Magus)'이라고 불려졌다. 그는 그노시스파의 교사이며, 또 베드로를 극구 반대하여 로마에까지 따라가서 반대하였다고 한다. 그는 로마에서 이적을 행하고 시몬교를 창설하여 신격화되었으며, '거룩한 시몬에게(Simoni Deo Santo)'라는 비문에 새겨진 그의 신상이 타이버 강에 걸친 두 다리 중간에 세워졌다고 한다. 이러한 시몬이 마술을 행하여 사람들을 '황홀 상태'에 이르게 함으로 '대능자'란 유대인들에게 하나님에게 붙여지는 이름을 얻게 되었다. 이렇게 됨으로 빌립이 사마리아 성에 복음을 전할 때에 온 사마리아인들이 시몬을 신격화하여 숭배하였다. 이러한 시몬을 터툴리안에 의하면 시몬을 자신을 '지극히 높은 아버지'(Ter. De Anima)'라고 불렀다고 했으며, 제롬(Jerome)도 '하나님의 말씀'이라고 자칭한다고 전했다.213)

이러한 시몬이 마술로 신적인 위치에서 군림하던 사마리아 성에 빌립이 복음을 전할 때에 시몬의 마술에 도취된 사람들이 빌립이 전하는 복음을 믿고 구원을 받아 마술의 기쁨과 비교할 수 없는 성령의 기쁨이 임하였다. 그 때에 시몬은 큰 충격에 쌓이게 되었다. 그것은 사마리아 성의 사람들의 마음이 지금까지는 자기에 집중되었으나 점차 사람들의 마음이 전도자 빌립에게로 거의 다 기울어지게 되었기 때문이다. 이때에 시몬은 빌립의 능력이 자기의 능력보다 더 우월한 것을 깨닫고 자기도 그러한 능력을 행하고자 빌립이 전한 예수님을 믿고 세례도 받았으나 그의 믿음은 성경적인 믿음이 되지 못하고 일시적인 믿음이었다.

이러한 사실을 사도행전의 기록자인 누가는 그 때에 일어났던 사마리아 지역의 빌립의 전도 사역을 사도행전 8:4-13에서 다음과 같이 기록하고 있다.

"그 흩어진 사람들이 두루 다니며 복음의 말씀을 전할 새 빌립이 사마리아 성에 내려가 그리스도를 백성에게 전파하니 무리가 빌립의 말도 듣고 행하는 표적도 보고 일심으로 그의 말하는 것을 좇더라 많은 사람에게 붙었던 더러운 귀신들이 크게 소리를 지르며 나가고 또 많은 중풍 병자와 앉은뱅이가 나으니 그 성에 큰 기쁨이 있더라. 그 성에 시몬이라 하는 사람이 전부터 있어 마술을 행하여 사마리아 백성을 놀라게 하며 자칭 큰 자라 하니 낮은 사람부터 높은 사람까지 다 청종하여 가로되 이 사람은 크다 일컫는 하나님의 능력이라 하더라 오랫동안 그 마술에 놀랐으므로 저희가 청종하더니 빌립이 하나님 나라와 및 예수 그리스도의 이름에

---

213) 이상근 지음, 『신약주해 사도행전』, p. 133. 참조.

관하여 전도함을 저희가 믿고 남녀가 다 세례를 받으니 시몬도 믿
고 세례를 받은 후에 전심으로 빌립을 따라 다니며 그 나타나는
표적과 큰 능력을 보고 놀라니라.”

전도자 빌립을 통해서 복음이 전파되는 전도의 현장에서 일어난
역사는 여기서 그치지 않고 계속되었다. 전도자 빌립은 사마리아
성에서 복음 증거를 통해서 주님의 지상명령에 순종한 이후 그는
주의 사자의 인도를 받아서 가사로 가는 광야 길에서 에디오피아
간다게의 내시를 만나서 복음을 전하였다. 내시는 빌립이 자기가
읽고 있던 이사야 53장의 기록된 ‘메시야 예언’이 바로 예수시라고
복음을 전한 빌립의 복음을 듣고, 자기에게 세례를 줄 것을 요청했
고, 빌립은 내시에게 세례 문답 후에 세례를 베풀었다.

이러한 사실은 우리들이 사용하는 한글개역 성경에는 37절이
“없음”으로 되어 있지만 킹 제임스 흠정역에선 사도행전 8:37-38
에 “빌립이 이르되, 만일 그대가 마음을 다하여 믿으면 받을 수 있
느니라. 하니 내시가 응답하여 이르되, 예수 그리스도께서 하나님
의 아들이심을 내가 믿노라, 하니라. 그가 명령하여 병거를 멈추게
한 뒤 빌립과 내시가 둘 다 물속으로 내려가니 빌립이 내시에게 침
례를 주니라.”고 증거하고 있다.

이러한 전도자 빌립은 에디오피아의 내시에 복음을 전한 후에 사
도행전 8:40에 “빌립은 아소도에 나타나 여러 성을 지나다니며 복
음을 전하고 가이사랴에 이르니라.”고 기록함으로 전도자 빌립은
그의 자신의 전도자로서 성경 속에서 바울이 자신의 동행자들과 예
루살렘 길에서 가아사랴에 들려서 만나기까지 사라지고 만다.

전도자 빌립은 가이사랴에서 거주하면서 20년 이상 전도자들을
접대하며 살았고 자신의 네 명의 딸과 함께 복음을 전하며 살았을

것이다.214)

〈3〉 바울과 사도행전적인 만남을 가진 자이다.

사도 바울과 사도행전적인 만남은 복음을 위한 동역자로서의 만남이다. 빌립이 아소도(Azotus)에 나타나 여러 성을 지나다니며 복음을 전했고, 여기 가이사랴(Caesarea)까지 이르러 거주하게 되었던 것이다. 그리고 20년 후, 그 사이에 사울이 변하여 바울이 된 바울, 그는 1차-3차 전도여행을 마친 지금 예루살렘으로 들어가는 길목에 (어쩌면) 20년 만에 처음으로 빌립을 만나게 되었던 것이다.

두 사람 사이에는 20년간의 공백기가 있었지만 예수 그리스도를 중심으로 이루어진 동역자들의 만남이란 것이다. 이러한 사실에 대해서 누가는 사도행전 21:8-10에 "이튿날 떠나 가이사랴에 이르러 일곱 집사 중 하나인 전도자 빌립의 집에 들어가서 유하니라 그에게 딸 넷이 있으니 처녀로 예언하는 자라 여러 날 있더니 한 선지자 아가보라 하는 이가 유대로부터 내려와"고 기록했다.

여기서 특별히 빌립에 대하여 두 가지 특이한 사항을 발견하게 된다. 그것은 먼저는 빌립에 대하여 '집사' 빌립이 아니라 '전도자 빌립'으로 지칭되어 있다는 것이다. 이것은 그동안 빌립이 복음을 전도하여 많은 열매들을 거두었음에 대한 빌립의 업적을 상기시키니 위해서 누가가 지칭한 말이다.

다음으로는 빌립의 딸들에 대한 지칭인데, "딸 넷이 있으니 처녀로 예언하는 자"라는 사실이다. 누가가 빌립의 딸 4명 모두를 다 예언자로 지칭한 것은 그가 얼마나 가정을 경건한 분위기에서 자녀들

---

214) 같은 책, p. 142. 참조.

을 잘 양육하였는가를 보여주는 것이다.

이상근 박사는 이러한 빌립의 가정을 축복받은 가정이며, 빌립의 딸들의 예언의 직분은 초대교회에 중요한 직분이었고, 처녀 독신 성직은 예수님과 바울이 말한 바이며, 이러한 빌립의 딸들은 초대교회사가인 유세비우스의 말을 빌어서 초대교회의 역사를 전달하는 중요한 역할을 했다고 말하고 있다.215)

"처녀 예언자로 처음 소개된다. 빌립은 자신이 전도자일뿐더러 딸 넷이 모두 예언자가 되었다. 특히 축복을 받은 가정이라 하겠다. 예언자는 신약교회에서 중요한 직분이었던 것이다(고전 14:1-4). 독신 성직자는 바울도 권면한 바이고(고전 7:25-28), 예수님께서도 지시하신 바였다(마 19:12). 처녀는 정결한 믿음을 준비하여 그리스도의 재림을 대망하는 교회의 그림자이기도 하다(마 25:1). 역사가 유세비우스에 의하면 '이후 빌립은 딸들과 더불어 소아시아의 히에라볼리에 이주하였고, 그의 딸들은 후일에 가서 초대교회의 역사를 전달하는 중요한 역할을 하였다'고 한다."

여기서 바울이 빌립의 집에서 머무른 기간을 "여러 날 있더니"라고 기록함에 대해서 호크마 성경주석에서 상당한 기간을 머무르게 되었는데, 이러한 이유는 오순절 안에 예루살렘에 도착하려고 서둘러 왔기 때문에 시간적인 여유가 생긴 것이다. 시간적인 여유를 활용해서 잠시 육체적인 피곤을 풀기 위함이며 또 앞으로 예루살렘에 도착해서 해야 할 일들에 대한 계획들과 각오를 갖기 위함이라고 했다.216)

그래서 렌스키도 말하길 "빌립의 집에 체류 기간이 예정보다 더

---

215) 같은 책, p. 301. 참조.
216) 편자 강병도, 『호크마 종합주석(사도행전) 5』, p. 492.

길어진 것을 말해 준다. 우리는 가아사랴에 있는 그의 친구들과 그가 유숙하는 집 주인들이 가능하면 오래 머물러 달라고 요청한 것으로 추측할 수 있다."217)고 말했다.

그리고 바울이 빌립의 집에서 체류의 기간을 어떤 사람은 '열흘 이상' 혹은 레윈의 계산에 의하면 그해 5월 10일에서 5월 15일까지를 말하기도 한다. 그래서 일반적으로 '여러 날'이라고 번역한 것보다 '며칠'로 번역한 것이 낫다고 했다.218)

그러면 바울은 빌립의 집에 여러 날을 체류하면서 빌립과 무슨 이야기를 했을까? 여기서 대해서 성경의 구체적인 언급은 없지만 그러나 이들에 대한 사도행전의 배경을 살펴보면 많은 대화를 나누었을 것이 분명하다.

원래 두 사람은 20여 년 전부터 서로 악연의 관계가 있었던 사이다. 그때에 바울은 사울의 시절에 스데반 집사를 죽이는데 가표를 던지고 계속해서 예루살렘교회를 핍박함으로 교회를 잔멸하려고 하였다. 바울의 사울의 시절에 박해자로 살았을 때에 수많은 예수님을 믿는 사람들의 집들을 찾아다니면서 잡아다가 감옥에 집어넣었다.

이러한 바울의 사울 시절의 교회에 대한 박해는 그 당시 예루살렘 교회의 중직자로 사도들의 지도를 받아 교회의 재정을 관리하여 구제헌금을 배분해 주던 일곱 명의 집사 중 한 명이고, 집사였던 그에게도 엄청난 정신적인 충격과 육신적인 괴로움을 주었을 것이다.

---

217) Richard C. H. Lenski, The Interpretation of St, Paul's Epistle to the Ephesians, 차영배 역, 『성경주석(사도행전. 하)』, (서울: 백합출판사, 1979), p. 313.

218) 풀빗성경주석 번역위원회, 『풀빗성경주석(사도행전. 하)』 p. 189. 참조.

빌립이 그렇게도 사랑하던 예루살렘 교회를 더 이상 섬기지 못하고 사도들 외에 모든 교회 성도들이 분산하게 된 원인을 제공한 장본인이 지금은 사도 바울이 되어서 복음을 증거하고, 주님의 몸 된 교회를 세우며, 목숨을 걸고 온갖 박해를 다 받으며 살아가고 있는 바울이 빌립 자신의 집을 찾아왔으니 이러한 있을 수 없는 하나님의 역사를 보면서 오랫동안 기도해 온 빌립의 기도응답에 대해서 감회가 새로웠을 것이다.

사도인 바울과 전도자인 빌립의 만남을 통해서 이루진 여러 날의 대화들은 참으로 자기의 과거의 잘못을 고백하기도 하고, 지금도 복음의 동역자로서 서로 간에 힘든 일들을 서로 위로하며, 앞으로 피차 복음을 전하기 위해서 걸어가야 할 장래에 대하여 얼마나 서로 기도하며 많은 이야기를 나누었을 것이다.

이렇게 바울이 빌립의 집에서 여러 날을 서로 많은 교제의 시간을 갖고 있을 때에 유대에서 기근을 예언하던 아가보가(행 11:28) 빌립의 집에 우거하고 있는 바울에게 예루살렘으로부터 내려왔다. 그는 바울이 앞으로 예루살렘에서 당하게 될 수난을 성령으로 예언하면서 바울이 예루살렘으로 올라가지 말 것을 권유했다. 바울은 이러한 눈물의 만류에도 불구하고 예루살렘에서 순교할 것을 각오하고 예루살렘으로 가는 길을 포기할 수 없음을 말함으로 그들의 눈물의 만류를 뿌리치고 만다(행 21:10-14).

이러한 사실을 생각해 볼 때에 빌립은 과거의 사울의 시절에 원수와 같았던 그가 이젠 바울이 되어서 복음을 위해서 수고하는 동역자 되게 하신 하나님의 역사에 대해서 한 없이 하나님께 영광을 돌렸을 것이다. 그리고 복음의 동역자로 굳세게 요동함이 없이 걸어가고자 하는 동역자 바울을 바라볼 때에 존경심을 더했을 것이다. 뿐만 아니라 앞으로 복음을 위해서 수고해야 할 동역자의 길을 생각하면 서로 간에 생각하며 전도자 빌립은 바울의 좋은 동역자가 되었을 것이다.

2. 나손

1〉 나손의 생애

성경에 나손이라는 사람은 두 사람이 나온다. 한 사람은 구약성경에 나오는 나손(נַחְשׁוֹן, Nahshon)인데, 히브리어의 뜻은 '점쟁이'란 뜻이다. 그는 암미나답의 아들이며 광야 방랑시대의 유다 지파의 족장이다(민 1:7; 2:3; 7:12, 17; 10:14). 이러한 나손의 누이는 엘리사바인데, 아론에게 출가하였다(출 6:23). 그는 유다 지파의 족장으로 유다 지파의 후손으로 오신 예수 그리스도의 육신적인 선조로 예수님의 족보에 그 이름이 거명되어 나오고 있다(마 1:4;눅 3:32).

그리고 다른 한 명의 나손은 신약성경에 나오는 나손(Μνάσων, Mnason)이다. 헬라어 나손이란 이름은 흔한 이름으로 그 이름의 뜻은 헬라어로 '회상함'이란 뜻이다. 이 사람 나손은 바나바처럼 구브로 출신으로 초대교회에 나오는 그리스도인으로 오랜 제자이다. 이러한 사실은 사도행전 21:16에 "가이사랴의 몇 제자가 함께 가며 한 오랜 제자 구브로 사람 나손을 데리고 가니 이는 우리가 그의 집에 유하려 함이라"고 기록되어 있다.

여기서 일반적으로는 바울과 그 일행이 머물러 있던 나손의 집은 예루살렘 시내에 있었다. 그런데 불가타역과 모든 영역의 성경에선 사도행전 21:16의 말씀을 "Caesarean discliples brought Mnason (가이사랴에 있는 제자들이 나손을 데리고 갔음)으로 번역했고(왜 그들은 자신들이 머무를 집 주인을 데리고 가야 했을까?), RSV는 bringing us to the house of Mnason(우리를 나손의 집으로 데리고 갔음)으로 번역되었으나 두가지 다 적합지 않다. 어떤 사람들은 나손의 집을 예루살렘에 있었다고 추론한다. 헬레니즘의 영향을 받은 집 주인은 바울의 이방인 친구들을 당황하게 하지는 않았을 것이다. "마을에 도착한 우리는 나손의 집에 머물었다"라고 번역한 한 사본은, 여행 도중에 하룻밤을 묵었으니 라고 추측한 번역이긴 해도 누가의 표현을 정확하게 표현한 것 같다. 나손의 집은 가이사랴와 예루살렘의 사이에 있었던 것 같은데, 일행은 여기서 하룻밤을 머물고 난 뒤 호위를 받아 예루살렘(17절에서 언급)에 이른 것이다.219)

그러나 어떤 사람들은 "예루살렘에 집이 있던 나손이 당시에 가이사랴에도 집을 가지고 있었다면 제자들이 가이사랴에서 나손을 데리고 오는 것이 아주 부질없는 일이었을 것이다. 그럴 경우 이 문장은 아마 '그들 중에 나손이 있었는데'하는 식으로 전개되었을 것이다. 그러나 그가 만일 예루살렘에 있었다면, 그를 아는 가이사랴 그리스도인들이라면 누구든지 바울과 그 일행을 그의 집으로 인도하여 그에게 소개하게 될 것은 너무나도 당연한 일이었을 것이다. 나손은 빌립처럼(6절 주해) 재산이 있었던 사람이었다."220)고 말

---

219) 성서대백과사전편찬위원회, 『성서대백과사전 2권』, (서울: 성서교재 간행사, 1980), pp. 493-494.

하고 있다.

그러므로 나손을 데리고 가아사랴에 예루살렘의 집으로 갔다는 것은 문제가 되지 않는다. 그리고 나손의 집이 예루살렘과 가이사 야의 중간 지점에 있었을 것이라고 하는 주장을 하지 않아도 자연 스럽게 풀리는 것이다.

이러한 나손은 신약성경에 바울과 그 일행들이 예루살렘 방문 길에 잠시 머물게 될 때에 자신의 집에 머물게 된 사실을 언급된 일 이전에도 그 이후에도 성경에 나타나지 않는다. 그러므로 나손에 대한 생애에 대하여 출생이나 가족사항이나 인생의 결말에 대해서 성경은 침묵을 지키고 있음으로 우리는 알 수가 없다.

2> 나손은 어떤 사람인가?

<1> 오랫동안 제자 된 자이다.

사도행전 21:16에서 누가는 나손을 소개하기를 "오랜 제자"라고 소개한다. 여기서 오랜 제자란 기독교 초기 공동체에 속한 사람들 중에 한 명으로 본다. 그래서 어떤 사람들은 나손을 오순절 성령강 림에 마가 요한의 다락방에서 성령강림을 사모하며 기도하며 오순 절 성령 강림의 현장에 함께 있었던 사람 중에 한 명으로 보기도 한다(Robertson, Haenchen, Bruce). 그래서 이상근 박사도 "<오랜 제자>란 '첫 제자'란 뜻으로 이해됨으로 아마 처음의 120명의 제자 (행 1:15) 중의 하나일지 모른다."[221]고 했다.

어떤 사람들은 나손이 오랜 제자란 말을 예루살렘 교회의 성령

---

220) 풀빛성경주석 번역위원회, 『풀빛성경주석(사도행전. 하)』, p. 191.
221) 이상근 지음, 『신약주해 사도행전』, p. 303.

강림 시에 120명의 제자라고 보기보다는 조금 더 시간을 늦추어서 스데반 집사가 순교하기 전에 예수님을 믿고 예수님의 제자가 된 사람으로 보기도 한다. 그래서 풀빛 성경주석에선 "그는 11:19, 20절 등에 나오는 구브로 사람들 중에 하나였을 가망성이 크다. 그러므로 스데반이 죽기 전에 제자가 된 사람이었을 것이며, 따라서 '옛 또는 초기' 제자라고 불러야 할 것이다."222)라고 말했다.

이러한 나손은 일찍 회심하고 예수님을 믿었음으로 그의 이름은 예루살렘 교회는 물론이고 이방인의 교회들에게까지 잘 알려져 있는 인물이 되었다.

〈2〉 바울의 일행들에게 숙소를 제공한 자이다.

바울과 그의 일행들은 예루살렘 교회를 향해서 서둘러 온 결과 시간적인 여유가 생겨서 여러 날을 전도자 빌립의 집에 거한 후에 이제 가이사랴에서 예루살렘으로 올라가면서 예루살렘에 집이 있는 구브로 출신 나손을 데리고 함께 나손의 집에 들어가서 유숙하게 된다(행 21;15-16).

이러한 사실들에 대해서 두 가지로 생각해 볼 수 있다.

하나는 나손이 바울과 전혀 교류가 없었을 경우에 어떻게 자기가 잘 알지 못한 나손의 집에서 바울과 그들의 일행들이 유숙할 수 있겠는가하는 것이다.

이러한 사실은 크게 문제 될 것이 없다. 그 이유는 나손은 오랜 제자임으로 그는 초대교회에 널리 알려진 신앙의 인물이란 것이다. 그래서 나손에 대해선 예루살렘 교회와 사도들은 물론 이방인들의 교회들 가운데서 잘 알려져 있는 인물이기 때문에 바울이 직접 알

---

222) 풀빛성경주석 번역위원회, 『풀빛성경주석(사도행전. 하)』, p. 191.

지 못했다고 할지라도 가이사랴에서 같이 간 바울의 제자가 인도해서 유숙할 수가 있기 때문이다. 이러한 사실을 이상근 박사는 "바울은 그를 직접 알지 못했고, 가이사랴에서 같이 간 제자가 그를 알아서 그의 집으로 인도하였을 것이다."[223)라고 했다.

렌스키는 이러한 사실을 상세히 말하고 있다. 그는 가이사랴에서 예루살렘까지는 70마일의 길인데, 바울 일행은 몇 사람은 몇 마리의 나귀로, 그리고 나머지는 도보로 갔을 것이며, 가이사랴에 있는 바울의 친구들이 예루살렘에서 유숙할 문제를 의논하고 나손의 집을 가장 적합한 집으로 택했다는 것이다. 나손은 오랜 제자였기 때문에 널리 알려져 있어서 바울의 일행이 나손의 집에 들어가서 유숙하는 문제는 별 문제가 되지 않았을 것으로 말하고 있다.[224)

"이러한 동행은 당시의 사도시대에 있어서는 실지로 규칙적인 것이었다. 가이사랴는 예루살렘으로부터 70마일 거리에 있었다. 귀가로 여행할 경우에 이틀이 넘게 걸린다. 람세이는 말을 이용했을 것이라고 말한다. 그러나 그 많은 사람들이 말을 이용할 수 있다고 생각할 수 있을까? 아마도 대다수는 도보로, 그리고 몇 마리의 나귀에 짐을 싣고 갔을 것이다. 가이사랴에 있는 친구들이 예루살렘에서 바울의 일행이 유숙할 문제를 논의했을 것이다. 그리고 그들은 나손의 집을 선택하게 된 것이다. 이는 나손의 집에 숙박시설이 되어 있을 뿐 아니라 '구브로 사람으로 초기의 제자'였다는 사실이다. 우리는 '한 구브로 사람'이 왜 첨가되었는지 알 수 없다. 우리는 구브로에서 바울과 바나바를 생각할 수 있는데, 나손은 일찍이 회심하였기 때문에 그는 예루살렘에 있는 모든 교회에 잘 알려져 있다는 점을 고려할 수 있다. 그리고 가이사랴의 친구들도 이와 같은 이유로 바울의 유숙에 적합한 곳이라고 생각했음직하다. 바울 자신은 나손에게 특히 여덟 사람을 그에게 부담시키기 원치 아니하였을 것이다. …우리는

223) 이상근 지음, 『신약주해 사도행전』, p. 303.
224) Richard C. H. Lenski, The Interpretation of St. Paul's Epistle to the Ephesians, 차영배 역, 『성경주석(사도행전. 하)』, p. 317.

누가가 여기서 나손에 관하여 진술하고 있는 것만 알 수 있다. 그리고 가이사랴의 친구들이 누가가 명백히 시사하고 있듯이 나손을 잘 아는 사이임을 우리는 주목할 필요가 있다."

또 다른 하나는 바울이 나손을 알고 있는 경우에 나손의 집에서 바울의 일행들이 유숙하는 경우를 생각해 볼 수 있다. 이러한 경우 '오랜 제자'라는 말을 오순절 성령 강림 시에 120명의 제자들 중 하나로 보지 않고 바울이 바나바와 함께 제1차 전도여행 때에 열매 맺은 전도의 열매로 보는 경우이다.

이러한 주장은 풀빗 성경주석에 잘 나타나 있는데, 여기서 말하길 "그가 만일 13장에서 언급된 대로 사도 바울이 구브로에 들렀을 때에 개종시킨 바 있는 제자의 한 사람이었다면 사도 바울이 여기에서 다시 그를 소개할 필요가 없을 것이다."225)라고 했다.

그러므로 바울은 알지 못했지만 가이사랴의 바울의 제자들이 의논한 결과로 바울의 의지와 관계없이 나손의 집에 바울의 일행들이 유숙했던지, 아니면 바울의 구브로 전도 시에 개종한 사람들 중에 하나인고로 바울의 일행들을 유숙할 수 있도록 제공했던지 간에 이들은 그리스도 안에서 복음을 위해서 수고하는 동역자들이란 차원에서 제공했을 것이다. 그러므로 동역자들이란 넓은 의미에서 보던지, 아니면 좁은 의미에서 보던지 간에 나손은 바울의 동역자들 중에 한 명이란 사실은 부인할 수 없을 것이다.

---

225) 풀빗성경주석 번역위원회, 『풀빗성경주석(사도행전. 하)』, p. 191.

제 3 부
바울의 서신에 나타난 동역자들

제 1 장
로마서에 나타난 동역자들

바울의 로마서 16장은 로마의 그리스도인들에게 보낸 편지의 종결부로 바울의 문안인사와 마지막 당부가 기록되어 있다. 바울은 자신을 대신해서 로마서를 가지고 특사로 보낼 겐그레아 교회의 여집사 뵈뵈에 대한 소개(1-2)와 이어서 로마서 16:3-16까지 바울이 잊을 수 없는 26명의 동역자들을 열거하고 있다. 바울의 26명의 동역자를 구체적으로 살펴보면 브리스가, 마리아, 유니아, 드루배나, 드루보사, 버시, 루포의 어머니, 율리아, 네레오의 자매로 총 9명이 여성 동역자들이다. 바울의 26명의 동역자들 중에는 노예 출신들의 이름들도 나오는데, 이들의 이름은 암블리아, 우르바노, 허메, 빌롤로고, 율리아 등이며, 상류층의 사람들의 이름도 나오는데, 아리스도불로와 나깃수가 나온다.

이러한 사실들은 당시 로마교회는 남녀의 성별, 귀천의 신분의 계층, 물질의 유무에 따른 빈부의 격차 등을 넘어서 그리스도 안에서 하나로 연합된 교회의 모습을 이루고 있는 것을 볼 수 있다.

그리고 로마서 16:21-23에서는 바울은 자신의 동역자들을 다시 거론하는데, 여기서 언급한 동역자들은 고린도에 있는 바울의 동역자들을 말한 것이다. 그 중에는 디모데와 누기오와 야손과 소시바더와 이 편지를 대서한 대서인 더디오와 온 교회의 식주인 가이오에 대해서 말한 것이며, 이 성의 재무인 에라스도와 형제 구아도도를 언급하고 있다.

이와 같이 바울이 로마서에서 언급한 많은 바울의 동역자들 중에 이미 사도행전에 기록된 인물들을 제외시킨 나머지 동역자들에 대해서만 살펴보고자 한다.

1. 뵈뵈

1> 뵈뵈의 생애

기원후 1세기 중반에 바울의 전도사역은 고린도에서 동쪽으로 약 10km 떨어진 항구인 겐그레아에서 주로 이루어졌다. 이때는 사도 바울을 비롯한 많은 전도자들에 의해 그리스도의 복음이 로마 전역으로 확장되던 시기였다. 특히 사도 바울의 제 2, 3차 전도여행이 진행되던 시기(A. D.50-58년경)에는 충성스러운 바울의 동역자들의 활동으로 복음은 더욱 활발하게 전파되었고, 주님의 피로 사신 몸 된 교회는 날로 왕성해 갔던 것이다. 이때에 뵈뵈는 바울에게 좋은 동역자들 중의 한 명이다.

뵈뵈(Φοίβη, Phoebe)라는 이름은 '순결'이란 의미이다. 그녀를 겐그레아 교회의 일꾼이라고 바울은 말하고 있다. 여기서 '일꾼'이란 원어로(διάκονον. 디아코논)이란 말로 '심부름을 가다'란 말에서 유래된 말로 기독교인 '선생'과 '목사'(전문용어로 '집사'나 '여집사'), 집사, 목사, 종(롬 13:4; 16:1)을 말하며 집사란 의미를 지닌다.

뵈뵈는 겐그레아 교회를 섬기면서 바울에게 A. D. 50−58년경에 물질로서 많은 도움을 주고 또 바울이 전도하는 일에 물심양면으로 협력한 바울의 동역자이다. 바울은 이런 뵈뵈를 바울 자신의 '보호자'라고 로마서에 기록하고 있다. 그뿐만 아니라 로마서 15장에 보면 바울이 로마 교회에 가려고 했으나 형편상 당장 가지 못하는 처지였던 것이다. 그래서 A. D. 57년경에 자기의 동역자요 신실한 사람인 뵈뵈를 소개하고 그를 대신 보냄으로 로마교회에 바울의 서신인 로마서를 전달함으로 바울과 로마 교회 성도들 간에 좋은 우호적 관계를 이루려고 하였던 것이다.

이러한 사실은 자신이 로마교회에 뵈뵈 집사를 통해서 보낸 로마서 마지막 장인 16:1−2에 "내가 겐그레아 교회의 일군으로 있는 우리 자매 뵈뵈를 너희에게 천거하노니 너희가 주 안에서 성도들의 합당한 예절로 그를 영접하고 무엇이든지 그에게 소용되는 바를 도와줄지니 이는 그가 여러 사람과 나의 보호자가 되었음이니라"고 기록하고 있다.

이렇게 뵈뵈는 바울의 잊을 수 없는 자신의 충성스런 동역자 중의 한 명으로 그녀가 바울이 보낸 로마서를 가지고 로마교회에 도착하면 성도의 합당한 예절로 영접하고 무엇이든지 그녀에게 소용되는 바를 도와주라고 했다.

당시 여행하는 성도들은 추천서를 휴대하는 것이 상례(고후 3:1)였다. 바울 시대의 여행하는 기독교인들에게 지도자들의 천거 편지는 꼭 필요한 것이었다. 숙박시설도 없었고, 더욱이 이방세계로부터 박해를 받고 있었기 때문에 현지 성도들의 도움은 절대적인 것이었다(롬 12:13). 그렇다고 무조건 손님으로 인정할 수는 없었기 때문에(거짓 교사들에게 속은 경우도 많이 있음) 신빙성 있는 천거서가 필요했던 것이다.

이러한 당시의 상황에서 볼 때 뵈뵈가 천거되었다는 사실은 놀랄 만한 일이다. 먼 여행길인데다가, 여자의 신분임에도 뵈뵈가 천거되었다는 것은 그녀가 그만큼 믿을 만한 사람이었다는 것을 반증해 준다. 사실 뵈뵈는 열렬한 신앙의 소유자였을 뿐만 아니라 실천자였다. 그녀는 궁핍하고 고통에 처한 많은 사람들에게 그리스도의 사랑을 베풀었다.

그래서 바울은 뵈뵈를 자신의 로마서를 보내는 특사로 보내면서 천거하기를 그녀는 '여러 사람과 나의 보호자'라고 로마서에 기록했다.

2> 뵈뵈는 어떤 사람인가?

<1> 겐그레아 교회의 일꾼이다.

바울은 로마교회에 자신의 서신인 로마서를 기록해서 보내면서 뵈뵈를 로마교회에 소개하기를 로마서 16:1에 "내가 겐그레아 교회의 일꾼으로 있는 우리 자매 뵈뵈를 천거하노니"라고 말하고 있다.

'겐그레아'(Cenchreae)는 고린도에서 남동쪽으로 약 11Km 떨어진 항구도시로서 당시 무역과 상업의 중심지인 고린도의 중요한 교통의 요충지였다. 바울은 2차전도 여행 시 고린도에 도착하여 아굴라 브리스길라 부부와 함께 고린도 교회를 세웠는데(행 18:1-18), 바로 이 고린도 교회로부터 복음이 그 주변의 여러 도시로 전파되었고, 그 결과 세워진 교회 가운데 하나가 겐그레아 교회이다(고후 1:1, E. F. Harrison).[226]

바울은 뵈뵈를 로마교회에 천거하면서 "겐그레아 교회의 일꾼"이라고 했다. 호크마 종합주석에서는 여기서 "일꾼"이란 '교회를 섬기는 자' 혹은 '사역자'라는 의미를 지니고 있다고 했다. 그러나 '집사'라고 번역하기도 한다고 했다. 이러한 집사의 직분은 교회의 인정을 받아 교회의 기물이나 기타의 일들을 관장하는 일을 했으며, 후에는 여자들에게도 집사란 직분을 임명했다고 한다. 그러므로 뵈뵈가 집사라고 로마교회에 소개한 것은 여자들이 집사의 직분을 가지고 교회에서 활동하고 있었음으로 새로운 것이 아니라고 했다. 당시 여자 집사들은[227] 심방과 고아와 과부를 돌아보는 일과 병든 자

---

226) 편자 강병도, 『호크마 종합주석(사도행전) 6』, (서울: 기독지혜사, 1991), p. 504.

227) 일꾼. 남성으로도 여성으로 취급되는 낱말이다. 또한 '집사'라고 번역할 수도 있는 낱말이다. 문제는 이것이 직접적인 '집사'냐 또는 단순히 교회에서 봉사하는 직분이냐에 있다. 초대교회에 남자들을 위한 집사의 직책이 있었으나(행 6장, 딤전 3:11), 거기에 여자가 포함되었느냐 하는 것이 문제이다. 또한 딤전 5:3의 '과부'는 분명히 교회에 봉사하던 계급이었으므로 과부와 여자 집사의 있어서도 문제가 된다. 제 2세기 말 이후의 저작인 "사도헌장. Apostolical Constitutions"에 의하면, 여 집사는 과부와 처녀에서 구별되어 있다. 또한, 위의 남녀공용의 집사(ii.26,iii,15) 외에 여성명사 "여 집사"(vii, 19, 28)가 따로 나타나 있다. 여 집사는 대체로 과부 중에서 피택된 모양이고, 저들의 임무는 병든 자와 가난한 자들

그리고 가난한 자들을 돌보는 일을 담당했다고 했다. 그러므로 겐그레아 교회는 어느 정도 조직을 갖춘 조직교회인 것을 말하고 있다고 했다.[228]

　　"**교회의 일군**. 이는 '디아코논'(διάκονον)은 '디아코노스'(διάκ ονος)의 여성 목적격으로 '교회에서 섬기는 자', '사역자'라는 의미이다(KJV, NIV). 그러나 '집사'라고 번역하기도 한다(RSV, JB, NEB). 초대 교회에서 '집사'라는 직분은 회중의 인정을 받아 교회의 기물이나 그 밖의 봉사를 관장하는 역할로서 대부분 남자들이 봉사하고 있었다(빌 1:1). 그러나 후에 여자들도 집사로 임명되었다(딤전 3:11). 바울이 '뵈뵈'라는 여 집사를 로마 교회에 소개하는 것으로 보아 여자들이 집사로 봉사한 사실이 새로운 것이 아니라 이미 벌써 알려져 있는 사실임을 볼 수 있다(Lenski). 집사직은 여인들도 자신들의 기능을 행사할 수 있는 영역이었다(Murray). 당시 교회에서 여자 집사들은 심방과 고아와 과부를 돌보는 일, 그리고 병든 자와 가난한 자들을 돌보는 것과 같은 남자들의 손이 제대로 미치지 못하는 일들을 독립적으로 담당했었다(Godet). 이러한 사실들을 통해서 겐그레아 교회는 어느 정도 교회 조직을 갖춘 교회로서 다른 교회보다 더 진보적이었음을 알 수 있다."

이러한 사실을 비추어 보아서 뵈뵈는 겐그레아 교회에서 모든 성

을 돌보며, 순교자와 옥에 갇힌 자들에게 봉사하며, 교리를 가르치고, 여 신도들의 세례 시 때에 수종들이었다. 또한 제2기 초(약 104년)에 기록된, 플리니가 트라얀 황제에게 보낸 편자(Pliny the younger's, Ep. x, 46:8)에 '여 집사' 두 사람을 고문한 것이 나타나 있다. 이런 사실들을 참작해 볼 때에 '여자 집사'의 직분이 생긴 것은 2세기 이후의 일로 단정된다. 그러므로 본문은 '일군'으로 번역함이 타당하다. 이 일군이 후일의 '여 집사'의 전신의 것에는 이론의 여지가 없다(이상근 지음, The Epistle to the Romans, 『신약주해 로마서』, (서울: 기독교문사, 2003), pp. 343-344. 인용.

228) 같은 책, p. 504.

도들의 본이 되며 모범적인 일꾼으로 교회에서 봉사한 여인인 것을 알 수 있다.

<2> 바울의 보호자가 되었던 자이다.

이어서 바울은 뵈뵈를 로마교회에 천거하면서 뵈뵈를 '보호자'라고 천거하고 있다. 이러한 사실을 자신이 기록한 로마서 16:2에 "너희가 주 안에서 성도들의 합당한 예절로 그를 영접하고 무엇이든지 그에게 소용되는 바를 도와줄지니 이는 그가 여러 사람과 나의 보호자가 되었음이니라"고 했다.

그러면 바울이 뵈뵈를 '보호자'라고 했는데 그 의미는 무엇인가? 호크마 성경주적에선 일반적으로 남성들에게 적용된 용어로 공동체의 합법적인 우두머리의 대변인을 뜻할 때에 사용된 말이며, 당시 여인들은 법적 기능을 행할 수 없음으로 일반적으로 이 단어를 사용하지 않았다. 그러나 신약성경에서 유일하게 이 단어를 여성형으로 사용된 것은 어려울 때나 위급할 때에 도와주는 '후원자', '조력자'라는 의미를 지닌다고 했다. 이러한 사람들은 대개에 물질이 부유한 사람들이며, 여자에게 이 단어를 사용할 때에 이러한 역할을 감당할 능력이 있는 자들에게 사용되었고 한다. 바울이 뵈뵈를 '나의 보호자'라고 말한 것은 그녀로부터 따뜻한 경제적인 도움을 받았기 때문이라고 말한다. 이렇게 볼 때에 뵈뵈는 부자이고 사회적으로 유력한 자라고 주장하고 있다.[229]

"보호자 - 이는 헬라어로 '프로스타티스'로 일반적으로 남성에

---

229) 강병도 편자, 『호크마종합주석 (로마서) 6』, (서울: 기독지혜사, 1991), p. 504.

게만 사용되는 단어이다. 즉 어떤 공동체의 합법적인 우두머리나 대변인을 뜻할 때 사용되어졌다(Bauer). 당시 여인들은 법적인 기능을 행사할 수 없었기 때문에 일반적으로 이 단어를 사용하지 않았다. 그러나 신약성경에서 본 절에서만 유일하게 여성형으로 사용된 이 단어는 어려울 때나 위급할 때 도와주는 '후원자', '구원자', '조력자'(helper, NEB)라는 의미를 가진다. 헬라 문화권에서 후원자, 또는 보호자로서의 역할을 담당할 수 있는 사람은 대개 물질이 부유한 사람들이었다(Dunn). 여자의 경우에 있어서도 당시에 이러한 역할을 담당할 수 있는 능력을 가진 사람을 가리킬 때 이 단어가 사용되기도 하였다. 바울은 그의 선교 사역에 경제적 도움을 준 뵈뵈의 따뜻한 배려에 관해서 그녀를 '보호자'라고 언급하고 있다. 이 사실로 보아 뵈뵈는 부자였고 사회적으로 유력한 여성임을 알 수 있다."

이상근 박사도 뵈뵈에게 사용된 '보호자'란 의미를 신약성경에 이곳에 있는 단어로 이방 거주자의 대표자로 법률적으로 그들을 보호하는 직을 말하는데, 그러한 이유는 뵈뵈는 재력과 사회적인 지위를 가지고 있어서 그리스도인의 단체를 보호한 것을 가리킨다고 했다. 이러한 그녀를 특별히 '나의 보호자'라고 바울이 말한 것은 그가 겐그레아에 갔을 때에, "서원이 있으므로 머리를 깎았다"(행 18:18). 그것은 어떤 위험이나 병에서 구원을 가리키는지 모른다고 했다. 그 때에 뵈뵈가 바울의 보호자가 되었을 것이라고 말한다고 했다.[230]

그리고 바울은 겐그레아 교회의 집사인 뵈뵈를 "여러 사람의 보호자"라고 추천했는데, 그 여러 사람은 누구를 말하는가? 박윤선 박사는 겐그레아는 동서의 교통의 요충지에 있어서, 거기 다른 지방의 신자들이 많이 내왕했는데, 여행 중에 있던 여러 지방의 신자들

---

230) 이상근 지음, 『신약주해 사도행전』, p. 344. 참조

이 뵈뵈를 통해서 물질적인 도움을 많이 받은 것을 말한다고 했다.[231]

이렇게 바울에게 있어서 뵈뵈는 참으로 복음을 전하는 사역에 있어서 물질적으로 많은 도움을 주었기에 로마교회에게 '나의 보호자'라고 천거하고 있을 정도로 잊을 수 없는 동역자였다.

<3> 바울의 특사로 로마교회에 서신을 전달한 자이다.

바울은 로마교회를 방문하기 원했지만 그 길은 여러 번 막혀서 가지 못했다고 말한다. 그러나 이제 로마교회를 드디어 방문할 것을 말하고 있다. 그런데 바울이 로마교회를 방문하기 전에 마게도냐와 아가야 사람들이 모든 교회의 모체교회가 되는 예루살렘 교회를 위해서 구제헌금은 모아 줌으로 이 구제헌금을 예루살렘 교회에 전달하고 방문하겠다고 말했다.

그러한 이유는 예루살렘 교회로부터 신령한 것을 받았음으로 육신의 것으로 그들을 섬기는 것이 마땅하기 때문이다. 그리고 바울은 자신이 로마교회를 방문한 다음에 서바나로 갈 것을 미리 말했으며, 또 너희에게로 나아갈 때에 그리스도 충만한 축복을 가지고 너희에게로 나아갈 것이라고 말했다. 이러한 사실은 로마서 15:22-29까지 기록하고 있다.

"그러므로 또한 내가 너희에게 가려 하던 것이 여러 번 막혔더니 이제는 이 지방에 일할 곳이 없고 여러 해 전부터 언제든지 서바나로 갈 때에 너희에게 가려는 원이 있었으니 이는 지나가는 길에 너희를 보고 먼저 너희와 교제하여 약간 만족을 받은 후에 너희의 그리로 보내줌을 바람이라. 그러나 이제는 내가 성도를 섬기

---

231) 박윤선 지음, 『성경주석로마서』, (서울: 영음사, 1975), p. 398. 참조

는 일로 예루살렘에 가노니 이는 마게도냐와 아가야 사람들이 예루살렘 성도 중 가난한 자들을 위하여 기쁘게 얼마를 동정하였음이라. 저희가 기뻐서 하였거니와 또한 저희는 그들에게 빚진 자니 만일 이방인들이 그들의 신령한 것을 나눠 가졌으면 육신의 것으로 그들을 섬기는 것이 마땅하니라. 그러므로 내가 이 일을 마치고 이 열매를 저희에게 확증한 후에 너희에게로 지나 서바나로 가리라 내가 너희에게 나갈 때에 그리스도의 충만한 축복을 가지고 갈 줄을 아노라"

그러면서 바울은 자신이 예루살렘 교회를 방문하고 로마교회를 방문하게 될 것을 말한 다음에 바울 자신이 로마교회를 방문하기 전에 겐그레아 교회의 일군인 뵈뵈 집사를 바울 자신의 서신, 즉 로마서의 말씀을 기록해서 바울의 특사로 먼저 보낸다고 말했다.

이러한 바울은 자신의 특사로 보내는 뵈뵈란 여 집사에게 그녀가 전달해 주어야 할 서신 속에는 바울이 로마 교회 방문이 임박했음을 알리는 본서를 전달하는 뵈뵈를 친절하게 영접하고 예우하여 잘 도와줄 것을 함께 부탁하였다. 로마 교회가 뵈뵈를 영접해야 할 이유는 예수님께서 소자 하나를 영접하고 돕는 것이 주를 영접하고 돕는 것과 같은 것이기 때문이다(마 10:40-42).

칼빈은 로마서를 전달할 정도의 바울의 특사로 선정된 뵈뵈에 대해서 그녀의 직무가 교회의 영화롭고 거룩한 사역자이며, 그녀는 항상 자신을 모든 경건한 자들에게 헌신하였기 때문이라고 했다.[232]

"그는 먼저 본 서신을 들고 가는 자인 뵈뵈를 추천하고 있는데,

---

232) 칼빈 저, 칼빈성경주석출판위원회 역편, 『신약성경주석(로마서. 빌립보) 7』, (서울: 성서교재간행사, 1979), pp. 456-457.

그 까닭은 그녀가 그녀의 직무를 따라서 교회 안에서 아주 영예롭고 거룩한 사역을 행사하였기 때문이다. 둘째로 그가 암시하고 있듯이, 그들이 그녀를 환영하고 그녀에게 모든 친절을 베풀어야 할 이유는 그녀가 항상 자신을 모든 경건한 자들에게 헌신하였기 때문이다. 그러므로 바울은 그녀가 겐그레아 교회의 한 종(ministra)인 만큼 그녀를 주안에서 받아들이기를 요청하고 있다. '성도들의 합당한 예절로'라는 표현을 덧붙임으로써 그는 그리스도의 종들이 그녀에게 아무 존귀나, 친절을 보이지 않는 것은 있을 수가 없는 일이라는 점을 암시하고 있다."

뵈뵈는 이렇게 로마서를 기록해서 로마교회에 바울의 특사로 보낼 수 있을 만큼 바울에게 없어서는 안 될 충실한 바울의 동역자인 것이다.

2. 에베네도

1> 에베네도의 생애

에베네도(Επαίνετος, Epenetus)의 이름의 뜻은 '칭찬을 받을 만한'이란 뜻으로 이 사람의 이름은 단 한번 나온다. 그는 바울의 제3차 전도여행 중에 상업과 종교의 중심지인 에베소 지방을 전도하면서 얻은 최초의 이방인 회심자이다.

그는 브리스가와 아굴라와 함께 바울의 전도로 회심한 자인데, 예수님을 믿은 후에는 자연스럽게 브리스가와 아굴라의 가정교회에 속해 있으면서 함께 일을 도우면서 에베소에서 브리스가와 아굴라 부부와 함께 로마까지 와서 로마교회에서 복음의 동역자로 함께 수고하고 있는 사람으로 여겨진다.233)

이러한 에베네도에 대해서 자세한 성경의 언급이 없음으로 그의 생애에 대해서 출생지, 그리고 그의 가족관계나 그의 인생의 마지막에 해서 알 길이 없다. 그래서 이상근 박사는 "에베네도. 그릭 이름으로 '칭찬 받는'의 뜻. 그러나 이 이름만으로는 그의 국적을 알 도리가 없다. 당시 유대인들은 혹은 그릭식, 혹은 라틴식의 이 명을 쓰고 있었기 때문이다."[234]고 했다.

신약성경에서는 에베네도에 대해 바울의 특사인 뵈뵈로 보내진 서신인 로마서 16:5에서 "또 저의 교회에게도 문안하라 나희 사랑하는 에베네도에게 문안하라 저는 아시아에서 그리스도께 처음 익은 열매니라"고 다만 기록하고 있을 뿐이다.

2〉 에베네도는 어떤 사람인가?

〈1〉 바울이 사랑하는 자이다.

바울은 자기의 사역의 과정에서 브리스가와 아굴라와 함께 특별히 로마에까지 와서 로마교회를 섬기고 있는 에베네도를 로마서 16:5에서 "나의 사랑하는 에베네도"라고 부르고 있다.

이러한 사실에 대해서 박윤선 박사는 **"나의 사랑하는 에베네도.** 바울은, 여기서 인상 깊이 자기와 관련된 신자들을 관설한다. '에베네도'란 사람은, 그의 아시아 전도에 최초로 결심하고 그리스도를 믿은 자니, 참으로 전도자의 기억에서 사라질 수 없는 귀중한 인물이다."[235]고 했다.

---

233) 강병도 편저, 『호크마종합주석 (로마서) 6』, p. 506. 참조
234) 이상근 지음, 『신약주해 사도행전』, p. 347.
235) 박윤선 지음, 『성경주석 로마서』, p. 402.

렌스키는 바울이 에베네도를 "나의 사랑하는 에베네도"라고 부르는 이유는 바울의 에베소 전도 사역 때에 브리스가와 아굴라의 전도로 회개한 사람이라고 했다. 그래서 바울은 에베네도에 대한 언급을 브리스길라와 아굴라 부부의 다음 순서에 한 것으로 본다. 그리고 그는 천막 제조업자로 아굴라 집에서 일하고 있었으며, 이 부부들과 함께 로마에 왔을 것으로 추측한다. 그러므로 바울은 그를 잘 알았기에 '내 형제'라고 부르기에 알맞을 것이라고 말하고 있다.[236]

> "아시아는 '아시아'라고 불리우는 도를 말하고 에베네도는 그 전도에서 처음으로 회개한 사람을 말한다. 이제 바울이 브리스가와 아굴라와 함께 에베소에 왔는데, 바울이 거기 회당에서 전도한 후에 다시 돌아와서 이 일을 계속하기 위하여 예루살렘으로 갔었다. 에베네도는 브리스가와 아굴라의 전도로 회개했고, 그렇기 때문에 그의 이름을 저희 이름 다음에 기록한 듯하다. 행 18:18 이하를 참고하라. 그는 천막 제조업자로 아굴라 집에서 일하고 있었음으로 이 부부와 같이 로마에서 왔다고 추측된다. 그러므로 바울이 그를 잘 알았었고 '내 형제'라고 부르기에 꼭 알맞았을 것이다."

<2> 아시아에서 처음 익은 전도의 열매인 자이다.

바울은 에베네도를 "나의 사랑하는 자'라고 말한 뒤 그에 대해서 말하기를 "저는 아시아에서 그리스도께 처음 익은 열매니라"(롬 16:5)고 언급한다.

바울이 에베네도를 왜 "처음 익은 열매"라고 말하고 있을까? 이러한 이유를 칼빈은 바울이 율법의 의식에서 말하고 있으며, 먼저

---

236) Richard C. H. Lenski, The Interpretation of St, Paul's Epistle to the Romans Ⅱ, 김진홍 역, 『로마서(하)』, (서울: 백합출판사, 1979), pp. 369-370.

자신을 바치는 자들을 가리켜서 첫 열매라고 부를 것이 적합하다고 말한다. 그리고 하나님이 몇 사람을 택하셔서 첫 열매로 삼아 주신 것은 작은 영예가 아니라고 했다.[237]

"바울은 여기서 율법의식을 빗대어 말하고 있다. 인간들이 하나님께 성결케 되는 것은 믿음에 의해서인만큼 먼저 자신들을 바치는 자들을 가리켜 첫 열매들이라고 부르는 것은 적합하다. 바울은 먼저 신앙으로 부름을 받은 자들에게 맨 먼저 이 영예를 돌리고 있지만 그러나 그들이 이 신분을 유지하는 것은 오직 그들이 끝까지 신실하게 고수하는 경우에만 국한된다. 하나님께서 몇 사람을 택하셔서 첫 열매로 삼아 주신다는 것은 결코 작은 영예가 아니다. 맨 처음 신앙의 길을 발을 들려놓기 시작한 사람들이 그들의 참 된 길을 따르는데 있어서 충분하고 적합하게 입증된다."

박윤선 박사는 칼빈의 이러한 주장을 좀 더 자세하게 보충해서 설명하고 있다. "처음 열매"란 것은 구약시대에 처음 익은 곡식을 하나님께 제물로 바쳤던 것을 생각하며, 이것은 신약시대에 그리스도의 부활을 첫 열매라고 적용하고 있다. 그리고 이러한 사실은 신자가 부활을 보장받는 것을 의미하며, 이것을 일반 신자들에게 적용할 때에는 성령이 그들의 최후의 구원을 보장한다는 의미를 가진다고 한다. 그런 의미에서 볼 때에 에베네도를 가리켜서 "처음 익은 열매"라고 한 것은 의미심장한 일이며, 보통 신자가 아니라 교회 설립에 기초가 될 만한 신자들인 것을 말한다고 했다. 곧 그는 개인적인 구원을 성취했을 뿐만 아니라 교회 전체를 성립하는데도 제물이 된 사람이라고 말한다.[238]

---

237) 칼빈 저, 칼빈성경주석출판위원회 역편, 『신약성경 주석(로마서. 빌립보) 7』, p. 458.
238) 박윤선 지음, 『성경주석 로마서』, pp. 402-403.

3. 마리아

1> 마리아의 생애

마리아(Μαρία, Mary)란 헬라어는 '마리안'으로 이름의 뜻은 '높여진 자'이다. 어떤 사본에는 히브리어형인 '마리암'으로 나온다. 이이름은 로마에 있는 유대인 출신의 기독교인을 나타낸다. 신약성경에는 마리아라는 동일한 이름을 가진 7명의 여인이 나온다.

(1) 예수의 어머니(마 1:16; 막 6:3; 눅 1:41), (2) 막달라 마리아(마 27:56; 막 15:40; 눅 8:2), (3) 야고보의 어머니(마 27:56; 막 15:40), (4) 글로바의 아내(요 19:25), (5) 마르다의 동생(눅 10:39; 요 11:1), (6) 마가 요한의 어머니(행 12:12), 마지막으로 본 절에 나타난 마리아이다. 그런데 신약성경에 나타난 이들은 한결같이 신앙이 훌륭한 여인들이었다.

본 절에 소개된 마리아에 대해서 "너희를 위하여 많이 수고한"이란 표현 이외에 자세한 언급을 하고 있지 않지만, 이 간단한 소개로도 우리는 (1) 그녀가 로마교회 초창기(草創期)의 한 회원이라는 것과 (2) 로마교회가 그녀의 수고와 헌신에 힘입은 바가 크다는 사실과 (3) 뵈뵈나 브리스가와 아굴라처럼 활동적으로 바울의 사역에 참여해 왔을 뿐만 아니라 많은 다른 사람처럼 바울의 배후에서 그의 선교 사역을 헌신적으로 지원해 왔음을 알 수 있다(Godet).[239]

2> 마리아는 어떤 사람인가?

<1> 로마 교회를 위해서 수고한 자이다.

마리아는 로마 교회의 초창기 회원으로 로마교회를 위해서 많은 수고와 헌신을 한 여인이다. 이러한 사실은 바울이 뵈뵈를 통해서 로마교회에 전달된 서신인 로마서 16:6에 "너희를 위하여 많이 수고한 마리아에게 문안하라"고 기록하고 있다. 이 말은 로마교회에서 얼마나 교회를 위해서 수고한 여인인가 하는 것을 로마교회에서 강조함으로 이러한 사람들이 로마교회로부터 아낌을 받고 사랑을 받아야 할 대상임을 강조하는 동시에, 또한 모든 교회의 성도들이 본받아야 할 대상임을 말해 주고 있는 것이다.

그래서 신학자 렌스키는 "'마리아'는 로마인의 이름이요, 이와 다른 '마리암'은 유대인의 이름이다. 바울은 그녀의 전에 유대교적인 것을 은연중에도 나타내지 않았다. 그녀의 이름이 앞에 놓여 있을 만큼 힘든 일을 많이 했음이 틀림없다. '수고한'이란 '곤하게 되다', '힘들여 일하다'란 의미이기 때문이다."[240]고 했다.

박윤선 박사도 그가 성도들을 돕기 위해서 수고한 것을 신자들이 기억해야 할 행적이고, 그가 무슨 일을 수고했는지는 알 수 없지만 '수고하였다'는 원문을 보아서 '수난'을 의미하지 않고 '많은 노고'를 의미한다고 했다. 마리아의 노고는 교회의 봉사를 위한 것이며, 기독신자는 하나님의 도우심을 빙자하여 노고를 피하거나 게을리

239) 강병도 편저, 『호크마종합주석 (로마서) 6』, p. 506.
240) Richard C. H. Lenski, The Interpretation of St. Paul's Epistle to the Romans Ⅱ, 김진홍 역, 『로마서(하)』, p. 370.

해서는 안 된다고 했다. 주님조차도 만사를 권능으로 일하시는 것이 아니라 힘쓰고 애써서 일하셨다는 것이다. 그러므로 이러한 노고는 주님을 믿고 주님을 위해서 해야 한다고 했다.[241]

　　"이 '마리아'가 누구인지, 다른 기록은 없음으로 더 알아볼 길이 없다. 그러나 성도들은 돕기 위한 그의 많은 수고, 신자들의 기억에서 영원히 사라질 수 없는 귀한 행적이다. 마리아가 무슨 일로 많이 수고했는지, 우리는 알 길이 없다. 그러나 여기 '수고하였다'는 말의 헬라 원문을 보아, 그것은, '수난'을 의미하지 않고 '많은 노고'를 의미한다. 마리아의 노고는 교회 봉사를 위한 것이다. 기독신자는, 하나님의 도우심을 빙자하여 노고를 피하거나 봉사를 게을리 해서는 안 된다. 하나님의 은혜와 권능은, 사람을 게으르게 만들기 위하여 있는 것이 아니다. 예수님은 하나님의 아들이시지만 땅에 계실 때에 만사를 권능으로 쉽게 해결하려고 하지 않고 애쓰며 힘을 써서 일했는데, 어떤 때는 음식을 잡수실 틈도 없었다. …그러므로 인생이 땅 위에서 선을 이루는 노고에 있다. 그러나 우리가 명심할 것이 있다. 곧 노고는, 주님을 믿고 또 주님을 위해 된다는 것이다. 그렇지 않으면, 그 노고는 도리어 저주요 기쁨과 축복이 되지 못한다."

〈2〉 그녀는 동시에 바울을 위한 동역자이다.

　　마리아의 교회를 위한 노고는 로마교회만을 위한 것은 아니다. 이러한 사실은 한글 개역성경의 로마서 16:6에서 "너희를 위하여 많이 수고한 마리에게 문안하라"고 되어 있지만 원문의 근거는 로마교회만을 위하는 의미를 가진 '너희를 위하여'라고 번역하는 것보다 바울과 로마교회를 포함한 의미를 가지고 있는, 즉 "우리를 위하여"로 번역되어야 한다는 것이다.

　　이것은 마리아가 많이 수고함이 로마교회와 바울을 포함하는 것

---

241) 박윤선 지음, 『성경주석 로마서』, p. 403.

을 말함으로 마리아는 바울의 좋은 동역자로 수고했음을 의미한다. 그래서 렌스키는 그의 성경 주석에서 "'너희를 위하여'(로마 신자들)라고 원본의 근거가 유력하게 증거되는 것과 이보다 훨씬 더 약하게 증명된 '우리를 위하여'를 놓고 볼 때 후자가 정확함이 틀림없다. 바울의 문안의 기초는 직접적인 친분과 직접적으로 그들에게 대한 가치 있는 지식이다. 그러나 '우리를'이란 말은 장엄함을 띠우거나 편집을 위한 복수가 아니라 바울과 로마교회를 의미한다. 동양 어떤 곳에서 바울이 이 여자(유대인이든 이방인이든지 간에)와 그녀의 아낌없는 열성과 교회를 위한 활동 곧 로마로 이동해서도 계속한 일 등을 알게 되었다. 그러므로 그녀가 이 열정 가운데에서 이렇게 앞에 나와 있는 것이 합당한다."242)고 했다.

4. 안드로니고와 유니아

1> 안드로니고와 유니아의 생애

<1> 안드로니고의 생애

안드로니고(Ανδρόνικος, Andronicus)의 이름의 뜻은 '승리자'이다. 그는 바울의 친척이며, 그와 같이 투옥되었던 로마의 유대인 신자이다. 바울은 그에게 문안인사를 보냈다. 사도(광의의) 중에

---

242) Richard C. H. Lenski, The Interpretation of St, Paul's Epistle to the Romans Ⅱ, 김진홍 역, 『로마서(하)』, p. 370.

이름이 있는 사람이며, 이는 헬라식 이름으로서 황족 중에 발견된다. 연명되어 있는 유니아는 로마식 이름으로서 여자의 이름이다. 그러므로 이 두 사람은 부부가 아닌가 생각된다.[243]

그래서 박윤선 박사는 "'안드로니고'는, 헬라식 이름으로서 황족 중에 발견된다. 그리고 '유니아'는 로마식 이름으로서 여자의 이름이다. 그러므로 이 두 사람은 부부라고 생각된다. 우리는, 여기서도 여자가 복음 전파에 중요한 일을 한 것을 볼 수 있다."[244]고 했다.

<2> 유니아의 생애

유니아(Iουνίας, Junia, Junias)의 이름의 뜻은 불분명하고 정확한 형 Iουνίαν(유니안)은 로마서 16:7에 유일하게 보인다. 그것은 'Junia'(유니아)란 여성명사를 나타내고 있던가, 혹은 'Junianus'(유니아누스)란 남성명사를 생략한 것일 것이다. 이 이름의 부인은 많이 있다. 또 같은 장에 있는 그리스도인의 가족 이름에 흔히 이런 이름이 있는 것으로 보아 부인이라는 가능성이 짙다. 그러니까 유니아는 아마 안드로니고의 아내일 것이다. 그들은 바울보다 먼저 예수를 믿었다. 그들이 바울과 같이 갇혔을 때는 알기 어려우나 주님을 위하여 수난한 것만은 확실하다. 그녀는 바울과 친척 관계 아니면 동족 관계에 있었다(롬 16:7).[245]

2> 안드로니고와 유니아는 어떤 사람인가?

---

243) 디럭스 바이블 성경사전 참조.
244) 박윤선 지음, 『성경주석 로마서』, p. 405.
245) 참조 같음.

<1> 바울의 친척이 된 자들이다.

'친척'에 해당하는 헬라어 '숭게네이스'($\sigma\upsilon\gamma\gamma\epsilon\nu\epsilon\hat{\iota}\varsigma$)는 문자 그대로 친척을 의미하기보다는 로마서 9:3에서처럼 '골육'이라는 뜻으로 사용되어 동료 이스라엘 사람을 의미한다. 그러나 다 같은 유대인이라도 누구에게든지 친척이라 부르지 않은 것을 보면 특별히 친척이라 호칭된 사람들은 바울과 보다 긴밀한 관련을 맺은 사람들이었음이 틀림없다.[246]

박윤선 박사도 바울은 안드로니고와 유니아 두 사람이 자기의 친척이 그리스도를 믿게 된 사실에 대해서 기쁘게 생각한다고 했다. '친척'이란 의미는 '동포'라는 의미를 지니며, 바울은 이 두 사람을 혈연관계보다 더 하나님 중심으로 움직였다고 했다. 바울은 이들이 친척이라는 것보다 더 그리스도를 믿는 동포 한 사람으로 보고 기뻐한다고 했다.[247]

> "바울은, 여기서 자기 친척이 그리스도를 믿게 된 사실에 대하여 기쁘게 여기고 그들에게 문안을 정한다. 여기 '친척'이란 말은 헬라 원어로 '숭게네이스'니, '동포'란 뜻이다. 바울은 자기 동포 곧 이스라엘 민족이 그리스도를 믿지 않는 사실에 대하여 뼈아프게 생각하였다(롬 9:3). 그의 이와 같은 심리는 동족이란 혈연관계보다 하나님 중심으로 움직였던 것이다. 곧 이스라엘 민족은 구약시대에 하나님의 백성으로 택함을 받았으며, 계약 백성으로 하나님의 사랑을 받았기 때문에(롬 9:4), 그들이 그리스도를 믿지 않는다는 것은 통탄할 만한 일이었다. 약속을 받았던 백성이 약속 성취로 오신 메시야를 믿지 않았다면, 그것은 이방전도 큰 애로가 될 것이었다. 만일 그의 동포인 이스라엘 민족이 어디서든지 그리스도를 믿는 진리대로 산다면, 이방인들이 그것을 보고 더욱 힘 있게 그리스도에게로 돌아갈 것이었다. 그러므로 그에게 있어서

---

246) 강병도 편저, 『호크마종합주석 (로마서) 6』, p. 506. 참조.
247) 박윤선 지음, 『성경주석 로마서』, p. 404.

그리스도를 믿는 동포 한 사람이 말할 수 없이 반가웠던 것이다."

매튜 헨리는 그의 주석에서 "어떤 사람들은 이들을 부부로 간주한다. 그들은 바울의 사촌들로 그의 혈족이었다. 헤로디온도 같은 친척이었다(11절). 신앙은 친척에 대한 우리의 관계를 제거해 버리지 않고 오히려 성화시키고 개선하며, 그들이 믿음으로 그리스도에게 연결되는 것을 보게 될 때 우리로 하여금 더욱 그들을 기뻐하게 만든다. 그들은 그와 함께 갇혔었다. 함께 고난을 당하는 일로 말미암아 영혼이 연합되고 애정이 굳어진다."[248]라고 했다.

<2> 바울과 함께 갇힌 자들이다.

'함께 갇혔던'으로 번역된 헬라어 '쉬나이크말로투스(συναι χμάλωτος)는 직역하면 '전쟁에서 함께 포로 된 자'란 뜻이다. 그들이 바울과 함께 언제 감옥에 갇혔는지는 확실치 않다. 아마 그들은 바울이 당한 여러 번의 투옥 사건 중 한 사건에서 함께 감옥에 갇혔을 것이다. 브루스(Bruce)는 그곳이 에베소였을 것이라고 추측한다.[249]

박윤선 박사는 그들이 바울과 함께 갇혔던 때는 알기 어려우나 주님을 위해서 수난 받은 것은 확실하다. 바울은 이들이 바울 자신과 함께 감옥에 갇힌 것에 대해 두 가지로 말하고 있는데 먼저는 그들의 수난을 높이 평가하고 있기 때문이고, 다음은 바울이 그들과 함께 수난을 당함으로 형제와 같이 가까워졌다는 것이다.[250]

---

248) 디럭스 바이블 목회보조 및 주석 중 매튜 헨리 주석"에서 참조.
249) 강병도 편저, 『호크마종합주석 (로마서) 6』, p. 506. 참조.
250) 박윤선 지음, 『성경주석 로마서』, pp. 404-405.

"'나와 함께 갇혔던 안드로니고와 유니아', 그들이 바울과 함께 갇혔던 때는 알기 어려우나, 그들이 주님을 위하여 그렇게 수난한 것만은 확실하다. 여기서 바울이 주님을 위하여 그들과 '함께 갇혔던' 사건을 말해 준 것은 (1) 그들이 수난을 그렇게 높게 평가하였음. 벧전 4:13-14는 말하길 "오직 너희가 그리스도의 고난에 참예하는 것으로 즐거워하라 이는 그의 영광을 나타내실 때에 너희로 즐거워하고 기뻐하게 하려 함이라 너희가 그리스도의 이름으로 욕을 받으면 복 있는 자로다 영광의 영 곧 하나님의 영이 너희 위에 계심이라" 고 하였다. (2) 그가 그들과 함께 수난을 당하는 중에 서로 형제와 같이 가까워졌음. 사람들이 주님을 위하여 함께 수난하면, 하나님을 아버지로 한 형제관계의 뜨거움을 느낀다(계 1:9; 벧전 5:9)."

<3> 사도에게 유명히 여김을 받은 자들이다.

'안드로니고와 유니아'가 사도들에게 유명히 여김을 받은 자들이란 로마서 16:7에 대해서 세 가지 견해가 있다. 하나는 이들을 사도로 보는 견해와 사도들을 돕는 교회에 봉사와 충성스러운 자들로 보는 견해와 12 사도들을 제외한 사도들에게도 인정받은 유명한 자로 해석하는 견해가 있다.

먼저 안드로니고와 유니아를 사도들로 보는 견해는 로마서 16:7에서 "사도에게 유명히 여김을 받고"란 말씀에서 '사도'를 넓은 의미에서 사도를 보는 경우인데, 이들은 예수님의 십자가의 죽음과 부활을 목격하는 자들을 사도로 보는 견해이다.

이러한 설을 지지하는 자들 중 한 명이 이상근 박사이다. 그는 "'사도들 중에 유명히 여김을 받고'로서, 그 뜻이 ① 우리 성경처럼 사도들에게 유명해진 것인지, ② (그 자신 사도로서) 사도들 중에서 탁월한 자인지 이론이 있으나, 후설이 압도적이다. 사도란 좁은 의미에서는 12제자를 가리키나, 넓은 의미에서 그 범위가 더욱 넓었다. 1:1 주 참조"[251]고 했다.

이와 같이 안드로니고와 유니아를 사도의 개념으로 보는 입장은 우리 한글번역 성경에서도 취하고 있는 성경들이 있다.

"그들은 사도들 가운데서도 뛰어난 사람들이며"(현대인의 성경)

"그들은 뛰어난 사도로서"(카톨릭 성경)

"그들은 ㉠사도들 사이에서 평판이 좋은 사람들로서 나보다 먼저 그리스도 신자가 된 사람들입니다. / ㉠여기에서 사도란 열두 사도를 가리킬 수도 있고 넓은 의미의 전도자를 가리킬 수도 있다."(공동번역 성경)

다음은 로마서 16:7의 "사도에게 유명히 여김을 받고"란 말씀 중에서 '사도'를 좁은 의미로 보는 견해인데, 12제자들을 사도로 보는 경우이다. 사도를 좁은 의미로 보는 견해는 안드로니고와 유니아를 사도들을 도와서 교회에 충성하고 봉사하는 자들로 보는 견해이다.

이러한 견해를 위하는 자들로 박윤선 박사를 들 수 있다. 그래서 박윤선 박사는 "저희가 사도에게 유명히 여김을 받고. 이 문구는, '그들이 사도들 중에 유명한 자들이라'고 번역할 수 있다. 이 번역에 의하면, 그들도 사도들이란 뜻이 성립된다. 그들은 12 사도 반열에 속한 자들이 아니고, 넓은 의미에서 사도급 인물이겠다. 그들은 본래 사도들처럼 많은 교회에 순회를 하며 복음을 전하여 널리 알려졌을 것이다. 여러 권위 있는 학자들이 이 둘째 해석을 지지한다(Sanday, Ridderbos)."[252]라고 했다.

---

251) 이 상근 지음, The Epistle to the Romans, 『신약주해 로마서』, p. 348.
252) 박윤선 지음, 『성경주석 로마서』, pp. 405-406.

이렇게 안드로니고와 유니아를 사도로 보지 않고 사도 급에 속한 교회의 충성스런 복음을 위한 봉사자로 보는 견해를 취해서 번역한 우리말 성경을 다음과 같다.

"그들은 사도들에게 유명히 여김을 받는 자들이고"(바른 성경)

"그들은 사도들에게 존중히 여겨지고"(개역개정)

"저희는 사도에게 유명히 여김을 받고"(개역한글)

"그들은 사도들에게 좋은 평을 받고 있고"(새번역성경)

그 다음은 어떤 사람들은 안드로니고와 유니아를 12사도들 제외한 다른 사도들에게 인정을 받았다는 의미를 취하는 견해도 있다.[253]

"사도에게 유명히 여김을 받고. '사도에게'를 가리키는 헬라어 원문은 '엔 토이스 아포스톨로이스'($\acute{\epsilon}\nu$ $\tau o\hat{\imath}\varsigma$ $\acute{\alpha}\pi o\sigma\tau\acute{o}\lambda o\iota\varsigma$)로 복수 여격을 취하고 있다. 이 말의 일차적인 뜻은 그들이 사도들에게 잘 알려졌다는 의미도 있지만 넓은 의미로 보면 주님이 직접 세운 사도를 제외한 다른 사도들에게도 인정받았다는 것을 의미한다. 왜냐하면 사도를 지칭하는 '아포스톨로스'($\acute{\alpha}\pi\acute{o}\sigma\tau o\lambda o\varsigma$)는 일차적으로 그리스도께서 선택하셔서 세우신 열두 사도를 지칭하지만, 넓은 의미에서는 그리스도를 따르며 주님의 부활을 직접 목격한 사람으로 주님께서 직접 세우신 12제자 이외의 제자들도 포괄하여 의미하기 때문이다(고후 8:23; 빌 2:25). 또한 칼빈(Calvin)도 역시 여기서는 제자들의 개념을 확대 적용해서 사도들처럼 여러 곳에서 선교사역을 감당하는 교회 지도자들을 일반적으로 가리키고 있다고 말하고 있다."

<4> 바울보다 먼저 그리스도 안에 있는 자들이다.

사도 바울은 안드로니고와 유니아를 "바울보다 먼저 그리스도 안

---

253) 강병도 편저, 『호크마종합주석 (로마서) 6』, p. 506.

에 있는 자라"(롬 16:7)고 말하고 있다. 이 말에 대해서 박윤선 박사는 "곧 그들이 바울보다 먼저 예수님을 믿고 회심한 자들이란 뜻이다. 이 말씀을 보면, (1) 그리스도를 믿는 일에 대하여, 바울이 얼마나 귀중하게 생각한 것을 알 수 있다. 그는, 사람이 그리스도를 믿는 사건에 대하여 이렇게 시간적인 순서까지도 음미해 보며 즐거워하였다. 그뿐 아니라, (2) 그는, 이 말로써 자기의 선배를 존중시하는 표시도 보여 준다. 이 세상 다른 일에 있어서도 우리는 선배를 존중히 여겨야 한다(레 19:22). 선배는, 후배의 경험하지 못한 일을 체험한 자들이다. 그러므로 그는, 그 방면에 있어서 특별히 후배보다 아는 바가 많다."254)고 했다.

어떤 주석에선 두 사람이 사도들 가운데서 왜 높이 평가받는가에 대해서 그들은 초기 기독교 역사 가운데 일찍 회심하였기에 지도자로 알려질 시간상의 충분한 여유가 있다고 했다. 그래서 이들은 예루살렘과 주변지역에 잘 알려졌으며, 사도들과도 쉽게 연합될 수 있었다고 말하고 있다.255)

"한편 '유명히 여김'에 해당하는 헬라어 '에피세모이'(ἐπίσημοι)는 '에피 세마'((ἐπι´σημα, '도장을 찍은')에서 파생된 단어로 신약성경에서 본절과 마 27:16에서만 사용되었다. 본 절에서는 좋은 의미로 '유명한', 혹은 '뛰어난'이라는 뜻을 가지고 있고 마태복음에서는 나쁜 의미로 '소문난', '이름난'이라는 뜻을 가진다. 따라서 본 구절이 의미하는 바는 이 두 사람(안드로니고와 유니고)이 그들의 믿음과 봉사로 인해서 바울을 비롯한 사도들의 인정을 받았을 뿐만 아니라 넓은 의미에서 복음 사역을 돕는 사도들에게도 잘 알려졌을 정도로 특별히 다른 사람과 구별되었다는 것이다"

---

254) 박윤선 지음, 『성경주석 로마서』, p. 405.
255) 강병도 편저, 『호크마종합주석 (로마서) 6』, p. 507.

5. 암블리아

1> 암블리아의 생애

어떤 사본에서는 단축형 '암플리아스'(Αμπλίας)로 기록되기도 한 '암블리아'는 라틴식 이름 '암플리아투스'(Ampliatus)의 축소형이다(JB, NIV, RSV). 이 이름의 뜻은 '큰' 또는 '많은' 이라는 의미를 지닌다.

이런 이름은 당시 로마에서는 흔했으며, 특히 황제의 가문에 많이 사용되었다. 초기 기독교 묘지나 카타콤의 비문에도 이런 이름이 발견된다. 바울은 암블리아에 대해 '내 사랑하는 자'라고 매우 다정한 수식어를 사용하여 특별히 개인적인 애정을 고백하고 있다. 이것은 기독교적 의미에서 그리스도를 통한 서로의 깊은 사랑의 관계를 말해주는 것으로서 바울과 그의 사이에 그리스도인의 진실한 우정이 깃든 교제가 있었음을 보여준다. 그런데 바울은 이런 관계가 '주 안에서' 이루어진 것임을 밝히는 것 또한 잊지 않는다. 왜냐하면 이런 모든 아름다운 모습은 예수 그리스도의 구속적 은혜를 통해 한 형제가 되었다는 인식에서부터 시작되기 때문이다.[256]

2> 암블리아는 어떤 사람인가?

---

256) 같은 책, p. 507.

<1> 주안에서 바울이 사랑하는 자이다.

바울이 암블리아를 얼마나 소중한 존재인가를 단 한마디로 표현 하길 "또 주 안에서 내 사랑하는 암블리아에게 문안하라"(롬 16:8) 고 표현하고 있다. 그러면 여기서 '주안에서 사랑함'이란 뜻은 무엇 을 말하는가? 박윤선 박사는 "주 안에서 …사랑함'은, 함께 주님을 사랑하는 연인으로 서로끼리도 사랑하게 되어짐을 가리킨다."고 했 다.

렌스키는 "'내 사랑하는 자'란 말은 바울이 개인적으로 알므로 그 를 사랑하게 되었다는 뜻이다. 그가 개인적으로 아는 친한 친구들 에게 문안하니 저희는 지금 로마에 살고 좀 유명한 일을 한 사람들 가운데 있는 이들임을 우리는 안다. 바울은 첫 사람만을 동역자라 고 부른다. 그렇지만 '우리의' 동역자란 말은 바울과 사도인 그의 보조자들이란 의미에서 '우리의'라는 뜻이 아니다."257)고 했다

6. 우르바노

1> 우르바노의 생애

우르바노(αὐρβανός, Urbane)의 이름의 뜻은 '도시' 혹은 '세련 된', '우아한'의 의미를 가진다. 이러한 이름은 일반적으로 로마 노 예의 이름이다. 그가 그리스도의 일꾼이 되었다면 노예에서 해방되

---

257) Richard C. H. Lenski, The Interpretation of St, Paul's Epistle to the Romans Ⅱ, 김진홍 역, 『로마서(하)』, p. 372.

었는지 모른다. 혹은 노예로 있으면서 교회를 봉사한 것을 가리키는지 모른다.

길포드(Gilfford)는 A.D 115년 어떤 비문에 "여기 제국의 자유인 명단에 암볼리아와 나란히 있다"라는 것을 발견했다고 말했다. 그는 바울이 문안했던 로마의 기독교 공동체의 회원이었다(롬 16:9). "우리"(롬 16:3의 "나"의 반대로)는 모든 기독교 사역자들이 우르바노를 공통의 조력자로 두었음을 시사하는 것으로 여겨진다.258)

바울이 그를 가리켜 '우리의 동역자'라고 말하는 것으로 보아 그가 과거에 바울을 도와 복음사역에 동참하였고, 주의 일을 하는 다른 사람들도 도와주었음을 알 수 있다. 이러한 우르바노를 바울은 로마서 16:9에서 "그리스도 안에서 우리의 동역자인 우르바노와"라고 했다.

2> 우르바노는 어떤 사람인가?

<1> 바울의 일행들과 동역자이다.

바울은 우르바노를 우리의 동역자라고 말한다(롬 16:9). 여기서 바울이 우르바노를 '우리의 동역자'라고 말한 것에서 '우리'란 의미

---

258) ur-ba'-nus (Ourbanos; the King James Version Urbane): A common slave name. Gifford says that it is found "as here, in juxtaposition with Ampliatus, in a list of imperial freedmen, on an inscription, 115 A.D." He was a member of the Christian community at Rome to whom Paul sent greetings. Paul calls him "our fellow-worker in Christ" (Romans 16:9). "The `our' (as opposed to `my,' Romans 16:3) seems to suggest that all Christian workers had a common helper in Urbanus" (Denney)(The International Standard Bible Encyclopedia On line])

는 그가 바울과 일한 후에 그때 얼마 동안 로마에서 같은 모양으로 일했기 때문이다. "우리의"는 바울과 로마 교인들의 동역자란 뜻이다. 그리고 '동역자'란 의미는 서로 존중히 여기면 즐거운 사랑의 줄로 서로 연결될 수 있다.

그러므로 바울이 우르바노를 '우리의 동역자'라고 한 것은 바울과 바울이 자신의 특사인 뵈뵈로 통해서 보낸 이 서신을 받는 로마 교회의 동역자란 뜻이다.

이병규 목사는 그의 강해서에서 "우르바노는 바울의 동역자로서 바울을 많이 도와주고 주의 일을 잘 수종 든 자이다. 그러므로 교회가 그를 알아주고 문안하는 것이 마땅하다."[259]라고 했다.

7. 스다구

1〉 스다구의 생애

스다구(Στάχυς, Stachys)의 이름의 뜻은 '이삭'이란 뜻이다. 바울이 문안했던 로마교회의 신자로, 흔치않은 그리스식 이름이다. 이 이름은 왕실과 연관된 비문에서 발견된다. 바울은 나의 사랑하는(롬 16:9)로 지칭하였다.[260] 그는 바울이 문안인사를 보낸 로마

---

259) 이병규 지음, 『성경강해 로마서』, (서울: 염광출판사, 1998), p. 315.
260) STACHYS. sta'-kis (Stachus): The name of a Roman Christian to whom Paul sent greetings. The name is Greek and uncommon; it has been found in inscriptions connected with the imperial household. Paul designates him "my beloved" (Romans 16:9)(The International Standard Bible Encyclopedia Online)l

의 신자의 한 사람이다(롬 16:9). 신약성경에는 그에 대한 자세한 언급은 없으나 '나의 사랑하는'이란 표현을 쓴 것을 보면 그도 역시 바울 사도와 개인적인 친분관계가 있던 자로서 암블리아와 같이 바울의 사랑을 받은 로마의 성도임을 알 수 있다. 특히 이 이름이 귀족의 비문(碑文)에 나타난 것을 볼 때 황제의 가족에 속한 자라고 여겨진다(Gifford).[261]

전승에 의하면 그는 예수님의 70인의 제자 중에 한 사람으로 알려져 있으며, 안드레 사도에 의해서 비잔티움 교회의 초대 감독으로 임명 되었다고 한다.

그는 사도들과의 관계가 매우 친근하였다고 한다.[262]

2〉 스다구는 어떤 사람인가?

〈1〉 바울의 사랑하는 자이다.

이렇게 전승에서 말한 바처럼 스다구는 70인의 제자 중에 한 사람이며, 비잔티움교회의 감독인 그를 바울이 자기의 특사 뵈뵈를 통해서 로마교회에 보낸 서신인 로마서 16:9에서 "나의 사랑하는

---

261) 강병도 편저, 『호크마종합주석 (로마서) 6』, p .507.
262) Stachys. This is a Greek name, he is said to be one of the seventy disciples, and bishop of Byzantium; According to the Roman martyrology, he was ordained bishop of the Byzantine church, by Andrew the apostle, but this is not guaranteed. He was, however, one of Paul's particular friends because of his faith in Christ, and love to him. He was on some spiritual account, very dear to the apostle. The name is not a common Greek name. it is not as prevalent as Ampliatus or Urbanus, common slave names. The name Stachys has been found in inscriptions connected with the imperial household.(biblegemz's posterous)

스다구에게 문안하라"고 했다.

그러면 바울이 스다구에게 "나의 사랑하는 스다구"라고 애칭을 사용해서 부른 의미는 무엇인가? 박윤선 박사는 "나의 사랑하는 스다구. 여기 말한, '사랑'도, 역시 주님을 사랑하는 인연으로 발생된 영적 친애를 가리켜 말한 것이다.263)"고 했다.

8. 아벨레

1> 아벨레의 생애

그리스도 안에서 인정함을 받은 아벨레(Ἀπελλῆς, Apelles) '흑색' 뜻을 지니고 있다. 이러한 이름은 로마의 유대인들 사이에 흔한 이름이었으며, 또한 황제 가문이나 로마인들 사이에도 종종 발견되는 이름이다. 그를 가리켜 "그리스도 안에서 인정함을 받는 자"라고 표현하고 있는데, 헬라어로는 '톤 도키몬 엔 크리스토'(τὸν δόκιμον ἐν Χριστῷ.)로 여기서 '도키몬'(δόκιμον)은 아벨레가 어떤 극심한 시련을 통해 신앙의 연단을 단단히 받았음을 시사한다. 이것으로 보아 그가 자기에게 임한 시련을 극복하고 마침내 하나님으로부터 은사를 받아 교회에서 많은 봉사를 할 수 있었고 그 결과 교회의 신임을 받고 있었다.264)

---

263) 박윤선 지음, 『성경주석 로마서』, p. 406.
264) 강병도 편저, 『호크마종합주석 (로마서) 6』, p .507.

2> 아벨레는 어떤 사람인가?

<1> 그리스도 안에서 인정함을 받은 자이다.

사도 바울이 문안인사를 보낸 서신에서 아벨레는 "그리스도 안에서 인정함을 받은" 로마의 신자이다(롬 16:10). 그는 받은 은사에 따라 교회 봉사에 많은 경력을 갖고 있어 교회의 신임을 받고 있었다는 것을 알 수 있다.

그래서 박윤선 박사는 "그리스도 안에서 인정함을 받은 아벨레. 곧, 아벨레가 그의 받은 은사를 따라 교회 봉사에 많은 경력을 가지어 교회의 신임을 받았다는 것이다. 교회의 일꾼들이 모든 어려운 일들을 통과하면서 굳게 서서 사명을 잘 감당하게 되는 것은 귀하다. 그런 일꾼들에게는 주님의 귀중한 일을 맡길 만하다. 그와 반면에, 많은 경력을 가지도 못하였고 따라서 모든 곤란을 극복하고 견고히 서는 경험이 없는 자들은, 교회의 신임을 받기가 어렵다."[265]고 했다.

이상근 박사도 "아벨레. 보통의 유대명. <인정함. δόκιμον>은 시험하여 인정함을 받은(불 속에서 금을 제련하는 것처럼) 것을 말한다. 그는 어떤 어려운 시험을 믿음으로 극복함으로 교회에서 인정된 것으로 보인다."[266]고 했다.

---

265) 박윤선 지음, 『성경주석 로마서』, p. 406
266) 이상근 지음, The Epistle to the Romans, 『신약주해 로마서』, p. 349.

9. 아리스도불로

1> 아리스도불로의 생애

아리스도불로(Αριστόβουλος, Aristobulus)의 이름의 뜻은 '참된 권면'이란 뜻이다. 그는 로마교회의 신자인데, 바울은 그의 권속에게 문안인사를 보냈다(롬 16:10). 아리스도불로는 헤롯왕의 손자였으며, 아그립바(Agrippa)와 형제였다. 당시 그는 로마에 오랫동안 살고 있었으며 또한 로마 황제 클라우디오의 친구요 추종자였으며, 그 자신은 기독교인이 아니었다.

그가 죽은 다음 그의 집안에 속한 모든 사람들은 다른 황제의 집안에 귀속(歸屬)되어 그들의 신분이 유지되었고, 그의 집안의 노예들과 자유인은 '아리스도불로의 권속'이라고 알려지게 되었다. 혹자는 그들 가족 중의 일부가 기독교인이 된 것이라고 추론한다. 즉 바울은 그의 권속들에게 문안인사를 하고 있는데, 이들은 아리스도불로 아래 있었던 노예들과 일꾼들이었을 것이다.[267]

2> 아리스도불로의 권속은 어떤 사람들인가?

'아리스도불로의 권속'에 대해서 카리스 종합주석에서는 아리스도불로는 헤롯의 손자로 아그립바의 형제이고, 로마에서 오랫동안 살았고 글라우디오 황제의 친구이며 추종자라고 했다. 그가 죽은 후에 그 집안에 속한 모든 권속이 다른 황제의 집안에 귀속되어 신분을 유지했으며, 그 집에 속한 노예들과 자유인들이 '아리스도불로의 권속'이라고 알려지게 되었는데, 그중에 일부가 그리스도인들

---

267) 강병도 편저, 『호크마종합주석 (로마서) 6』, p .507.

이 되었을 것이라고 말한다. 바울은 이들에게 문안인사를 하고 있다고 말한다.268)

"아리스도불로는 헤롯왕의 손자였으며, 아그립바(Agrippa)의 형제였다. 당시 그는 로마에 오랫동안 살고 있었으며 로마의 황제 글라우디오의 친구요 추종자였다. 그러나 그는 기독교인이 아니었다. 그가 죽은 다음 그의 집안에 속한 모든 사람은 다른 황제의 집안에 귀속되어 그들의 신분이 유지되었고 그의 집안의 노예들과 자유인은 '아리스도불로의 권속'이라고 알려지게 되었다. 혹자는 그들의 가족 중의 일부가 기독교인이 되었을 것이라고 추론한다. 즉 바울은 그들의 권속들에게 문안 인사를 하고 있는데, 이들은 아리스도불로 아래 있었던 노예들과 일꾼들이었을 것이다."

10. 헤로디온

1> 헤로디온의 생애

헤로디온('Ηρῳδίων, Herodion)의 이름의 뜻은 '거짓 영웅'이란 뜻이다. 그는 로마교회의 신자로 바울이 로마교회에 보낸 서신중에서 문안 인사 중에 거론 된 사람이다.

바울은 헤로디온에 대해서 로마서 16:7에서 안드로니고와 유니아처럼 '헤로디온'도 자기의 '친척'이라고 부른다. '친척'에 해당하는 헬라어 '성게네'(συγγενη)는 7절에서 언급한 것처럼 바울의 가까운 '유대인 동료', '동족', '이스라엘 사람'을 뜻한다.

---

268) 강병도 편저, 『카리스종합주석 (로마서 9-16장) 16』, (서울: 기독지혜사, 2007), p. 662.

윌리엄 람세이(William Ramsay)는 '헤로디온'은 문자 그대로 바울의 친척이 아니라 다만 바울과 친밀한 관계에 있는 유대인 동역자라고 말하고 있다. 헤로디온은 아리스도불로의 권속처럼 헤롯의 가계에 속한 유대계 그리스도인일 것으로 추정된다. 바울은 주로 이방인을 향한 선교 활동을 폈지만 항상 그의 동족 유대인들에게 특별한 애정을 가지고 있었다. 그의 동족 중 대부분이 현재는 비록 복음을 거절하고 있지만 장래에 하나님께서 그들도 구원하실 것을 확신하고 있었기 때문이다(11:1-6).[269]

2> 헤로디온은 어떤 사람인가?

<1> 그는 바울의 천척이다.

바울은 헤로디온을 바울의 친척으로 말하고 있다(롬 16:11). 그런데 여기서 말하는 친척이란 '친척'에 해당하는 헬라어 '셍게네'(συγγενη)는 7절에서 언급한 것처럼 바울의 가까운 '유대인 동료', '동족', '이스라엘 사람'을 뜻으로 윌리엄 람세이(William Ramsay)는 '헤로디온'은 문자 그대로 바울의 친척이 아니라 다만 바울과 친밀한 관계에 있는 유대인 동역자라고 말하고 있다.[270]

11. 나깃수의 권속

---

269) 강병도 편저, 『호크마종합주석 (로마서) 6』, pp. 507-508.
270) 강병도 편저, 『카리스종합주석 (로마서 9-16장) 16』, p. 662. 참조.

1> 나깃수의 생애

대부분의 주석가들은 나깃수(Νάρκισσος, Narcissus)의 이름의 뜻은 불분명하고 바울이 뵈뵈에게 로마교회에 보낸 서신인 로마서 16:11에 우연히 나타나는 인물이다. 바울은 나깃수의 권속에게 문안했다. 아마 글라우디오의 충신으로 네로 황제 즉위의 해, 즉 로마서를 쓰기 약 3년 전에 아그립바에 의해 살해된 인물을 가리킬 것이다. 그의 사후 몰수된 그의 노예는 '가이사의 권속'으로 되었음에 틀림없겠지만, 아직 이전 주인의 이름으로 불리우고 있었을 것이다.271)

나깃수를 어떤 신학자들은 티베리우스 클라우디우스 나르킷수스(Tiberius Claudius Narcissus)라고 하였다. 이 사람은 로마 황제 티베리우스(Tiberius)의 노예의 신분으로 있다가 해방된 자유민으로서 권모술수(權謀術數)에 능한 부자였다고 한다. 그는 클라우디우스(Claudius) 황제 치하에서 권력을 휘둘렀던 자로 A.D. 54년에 네로(Nero)가 즉위 4년 직후 네로의 모친 아그리피나(Agrippina)의 미움을 사서 그녀의 명령에 의하여 처형되었다고 한다. 그의 죽음 후 그의 재산은 몰수되었고, 그의 노예들은 황제의 소유로 예속되었는데, 황제 가문의 다른 노예와 구별하기 위하여 나깃수에게 속한 모든 노예들에게 아리스도불로의 권속처럼 '나르키시아니'(Narcissiani)라는 명칭을 붙였다. 권모술수에 능하고 극악무도한 나깃수는 기독교로 개종하지 않았지만 그 권속들 중의 일부와 노예와 가족들이 그리스도인이 되었다.272)

---

271) 디럭스 바이블 성경사전 '나깃수' 항목 참조.
272) 강병도 편저, 『호크마종합주석 (로마서) 6』, p. 508. 참조

2〉 나깃수 권속들은 어떤 사람들인가?

〈1〉 주안에 있는 자들이다.

칼빈(Calvin)은 말하기를 나깃수는 글라우디오의 자유인으로서 무수한 범죄와 방탕한 사람이며, 사악한 자로 그리스도에게로 개종하지 않은 자로 지옥을 닮은 집이라고 말하고 있다. 그러나 그의 권속들인 종들은 전부는 아니지만 그들에 일부는 그리스도를 믿고, 개종한 자들로 그리스도를 따르는 바울이 잊을 수 없는 동역자들이 있었음을 다음과 같이 말하고 있다. 그리고 계속해서 칼빈은 말하길 바울이 나깃수의 권속들을 문안인사에 언급하는 것은 바울이 세상적인 신분과 관계없이 그리스도의 은혜로 구원을 받은 자들에게 사랑과 관심을 갖고 있는 것을 보여 준 것이라고 다음과 같이 말하고 있다.273)

"여기서 언급하고 있는 나깃수는, 내 생각에 글라우디오의 자유인으로서, 무수한 범죄와 방탕한 행동으로 소문이 난 사람이었다. 하나님의 은혜가 온갖 종류의 사악으로 득실거리는 불결한 집에까지 파고들었다는 점을 생각할 때에 우리는 그것을 더욱더 경이적인 것으로 여기자 않을 수 없다. 나깃수 자신을 그리스도에게로 개종하지 않았지만, 지옥을 닮았던 집이 그리스도의 은혜의 방문을 받았다는 것은 의미가 깊은 일이었다. 그러나 비천한 뚜장이요, 물릴 줄 몰라 하는 게걸스러운 도둑이며, 그리고 형편없는 타락한 인간인 그와 함께 살았던 사람들이 그럼에도 불구하고 깨끗하게 그리스도를 예배했던 만큼 종들은 더 이상 그들의 주인을 받을 이유가 없었으며 각자 스스로 그리스도를 따를 수 있었다. 사실 바

273) 칼빈 저, 존. 칼빈 성경주석출판위원회 역편, 『존 칼빈 신약성경주석 (로마서. 빌립보) 7』, (서울: 성서교재간행사, 1979), pp. 459-460.

울이 여기서 예외를 두고 있을 것을 볼 때 그 가족이 갈라졌으며 따라서 신자들을 극소수에 불과했다는 것을 알 수 있다고 했다. 나깃수의 집에까지 들어간 것은 의미가 깊은 일이며 놀랍고 대단히 경이로운 일이라고 하였다. 어쨌든 바울은 나깃수의 권속에 속한 종들로서 그리스도인 된 자들에게 문안하라고 하고 있다. 이는 나깃수의 권속 중 '주 안에 있는 자들에게' 문안하라는 어구가 지지해 준다. 이렇듯 바울 사도는 그 신분에 관계없이 하나님의 은혜로 구원받은 자들에게 특별한 관심과 사랑을 갖고 기회 있을 때마다 그들에게 문안하는 것을 잊지 않았다."

12. 드루배나와 드루보사

1〉 드루배나와 드루보사의 생애

드루배나와 드루보사($T\rho\acute{\upsilon}\phi\alpha\iota\nu\alpha\nu$ $\kappa\alpha\grave{\iota}$ $T\rho\upsilon\phi\hat{\omega}\sigma\alpha\nu$). 이 두 이름의 뜻은 '화사하다' 혹은 '우아하다'의 의미를 가지고 있다. 이 이름은 동일한 어근 '트뤼파오'($T\rho\upsilon\phi\omega$, '호화롭게 생활하다')에서 유래된 것으로 아마 이들은 같은 자매였을 것이다. 또한 쌍둥이였을 가능성이 크다. 왜냐하면 당시 같은 어근에서 유래된 이름들은 쌍둥이를 나타내는 경우가 많았기 때문이다. 또한 그와 같은 이름은 귀족 계층에 어울리는 이름으로서 그들은 당시 귀족 집안의 사람들이었음에 틀림없다. 바울은 그들을 '주 안에서 수고한' 자들이라고 칭찬하고 있는바, 그들이 귀족적인 풍요로운 생활에서 안주(安住)하지 않고 열심으로 신앙생활을 하며 헌신하였음을 보여준다.274)

---

274) 강병도 편저, 『호크마종합주석 (로마서) 6』, p. 508. 참조

2> 드루배나와 드루보사는 어떤 사람들인가?

<1> 주안에서 수고한 자들이다.

바울은 로마교회에 대한 문안인사에서 이들에 대하여 말하기를 "주 안에서 수고한 드루배나와 드루보사에게 문안하라"(롬 16:12)고 말하고 있다. 여기서 '수고한'이란 '코피오사스'(κοπιῶσας)란 말은 현재 분사형으로 지금도 드루배나와 드루보사의 자매들은 계속해서 주안에서 수고하는 일을 계속하고 있다는 말이다.

그리고 이들이 '주안에서 수고한'이란 의미는 이들이 육신적으로는 귀족적이고 풍요로운 생활 속에 살면서도 이러한 생활에 안주하지 않고 로마교회에서 헌신적으로 교회와 성도들을 위해서 봉사하며 소중한 일군들의 생활을 함으로 본을 보였음을 의미한다.

13. 버시

1> 버시의 생애

'버시'의 헬라어는 '페로시스'(Περσίς, Bersis)로 그 이름의 뜻은 '페르시아 여인'이라는 뜻을 가지고 있는데, 당시 외국인들은 흔히 그들 출신 지역을 따서 이름을 명명하곤 했다. 이러한 이름은 로마나 기타 다른 지역에서 헬라어나 라틴어로 쓰여진 묘비명에서 노예나, 자유인 여자의 이름으로 발견된다. 대부분의 주석가들은 이런

점을 참고하여 그녀가 해방된 여종이란 점에 이의를 제기하지 않는다.[275]

이러한 그녀는 로마의 한 여성도이다. 바울은 그녀에게 문안 인사를 보낼 때 "주 안에서 많이 수고하고 사랑받는 버시"라고 씀으로써 다른 사람들의 수고보다 그녀의 수고가 더 컸던 것과, 그리스도와 교회에서 사랑을 받고 있었음을 나타내고 있다(롬 16:12).

2〉 버시는 어떤 사람인가?

〈1〉 주안에서 많이 수고하는 자이다.

버시를 바울이 '주안에서 많이 수고하고'(롬 16:12)라고 표현했다. 여기에 대해서 신학자 렌스키는 "네 사람의 여자와, 그들이 어렵고 힘든 일을 한 사실이 서술되었다. 저희는 다하기 힘든 일들을 많이 찾아낸 일에 어려움이 없었는데, 이런 일에 대하여 바울이 그것은 과연 '주안에서' 한 일임을 공적으로 증거할 수 있었다. 주님이 받으실 수 없는 '교회의 일'에 많은 노력을 기울인 일은 없었다."[276]고 했다.

〈2〉 바울이 사랑하는 자이다.

바울은 에베네도, 암블리아, 스다구에 대해서는 '나의 사랑하는'이란 말을 붙였으나, 여기서는 그냥 '사랑하는'이라고 한 것으로 보아서 아마도 그녀가 독신녀로서 다른 사람들보다 더 많은 수고를

---

275) 같은 책, p. 508.
276) Richard C.H. Lenski, The Interpretation of St, Paul′s Episte to the Romans Ⅱ, 김진홍 역, 『로마서(하)』, p. 374.

하였으므로 바울 뿐 아니라 모든 교회가 '사랑하는' 여인이었을 것으로 생각된다. 시제상 앞의 '드루배나'와 '드루보사'에 대해서는 현재 시제를 사용했고 '버시'에 대해서는 과거 시제를 사용하였다. 이것은 의미상으로 큰 차이는 없지만 추측해 보건대 '버시'가 수고를 많이 한 것은 이미 지난 날이었고 사도가 편지를 쓴 현재는 아마도 나이든 노령(老齡)의 여인이 되었을 것이다. 따라서 그녀가 연령이나 허약함으로 인해 더 이상 과거처럼 활동적으로 일하지 못했을지도 모르기에 시제를 과거로 썼는지 모른다.[277]

14. 루포와 그의 어머니

1〉 루포의 생애

루포('Ροῦφος, Rufus) 이름의 뜻은 '붉다' 또는 '머리카락이 붉다'는 의미로 이러한 이름은 로마나 희랍에서는 흔히 볼 수 있는 이름이다. 이러한 루포는 마가복음 15:21에서 "마침 알렉산더와 루포의 아비인 구레네 사람 시몬이 시골로서 와서 지나가는데 저희가 그를 억지로 같이 가게 예수의 십자가를 지우고"라고 함으로 예수님의 십자가를 대신지고 간 구레네 시몬의 아들로 말하고 있다.

마가가 이렇게 말함은 마가는 주로 로마에 있는 기독교인들을 대상으로 복음서를 기록하였는데, 그가 구레네의 두 아들을 언급한 것은 로마 성도들이 그들을 알고 있었기 때문이다.[278]

---

277) 강병도 편자, 『호크마종합주석 (로마서) 6』, p. 508. 참조
278) 강병도 편저, 『카리스종합주석 (로마서 9-16장) 16』, pp. 663-664.

그리고 바울이 로마서를 통해서 루포와 어머니에게만 문안하는 것을 보면 그의 아버지인 구레네 시몬이 먼저 죽은 듯하다. 이러한 루포는 전승에 의하면 그의 형제 알렉산더와 함께 안드레이와 베드로의 여행에 동참했다고 한다.[279]

2> 루포와 그의 어머니는 어떤 사람인가?

<1> 루포는 주안에서 택하심을 입은 자이다.

바울은 자신의 동역자인 루포에 대하여 "주 안에서 택하심을 입은 루포"(롬 16:13)라고 말하고 있다. 이러한 바울의 견해에 대해서 로마서 16:11에서 "주 안에 있는 자들에게 문안하라"는 말씀과 같은 의미로 '구원을 받은 자'라는 뜻으로 보는 견해도 있다. 그러나 '택하심을 입은'이란 원어의 의미는 '탁월한'이란 의미를 지니는 것으로 보아서 다른 사람들 보다 더 뛰어나고 또한 우월성을 지니고 있는 것으로 보기도 한다. 이러한 주장은 본 장의 모든 사람들에게 해당되기 때문이다.[280]

그래서 루포를 '주 안에서 택하심을 입은 자'라는 의미는 다른 성도들에 비해서 루포는 그리스도 안에서의 봉사와 충성이 뛰어나게 구별된 자임을 말하고 있다. 이러한 맥락에서 볼 때에 영역본에서는 '주님을 따르는 탁월한 분'(NEB, RSV)으로 번역되었다. 또한 그는 그의 아버지 구레네 시몬이 겪은 십자가에서의 사건 때문에 로마의 성도들 사이에서 어떠한 명성을 얻게 된 것이다.[281]

참조.
279) 디럭스 바이블 성경사전 '루포' 항목 참조.
280) 편집: 제자원, 『그랜드종합주석 14』, (서울: 성서교재간행사, 1995), p. 976. 참조.

<2> 루포의 어머니는 바울의 어머니라고 불리운 자이다.

바울은 루포의 어머니에 대해서 로마서 16:13에선 "그의 어머니는 곧 내 어머니니라"고 했다. 이러한 바울의 표현은 문자적으로 난해한 표현이다. 그러면 이러한 바울의 표현에 대해서 학자들은 세 가지 견해를 가진다.

첫째는 루포의 어머니는 바울의 유모로서 바울이 어릴 적에 예루살렘에 살 때에 어머니처럼 바울을 도와주었다고 주장하는 자들이다.

둘째는 바울의 안디옥 생활 동안(행 11:25, 26), 안디옥의 교사들 중 하나인 '니게르'(피부가 검은 이란 뜻)라 하는 '시므온'(행 13:1)의 집에 머물렀는데, 그 사람이 바로 구레네 시몬으로 그 때의 시몬의 부인이며 루포의 어머니가 바울을 자기 아들처럼 자상하게 돌봐 주었다는 주장이다.

셋째는 '어머니'란 용어는 보다 일반적인 의미로 하나님의 영광과 바울의 필요를 공궤하며 봉사하던 여인을 가리킨다는 주장이다.

그러나 이러한 세 가지 주장 중에서 세 번째 주장은 '나의 어머니'라고 하는 표현으로 보기 어렵고, 첫 번째와 두 번째의 주장 중에 하나로 생각할 수 있으며, 첫 번째 주장과 두 번째 주장 중에서는 두 번째 주장이 더 타당성을 지닌다고 볼 수 있다.[282]

곧 바울이 루포의 어머니를 내 어머니라고 한 것은 문자 그대로 바울의 친 어머니가 아니라 바울이 루포의 어머니에게 자기의 어머니와 같은 모성애어린 돌보심을 받은 것을 말하며, 이 일이 정확히

---

281) 강병도 편저, 『호크마종합주석 (로마서) 6』, p. 509. 참조.
282) 편집: 제자원, 『그랜드종합주석 14』, p. 976. 참조.

언제 있었는지는 모르지만 안디옥에 있을 때의 가능성이 크다. 바울이 루포를 생각할 때마다 그의 어머니에 대한 회상이 특별했던 것을 알 수 있다.

그래서 박윤선 박사는 "바울은 이 구절에서 효도에 대한 그의 태도를 보여준다. 곧 그는 어머니가 얼마나 귀한 사실을 보여준다. 그는, 남의 어머니까지 자기의 어머니같이 생각하는 태도를 보여준다. 바울은 루포의 어머니를 '내 어머니'라고 한 이유는, 그 여성은 모성의 덕이 높았고, 또 바울을 아들처럼 많이 사랑한 까닭이겠다. 그는 현모였다."[283]고 말했다.

15. 누기오

1〉 누기오의 생애

누기오(Λούκιος, Lucios)의 이름은 신약 성경 중에 두 군데 나온다. 한군데는 사도행전 13:1에 "안디옥 교회에 선지자들과 교사들이 있으니 곧 바나바와 니게르라 하는 시므온과 구레네 사람 루기오와 분봉왕 헤롯의 젖동생 마나엔과 및 사울이라"고 함으로 안디옥 교회의 여러 선지자와 교사들 중에 바나바와 시므온과 루기오와 마나엔과 사울과 함께 그들 중에 한 사람으로 나온다. 그리고 또 한군데는 로마서 16:21에 "나의 동역자 디모데와 나의 친척 누기오와 야손과 소시바더가 너희에게 문안하느니라"고 함으로 바울이 잊을 수 없는 동역자들인 디모데와 야손과 소시바더와 함께 나온다.

---

283) 박윤선 지음,『성경주석로마서』, p. 411.

이러한 누기오는 로마식의 이름으로 그를 보는 학자들의 견해가 3가지로 생각할 수 있다.

첫째는, 그를 '누가'와 동일한 인물로 보는 견해이다.

둘째는, 그를 누가와 다른 인물로 보는 견해이다.

셋째는, 누기오가 누구인지 자세히 언급되어 있지 않음으로 불확실한 인물로 보는 견해이다.

이러한 견해 중에서 둘째의 주장을 취함이 무난하다. 누기오에 대해서 성경에 자세한 언급이 없음으로 추측만으로 누가라고 확실히 단정하기가 어렵다. 그러나 바울은 누기오를 가리켜서 자신의 친척이라고 말하고 있음으로 그는 유대인 출신이며, 예수 그리스도를 믿는 사람인 것은 분명하다. 또 누기오는 안디옥 교회에서 중요한 역할을 했던 것도 사실이다. 그리고 '구레네 사람 누기오'(행 13:1)라고 말하고 있다. 그리고 누가는 이방인으로 의사 출신인고로 누가오와 구별된 사람인 것은 분명하다.[284]

그래서 렌스키도 "루기오는 구레네 사람으로 불리어진다. 그는 스데반의 순교 이후 안디옥으로 피난해 와서 헬라 사람들에게(행 11:20) 최초로 설교한 사람 중에 한 사람일 것이다. '그 구레네인'의 관사에 주의하여 그것을 '루기오'라는 이름으로 나타나는 누가와 구별하기 위함일 것이라고 생각한다. 잔(Zahn)은 베자 사본(Codex Bezae)에 의거하여 11:28에 누가가 간접적으로 관련이 있다고 보고, 그가 여기서 자신을 안디옥교회의 위대한 교사들 중에 한 사람으로 이름을 올릴 수 있었을 것이라는 생각을 비난한다."[285]고 했다.

284) 강병도 편저, 『호크마종합주석 (로마서) 6』, p. 513. 참조.
285) Richard C. H. Lenski, The Interpretation of the Acts of the

2> 누기오는 어떤 사람인가?

<1> 안디옥 교회의 교사들 중에 한 명이다.

안디옥 교회에는 '선지자들과 교사들이 있었다. 선지자는 성령의 특별한 은사를 받아 예언하고, 설교도 하며, 교회를 다스리기도 하였다(11:27; 15:32; 19:6; 21;9-10; 롬 12:6-7). 그들은 교사들보다 늘 우위에 있었다(고전 12:28). 교사는 가르치는 은사를 받아하나님의 말씀을 연구하며 가르쳤다(고전 12:28; 엡 4:11). 교사는 모두 선지자가 아니었으나 선지자는 교사였으며, 바울 자신도 양직을 겸하였다(고전 14:6). 안디옥 선교회의 5인 중에 누가 무슨 직분이었느냐에 대해서는 분명치 않으나 모두 양직을 겸했다고 보는 것이 무흠하다.286)

이러한 안디옥 교회의 선지자들과 교사들 중에 한 명이 바로 누기오였다. 누기오에 대해서 사도행전의 기록자인 누가의 기록에 의하면 사도행전 13:1에 "안디옥 교회에 선지자와 교사들이 있으니 곧 바나바와 니게르 하는 시므온과 구레네 사람 루기오와"라고 했다. 그러므로 누기오는 안디옥교회의 초기 선지자들 중에 속하면서 또한 교사들 중에 한 명인 것이다.

렌스키는 누기오는 구레네 사람으로 스데반 순교 이후에 안디옥으로 피신해 와서 헬라 사람들에게 최초로 설교한 사람 중의 한 사람이라고 말한다. 그리고 '그 구레네인'의 관사를 붙인 것은 누기오

Apostles 2, 차영배 역, 『성경주석 사도행전(하)』, (서울: 백합출판사, 1979), p. 9.

286) 이상근 지음, 『신약주해 사도행전』, p. 192.

의 이름으로 나타난 누가와 구별하기 위함이라고 했다.[287]

<2> 바울의 친척 중에 한 명이다.

바울은 누기오를 로마서 16:21에서 "나의 친척 누기오"라고 명시하고 있다. 그러면 바울의 친척이라는 의미는 무엇인가? 바울이 말하는 친척이란 의미는 '바울의 가까운 동료', '동족', '이스라엘 사람'을 뜻한다. 윌리엄 람세이(William Ramsay)는 "문자 그대로 바울의 친척을 말하는 것이 아니라 다만 바울과 친밀한 관계에 있는 유대인의 동역자를 말하고 있다."고 했다.[288]

그러므로 바울이 누기오를 자신의 친척이라고 한 것은 누기오가 바울에게서 친밀한 유대인 동역자임을 말하고 있는 것이다.

16. 더디오

1> 더디오의 생애

더디오(Τέρτιος, Tertius)란 이름의 뜻은 '제 3의', 즉 '세 번째'란 의미를 가지고 있으며, 신약성경에선 한 곳에 나오는데, 로마서 16:22에 "이 편지를 대서(代書)하는 나 더디오도 주 안에서 너희에게 문안하노라"고 기록하고 있다.

이러한 더디오는 바울의 대필자(서기)인데, 바울이 구술하는 로마서를 필기하고, 또 다른 사람들과 같이 로마교회에 문안인사를

---

287) 같은 책, p. 9. 참조.
288) 강병도 편, 『카리스종합주석 (로마서 9-16장) 16』, p. 662. 참조.

보낸 사람이다(롬 16:22). 바울이 친필로 문안을 한 사실로 보아 그의 서신은 일반적으로 남의 손을 빌려 기록했다는 것을 암시하는 데, 이 이외에는 필기자의 이름을 명기한 곳이 없다(고전 16:21; 갈 6:11; 골 4:18; 살후 3:17).289)

그래서 브루스(Bruce)는 말하길 "그는 신약의 다른 곳에는 언급 되어 있지 않다. 바울은 보통 대서자를 고용했던 것 같다. 그런데 대서자의 이름이 알려진 것은 이번이 처음이다. 그가 스스로 자기 의 문안을 쓴 것인지 혹은 바울의 제의로 쓴 것인지 모르겠으나, 바 울은 아마 그가 문안하는 것을 인정해 주었을 것이다. 아마 그는 전 문적인 대서자였을 것이다. 로마서는 바울의 다른 서신들보다 더 공식적인 서신이기 때문이다. 그는 신자인 것이 분명하다. '주 안에 서' 문안했으니 말이다. 다른 경우에는 바울 사도의 친구 중에 하나 (표제에 바울의 이름과 함께 디모데가 자주 언급된 것으로 보아 디 모데 같은 사람)가 그의 대서자로 활동하였을 것이다."290)고 했다.

2> 더디오는 어떤 사람인가?

<1> 바울의 대서자이다.

바울은 가끔 자신의 서신을 누군가에게 대신 받아쓰게 한 사실이 분명하다. 그러한 사실을 추정하는 부분은 그의 서신들 가운데 '그 가 친히 썼다'는 표현이 있는 것으로 보아서 추정해 볼 수 있다(고 전 16:21; 갈 6:11; 골 4:18; 살후 3:17).

---

289) 디럭스 바이블 성경사전, '더디오' 항목 참조.
290) F. F. Bruce, The Epistles of Paul to the Romans, 권성수 역, 『틴델 주석씨리즈(로마서)6』, (서울: 기독교문서선교회, 1985), pp, 308-309.

다시 말해서 바울의 친구들이 여러 곳에서 그의 서간의 고통을 덜어주기 위하여 받아 쓰는 일을 대신해 준 것이다. 그러나 우리가 알고 있는 부분은 로마서 16:22에 나타난 더디오 한 사람뿐이다. 바울은 로마교회에 보낸 서신을 통해서 자신의 안부 인사와 함께 더디오에 대한 문안 인사도 집어넣었다. 그렇다고 바울이 성령의 감동 속에서 받은 하나님의 말씀으로서 사상이나 문체가 바꾸어진 것은 아니다. 그 이유는 가감함이 없이 바울이 불러준 그대로 기록하였기 때문이다.291)

이렇게 더디오는 바울이 로마서에서 명시한대로 바울이 자기의 특사인 뵈뵈 자매를 통해서 보내진 서신을 대서한 것이다. 그러면 왜 바울이 친필로 기록하지 아니하고 자기의 서선을 대서자를 이용해서 기록했을까?

여기에 대해서 웨스트(Wuest)는 바울이 자신의 대서자를 두게 된 근거로서 갈 4:13-15를 들어서 "눈이라도 빼어 나를 주었으리라"는 말씀에 둔다고 했다. 그리고 바울이 이렇게 대서자를 두게 된 이유를 두 가지로 생각해 볼 수 있다.

첫째는 1차 전도여행 때에 '읍달미아'라는 눈병에 걸려서 시력을 잃게 된 것과 둘째로는 바울이 회심 때에 그리스도의 밝은 빛이 비침으로 시력을 거의 상실한 것으로 보고 있다. 그리고 로마서를 대서한 디디오의 이름이 대서자 자신의 1인칭으로 문안인사에 들어간 것은 바울에게 고용된 대서자가 아니라 바울의 동역자로서 대서자라고 말하고 있다.292)

---

291) 성서백과대사전 편찬위원회, 『성서대백과사전 제2권』, (서울: 성서교재간행사, 1980), p. 857. 참조.
292) 편집: 제자원, 『그랜드종합주석 14』, p. 980.

"바울이 대서자를 두게 된 이유를 갈 4:13-15에서 바울이 자신의 육체의 연약함을 언급하면서 갈라디아 인들이 '눈이라도 빼어 나를 주었으리라'고 말한 것에 근거를 둔다. 즉 바울이 1차전도 여행 시에 밤빌리라아 땅에서 '읍달미아'라는 동양의 눈병에 걸린 것이며, 이 눈병으로 거의 시력을 잃게 되었다고 보는 것이다. 또한 바울은 다메섹 도상에서 그리스도의 영광을 보게 되었을 때에 그의 광채로 인해 눈이 감긴 후 며칠을 눈을 못 뜨게 되었던 경험이 있는데(행 9:8), 그 때의 충격으로 안질에 걸려 고생을 하게 되었다는 견해도 있다. 어쨌든 바울은 전문 대서자를 두었고 그가 모든 글을 썼으며, 자신은 맨 마지막에 서명하고 때로 필요한 말을 첨가하기도 했다(갈 6:11; 살후 3:17). 하지만 본 절의 더디오는 대서자 이름이 알려진 유일한 경우로 1인칭으로 자신의 이름을 적어 보내는 것이 특이할 만하다. 아마도 이는 바울이 더디오 스스로를 문안하도록 허락했던 것으로서 그렇다면 이것은 대서자를 단순히 고용한 것으로 본 것이 아니라 동역자로 대우한 놀랄만한 행위이다. 한편 이 더디오의 이름의 뜻은 '세 번째'로서 로마식 이름이며 아마도 로마 교회에도 잘 알려진 인물이었기에 이렇게 이름을 들어 인사할 수 있게 된 듯하다."

더디오는 바울이 고용한 대서인으로 바울의 사역을 돕는 자가 아니라 바울의 동역자로서 대서인으로서 바울의 사역을 돕는 사람인 것이다.

17. 가이오

1> 가이오의 생애

가이오(Γάιος. 가이오스 Gaius)의 이름의 뜻은 '기쁨', 혹은 '환희'란 의미이다. 이러한 가이오는 라틴식 이름 중 첫 글자로 신약성경에는 다른 말이 붙지 않는 상태로 가이오라고 불리운 명칭이 몇 군데 나와 있다(행 19:29; 20:4; 고전 1:14; 롬 16:23; 요삼 1:1).

성서대백과사전에서 신약성경에 나타난 가이오에 대해서 다 동일인이 아니라 여러 명의 인물들로 말하면서 4가지를 구분해서 말하고 있다.

첫 번째로 나오는 가이오는 사도행전 19:29에 나오는데, 누가는 "온 성이 요란하여 바울과 같이 다니는 마게도냐 사람 가이오와 아리스다고를 잡아가지고 일제히 연극장으로 달려 들어가는지라"고 기록하고 있다. 여기에 나타난 가이오는 아리스다고와 함께 에베소에서 일어난 소요 때에 바울을 체포하려고 왔던 폭도들에게 바울을 찾지 못하자 바울 대신 바울이 기거하는 아굴라 집에서 체포되어 법정에 끌려가서 재판을 받았던 사람이다. 이 사람은 더베 출신인 가이오를 말한다.

두 번째로 나오는 가이오는 사도행전 20:4에 나오는 사람으로 누가는 "아시아까지 함께 가는 자는 베뢰아 사람 부로의 아들 소바더와 데살로니가 사람 아리스다고와 세군도와 더베 사람 가이오와 및 디모데와 아시아 사람 두기오와 드로비모라"고 함으로 예루살렘교회에 구제헌금 전달 시에 바울과 함께 헌금관리인으로 더베 출신으로 갈라디아 교회를 대표해서 헌금 관리자로 동행한 사람이다. 그러나 서양 발음으로는 '도우베루스(Douberus)'이며, 마게도냐 성읍을 가리키는 말이다. 곧 가이오는 마게도냐 사람이며, 사도행전 19:29에 나오는 인물과 동일인으로 생각할 수는 있다.

세 번째로 나오는 가이오는 고린도 사람으로 고전 1:14에 나오는 인물로 바울에게 세례를 받은 사람이다. 그의 집에서 교회의 모임이 모였으며, 바울은 제3차 고린도 여행 때에 그의 집에 머물기도 했다. 이러한 사실은 바울이 기록한 로마서 16:23에서 "나와 온 교회 식주인(食主人) 가이오도 너희에게 문안하고 이 성의 재무 에라스도와 형제 구아도 너희에게 문안하느니라."고 했다. 곧 고린도 전서에 나타난 가이오와 로마서에서 바울이 언급한 가이오는 동일한 인물인 것을 알 수 있다. 이러한 가이오를 람세이(Ramsay)는 디도 유스도의 첫째 이름이라고도 말한다.

이 고린도의 가이오가 오리겐에 의하면 데살로니가 교회의 최초 감독이 되었다고 전승에 언급하여 주장한다.

마지막으로 네 번째로는 요한삼서의 사신인 가이오이다. 사도 요한은 가이오의 정직함과 환대를 칭찬하고 선행을 계속하기를 바라면서 빠른 시일 내에 보기를 기대한다고 서신을 기록하고 있다.

그러면 요한삼서의 수신자가 된 가이오는 위에서 언급한 어떤 가이오인가?

여기에 대해서 여러 가지설이 있지만 4세기경의 사도적 관행(Apostolical Constitutions, vii. 46. 9)에 보면, 이 세 번째 가이오가 나중에 요한 사도에 의해서 버가모의 첫 감독으로 임명되어진 것으로 보아 이 가이오가 본서의 수신자인 듯하다(Barker, Stott, Smalley).[293]

그러므로 바울이 로마서에서 언급한 가이오는 신약성경에 언급된 네 군데 나타난 가이오 중에서 위에서 세 번째로 언급된 고린도 사람으로 바울에게 세례를 받았고, 바울이 제 3차 전도여행 때에

---

293) npstnet.net/chnet2/board/view.php?code=mok14&id=481 요한삼서 주석 청교도넷 참조

머물렀던 바울과 온 교회의 식주인 가이오이다. 그는 4세기경의 사
도적 관행에서 본 대로 요한 삼서의 수신자도 되는 것이다.

2> 가이오는 어떤 사람인가?

<1> 바울과 온 교회의 식주인이다.

바울이 로마교회에 보낸 서신에 나타난 가이오는 로마서 16:23
에서 "나와 온 교회의 식주인 가이오"라고 기록하고 있다. 그러면
가이오가 바울과 온 교회의 식주인이란 말의 의미는 무엇인가?

여기서 '식주인'에 해당하는 원문인 헬라어 '코노세스'란 처음에
는 '객우', '초청된 친구'라는 뜻이었다가 후에 '나그네'(마 25:35),
'외국인'(엡 2:19) 또는 본절과 같이 나그네나 다른 사람을 친절하
게 환대하거나 영접하는 집 주인으로 바뀌었다. 그 의미는 '그가 손
님을 환대하고 대접하는 집 주인을 뜻한다. 여기서 특히 바울이 가
이오를 자기가 머물렀던 집 주인으로 언급한 것은 이 서신을 겐그
레아나 마게도냐의 어떤 집에서 쓴 것이 아니라 고린도에서 쓰고
있었다는 것을 뒷받침해 주고 있는 것이다.294)

또한 가이오가 바울과 온 교회를 영접하며 대접했다는 것은 5절
과 15절에 나타나 있는 바와 같이 그의 집을 가정 교회로서 집회의
장소로 제공하였다는 의미이다. 람세이(Ramsay)는 "그는 사도행
전 19:7에 나오는 디도 유스도와 동일인인 듯하며 그 기사에서 바
울과 고린도 교인들이 회당 옆문으로 추방되었을 때에 디도 유스도
가 그들을 자기 집으로 영접했다는 기사가 나오는데, 아마도 바울
이 고린도에 머물렀을 때에 그 곳에 머문 듯하다."고 했다.295)

---

294) 강병도 편, 『카리스종합주석 (로마서 9-16장) 16』, p. 669. 참조.

이러한 의미에서 브루스(Bruce)는 "가이오의 공식적인 이름은 '가이오 디도 유스도'(이름, 가족명, 성의 순)로서 고린도에 살고 있던 로마의 시민이었을 가능성이 많다."고 했다. 한편 '온 교회'란 언급은 그의 집이 가정교회의 모임 장소였을 뿐 아니라 고린도를 방문한 모든 행객 신자들의 숙식을 제공하는 장소가 된 것이다.[296]

⟨2⟩ 사도들에게 사랑받는 자이다.

4세기경의 사도들의 전통에 따르면 요한 삼서의 수신자가 된 가이오를 고린도에서 바울에게 세례를 받고 바울과 온 교회의 식주인이 된 가이오로 보고 있다고 한다.

만일 고린도의 가이오와 바울이 로마서에서 언급한 식주인인 가이오가 요한삼서의 수신자가 된다면 요한삼서에 나타난 가이오가 어떤 사람인가를 더 구체적으로 살펴 볼 수 있는데, 먼저 이 가이오는 사도들에게 사랑받는 사람인 것을 알 수 있다.

요한삼서에서 사도 요한은 바울의 잊을 수 없는 동역자인 가이오를 사도들에게 사랑받는 자로 세 번이나 반복해서 언급하고 있다.

요한삼서 1:1에 "장로인 나는 사랑하는 가이오 곧 내가 참으로 사랑하는 자에게 편지하노라"고 했고, 1:2에 "사랑하는 자여 네 영혼이 잘됨같이 네가 범사에 잘되고 강건하기를 내가 간구하노라"고 했다. 그리고 1:5에 "사랑하는 자여 네가 무엇이든지 형제 곧 나그네 된 자들에게 행하는 것은 신실한 일이니"라고 했다.

이렇게 가이오는 바울 사도를 비롯해서 요한 사도에 이르기까지 참으로 사도들의 동역자로 소중한 사람이었던 것이다. 여기서도 가

---

295) 편집: 제자원, 『그랜드종합주석 14』, pp. 980-981.
296) 같은 책, p. 981.

이오에 대해서 사도 요한은 개인적인 사랑이 돈독함을 시사하고 있다. 사도 요한이 가이오를 향해서 '참으로'(1절)란 말씀을 사용해서 요한이 가이오를 얼마나 사랑하고 있는가를 보여 준다.

〈3〉 진리 안에서 행하는 자이다.

가이오의 사람됨은 그가 사도 요한이 요한 삼서를 통해서 말하고 있는 것처럼 진리 안에서 행하는 사람이란 것이다. 이러한 사실은 요한삼서 1:3에서 "형제들이 와서 네게 있는 진리를 증언하되 네가 진리 안에서 행한다 하니 내가 심히 기뻐하노라"고 함에 잘 나타나 있다.

여기서 "형제들이 와서 네게 있는 진리를 증언하되"라고 함은 가이오는 성경에 기록된 진리를 성령의 조명에 의해서 깨달은 사람이며, 자기가 성령으로 깨달은 말씀의 진리를 잘 붙잡고 사는 사람이란 뜻이다. 이러한 사실은 교회 안에 널리 알려진 사실이며, 이러한 사실이 사도요한에게 소문으로 전해졌다는 것이다.

이렇게 말씀에 나타난 진리를 잘 깨닫고 또 진리만 잘 깨달을 뿐 아니라 깨달은 진리대로 사는 사람이란 사실을 듣고 가이오를 향해서 사도 요한은 심히 기뻐한다고 말하고 있다.

이러한 사실을 호크마 종합주석에서 가이오는 말씀의 진리를 깨달을 뿐 아니라 복음을 반대하는 거짓 교사들의 온갖 위협 속에서도 복음의 진리를 고수하고 그것을 지킴과 동시에 사랑으로 표현하고 살았다고 했다.[297]

---

297) 강병도 편, 『호크마종합주석 (요한삼서) 10』, (서울: 기독지혜사, 1993), p. 131.

"형제들이 요한에게 가이오에 대하여 전하여 준 것은 가이오가 진리 안에서 행한다는 것이었다. 가이오가 진리 안에서 행하는 것을 요한이 크게 기뻐한 것은 당시 가이오가 진정한 복음인 진리를 반대하는 거짓 교사들의 온갖 위협에도 불구하고 의연하게 복음을 지킬 뿐만 아니라 복음 안에서 행하였기 때문이다). 가이오가 하나님의 진리인 복음을 고수하며 그 안에서 행한 행위는 '사랑'으로 표현되었다(6절). 이러한 진리에 대한 고백과 고수, 그리고 사랑의 표현은 상호보완적인 것으로 그리스도인들이 갖추어야 할 성품이다(요이 1:1, 3, 4). 한편 '행한다'에 해당하는 헬라어 '페리파테이스'는 현재 시상으로, 가이오가 항상 진리 안에서, 진리와 더불어 사랑을 표현하면서 살고 있음을 시사한다."

〈4〉 나그네를 사랑으로 대접하는 사람이다.

가이오는 바울과 온 교회의 식주인이 되어서 사도들과 복음을 증거하는 자들과 복음을 위해서 나그네가 된 자들을 잘 섬기는 자이다.

이러한 사실은 바울이 이미 언급하였고, 또 사도 요한에 의해서 요한삼서 1:5-6에서 "사랑하는 자여 네가 무엇이든지 형제 곧 나그네 된 자들에게 행하는 것은 신실한 일이니 그들이 교회 앞에서 너의 사랑을 증언하였느니라 네가 하나님께 합당하게 그들을 전송하면 좋으리로다"라고 언급하고 있다.

이렇게 '가이오'는 형제들(3절) 곧 나그네와 같은 자들을 최선을 대해 환대하고 대접하며 도왔다. 요한은 이러한 가이오의 행위에 대해 최상급인 '에르가세'(행하는)를 사용하여 타인에 대한 가이오의 환대 행위가 최선을 다한 것이었음을 강조한다. 형제와 나그네들에 대한 '환대'는 그리스도인 모두에게 요구되는 것으로(롬 12:13; 딤전 3:2; 5:10; 딛 1:8; 벧전 4:9) 초대 교회에서의 나그네 영접은 특히 중요한 사역이요 덕목이었다(마10:10, 40-42; 25:35-40; 히 13:2).

그러나 외부인에 대한 요한의 경고로 인해서(요이 1:10) 가이오의 신실한 환대행위는 교회의 일부 사람들로부터 냉대와 소외를 겪은 듯하다. 그럼에도 불구하고 요한은 이러한 가이오의 소식을 통해 '형제들에 대한 사랑'과 '나그네들에 대한 사랑'이 충만한 그를 확인하며, 칭찬하고 있다.[298]

가이오가 나그네들을 영접하며, 대접한 일들은 '여행하는 형제들(3절)'의 증언에 의해서 사도 요한은 확인한 것이다. 그들이 가이오가 교회 앞에서 공개적으로 자신들에게 베풀어 준 가이오의 진심어린 사랑의 행위를 증거하여 요한과 온 교회가 그를 기뻐하도록 했다. 형제들의 이러한 증언은 잘못된 오해로 인해 냉소를 당한 가이오의 상황을 반전시켜줄 뿐만 아니라, 가이오 안에 있는 진리와 그의 사랑의 행위의 신실함을 입증시켜 주었다.[299]

이렇게 가이오가 복음을 위해서 수고하는 자들을 위해서 물심양면으로 도와주는 것은 바울을 비롯한 여러 사도의 복음 사역에 간접적으로 동참하는 행위가 되는 것이다.

18. 에라스도

---

298) 같은 책, p. 131.
299) 같은 책, p. 131.

1> 에라스도의 생애

에라스도(Εραστος, Eraetus)의 이름의 뜻은 '사랑하는 자'란 의미이다. 에라스도에 대해서는 신약성경에 세 번 언급하고 있다(행 19:22; 롬 16:23; 딤후 4:20).

첫 번째는 사도행전 19:22에서 "자기를 돕는 사람 중에서 디모데와 에라스도 두 사람을 마게도냐로 보내고 자기는 아시아에 얼마간 더 있으니라"고 기록하고 있다. 여기서는 사도 바울을 돕는 자들 중에서 디모데와 에라스도 두 사람을 마게도냐로 파견하는 내용 속에서 나오고 있다.

두 번째는 로마서 16:23에서 "나와 온 교회 식주인(食主人) 가이오도 너희에게 문안하고 이 성의 재무 에라스도와 형제 구아도도 너희에게 문안하느니라."고 기록되어 있다. 여기서는 바울이 로마 교회에 보낸 서신을 통해서 가이오와 구아도와 함께 에라스도를 문안의 대상을 언급하고 있다.

세 번째로는 디모데후서 4:20에서 " 에라스도는 고린도에 머물렀고 드로비모는 병듦으로 밀레도에 두었노니 겨울 전에 너는 어서 오라 으불로와 부데와 리노와 글라우디아와 모든 형제가 다 네게 문안하느니라"고 기록하고 있다.

그러나 에라스도에 대한 가족사항이나 고향이나 기타 활동이나 그의 죽음에 대한 구체적인 언급에 대해서는 성경에서는 침묵을 지키고 있다.

2> 에라스도는 어떤 사람인가?

<1> 돕는 자로 디모데와 같이 파견된 자이다.

사도 바울을 돕는 자 중에서 에라스도는 디모데와 같이 에베소에서 마게도냐에 파견된 자이다. 이러한 사실은 누가의 기록인 사도행전 19:22에서 "자기를 돕는 사람 중에서 디모데와 에라스도 두 사람을 마게도냐로 보내고 자기는 아시아에 얼마간 더 있으니라"고 기록되어 있다.

바울은 자신의 전도로 세워진 교회들에 자신의 사랑하는 제자들을 파송해서 그 교회들을 심방하여 붙들어 주도록 부단히 노력하였다. 그래서 디모데와 에라스도를 마게도냐에 보내서 바울에 의해서 전도로 세워진 교회들을 돌보게 한 것이다.

이러한 사실은 그가 고린도에 디도를 보낸 일(고후 8:23), 빌립보 교회에는 에바브로 디도(고린도교회에 파송된 디도와 다른 사람)를 보낸 일(빌 2:25), 골로새 교회에는 마가를 보낸 일(골 4:19), 데살로니가 교회에는 디모데를 보낸 일(살전 3:2)과 같은 일들을 들 수 있다.[300]

<2> 그는 고린도의 재무관이다.

에라스도가 고린도의 재무관이란 사실은 바울이 로마 교회에 보낸 서신인 로마서 16:23 "나와 온 교회 식주인(食主人) 가이오도 너희에게 문안하고 이 성의 재무 에라스도와 형제 구아도도 너희에게 문안하느니라."고 함으로 밝힌다.

여기서 '재무관'이란 원어로 '오이코노모스'란 '극장 지배인', '관리인'(눅 12:42)의 뜻을 지니고 있으며, 바울이 말하는 의미는 '도시 재산 관리인'이란 뜻이다. 이러한 사실을 통해서 에라스도가 고린도에 얼마나 많은 영향을 끼치는 인물인가에 대해서 알 수 있다.

---

300) 박윤선 지음, 『성경주석 사도행전』, p. 388. 참조.

고린도 교회는 이렇게 에라스도와 같은 사회적인 유명인을 성도들로 포함하고 있는 것을 보아서 사회적인 영향력을 얼마나 가지고 있는가에 대해서 알 수 있다.301)

제 2장
고린도서에 나타난 동역자들

고린도전서에 나타난 바울의 동역자들은 소스데네와 그리스보와 가이오와 스데바나와 아볼로와 디모데와 브드나도와 아기이고와 아굴라와 브리스가 등을 들 수 있다. 그리고 고린도후서에 나타난 바울의 동역자는 실루아노와 디도를 언급하고 있다. 이러한 바울의 동역자들 중에서 앞에서 언급한 동역자들을 제외하고 나머지 동역자들에게 대해서 언급하고자 한다.

1. 소스데네

1〉 소스데네의 생애

소스데네(Σωσθένης, Sosthenes)의 이름의 뜻은 '권세를 힘입어 평안함'이란 뜻이다. 그는 바울이 고린도에서 고린도교회를 세우고 있을 때에 회당장으로 있었다. 당시 바울은 고린도에서 많은 핍박

---

301) 강병도 편, 『호크마종합주석 (로마서) 6』, p. 514. 참조.

을 받았는데, 유대인들이 바울의 설교를 왜곡하여 모세 율법을 어기면서 가르친다고 함으로 바울을 고소하였기 때문이다. 이러한 바울의 고소자들 중에서 소스데네는 아가야 총독 갈리오의 법정에서 바울을 연행하여 고소한 유대인의 대표자였다.[302]

갈리오 총독은 종교상 교리나 법규 같은 것에 관한 사항을 취급하지 않는다는 의미로 말했기 때문에, 유대인들은 바울을 그 이상 더 고소하지 않았다. 이때 재판 자리에서 바울이 풀려나자, 반유대주의적 감정이 갈리오로 통해서 나타나자 갈리오의 행동에 자극을 받은 군중들은 바울을 고소한 유대인의 대표자적인 회당장인 소스데네를 갈리오 앞으로 끌고 가서 때리게 되었다. 이렇게 소스데네는 처음에는 바울을 박해하는 박해자의 선두로 나타난다(행 1:17).

이러한 소스데네는 그리스보가 개종한 후 그의 후계자가 된 인물인 듯하며, 나중에는 그도 자기의 선임 회당장 그리스보처럼 그리스도인이 되었다. 어떤 설에 의하면, 그는 70제자의 한 사람이라고 한다. 또 일설에는 고린도전서를 대서(代書)하였다고 하나 확실하지 않다. 바울은 그의 서신에서 그를 '형제(신자)'라고 했다(행 18:8-17, 고전 1:1).

2> 소스데네는 어떤 사람인가?

<1> 고린도의 회당장이다.

소스데네가 고린도에 있는 회당에 회당장이란 사실은 사도행전 18:17에 "모든 사람이 회당장 소스데네를 잡아 재판 자리 앞에서

---

302) 성서대백과사전 편찬위원회 편, 『성서대백과사전 6』, (서울: 성서교재간행사, 1980) p. 483.

때리되 갈리오가 이 일을 상관치 아니하니라."고 했다.

그런데 사도행전 18:8에는 "회당장 그리스보"라고 되어 있는데, 왜 몇 절 뒤에 나오는 17절에서는 '회당장을 소스데네'라고 누가가 기록했을까? 여기에 대한 대답은 유대인의 회당 중에서 큰 회당에는 때때로 한 사람 이상 회당의 지도자들이 있었던 것이다. 아니면 소스데네는 그리스보가 예수님을 믿게 되자 그의 후임으로 회당장의 직분을 맡을 수도 있는 것으로 생각할 수 있다.303)

이렇게 소스데네는 예수님을 믿기 전에는 복음을 전하는 사도 바울의 박해자인 고린도지역의 유대인의 회당의 회당장으로 나타난다.

〈2〉 바울이 형제라고 부른 자이다.

사도 바울은 소스데네는 그가 고린도교회에 보낸 서신에서 고린도전서 1:1에 "하나님의 뜻을 따라 그리스도 예수의 사도로 부르심을 입은 바울과 및 형제 소스데네는 고린도에 있는 하나님의 교회 곧 그리스도 예수 안에서 거룩하여지고 성도라 부르심을 입은 자들과 또 각처에서 우리의 주 곧 저희와 우리의 주 되신 예수 그리스도의 이름을 부르는 모든 자들에게 하나님 우리 아버지와 주 예수 그리스도로 좇아 은혜와 평강이 있기를 원하노라"고 함으로 바울은 소소데네를 자신과 함께 고린도전서의 발신자로 소개하고 있다.

이러한 소스데네를 바울은 '형제 소스데네'라고 표현하고 있다. 칼빈은 바울이 그를 '형제 소스데네'라고 부른 것은 자기에게 연합된 인물이고, 바울의 동행자이며 협력자였기 때문이라고 했다.304)

---

303) 강병도 편, 『호크마종합주석 (로마서) 5』, p. 427. 참조.
304) 존 칼빈 저, 『성경주석 사도행전』, p. 191.

"이 소스데네는 고린도인들에게 보낸 첫 번째 편지의 시초에서 바울이 귀한 인물로서 자기에게 연합시키고 있는 사람이다. 믿는 이들 가운데 이전에 그에게 관한 어떤 언급이 없기는 했지만 당시에 그는 바울의 동행자였고 협력자였던 것 같다. 그런데 어떠한 분노할 만한 일이 헬라인들로 하여금 그를 사납게 공격하도록 했던가?"

또 칼빈은 바울이 그를 '형제 소스데네'라고 불린 이유는 고린도 교인들이 소소데네가 복음을 위해서 헌신한 것을 알고 있었으며, 이러한 복음을 위한 헌신자인 그를 향해서 바울은 '형제 소스데네'라고 불리운 것을 의미하며, 소스데네는 '사도의 형제'라고 불리운 일이 '회당장 소스데네'라고 불리운 일보다 더 큰 영광이라고 했다.305)

"형제 소스데네. 이 사람은 고린도에 있는 회당장 소스데네로서 누가가 사도행전 18:7에서 설명하고 있는 바로 그 사람이다. 그러나 바울 사도가 그의 이름을 여기에 기록한 것은, 고린도교인들이 복음을 위한 그의 헌신에 대하여 분명히 알고 있는 이 사람에 대하여 이해하고 관심을 가져야 하기 때문이었다. 그러므로 이제 그가 바울 사도의 형제라 불리운 것은, 전에 그가 회당장으로서 가진 명예보다 더 큰 영광이라고 하지 않을 수 없다."

⟨3⟩ 고린도전서의 대서인이라고도 한 자이다.

렌스키는 바울이 고린도전서를 쓸 때에 소스데네가 대서인일 가능성을 말하는 사람 한 사람이다. 그는 바울이 고린도전서를 쓰는 가운데 자기와 다른 사람을 관련짓는, 즉 '형제 소스데네'라고 했으며, 이러한 근거는 데살로니가 전후에서도 바울은 자기와 다른 두

---

305) 존. 칼빈 저,『성경주석 고린도전서』(서울: 신교출판사, 1979), p. 42.

사람을 관련짓고 있고, 갈라디아서에서는 분명치는 않으나 상당수와 관련시키고 있음을 들고 있다.[306]

그는 소스데네를 이처럼 바울의 한낱 필생으로 표현되지 않고 있다고 했으며, 사도는 그의 서신들의 대부분(또는 전부)을 받아쓰게 하고 있다고 했다. 본 서신의 경우 그의 글을 받아 쓴 사람이 누구인지는 추측이라고 있을 따름이라고 했다. 그러면서 고린도전서의 대서자가 소스데네일 수도 있다고 고린도전서의 대서인으로서 가능성을 제시했다.

그는 고린도전서도 작성하여 고린도교회에 보내는 일에 소스데네가 바울과 관련된 것은 많은 것을 의미하며, 소스데네와 바울은 본 서신의 내용을 충분히 의논하고, 여기에 전달된 모든 것에 대한 완전한 일치를 보았음을 의미하며, 소스데네는 바울의 말해야 했던 모든 것에 대하여 동의하고, 자기의 이름을 기명하는 것을 수락한 것으로 본다고 말하였다.[307]

2. 스데바나

1> 스데바나의 생애

스데바나(Στεφανᾶς, Stephanas)의 이름의 뜻은 '면류관'이다. 그는 바울로 통해서 전도를 받고 가족과 함께 예수님을 믿고 세례를

---

306) 렌스키 저, 『성경주석 고린도전서』, (서울: 백합출판사, 1979), p. 19.
307) 같은 책, p. 19.

받은 사람이다.

스데바나가 복음을 받아들이게 된 배경은 바울이 1차전도 여행 때에는 구브로와 소아시아를 중심으로 복음을 전하고 돌아온다. 그리고 2차 전도여행을 할 때에도 소아시아 지역을 전도하려고 하는데 성령의 인도하심을 받아서 유럽으로 건너가게 된다. 당시에는 마게도냐 지방과 아가야 지방으로 분리되어 있었다. 마게도냐 지방은 빌립보, 데살로니가, 베뢰아 지역이 중심이며, 이곳에서 전도하다가 박해자들 때문에 배타고 아가야 지방의 아덴으로 흘러 들어오게 된다. 아마도 이때 아덴 지역에서 바울이 복음을 증거 할 때 스데바나가 복음을 받아들이게 된 것으로 보인다.

이러한 사실은 고린도전서 1:13-18에서 바울은 그가 자기 자신의 이름으로 세례를 주어 자기의 제자를 만들고 그들의 머리가 되는 그런 상황을 유발시키는 세례를 주지 않았음을 하나님께 감사한다고 말하면서 자신이 세례를 준 사람 몇 명의 이름을 거명한다. 바울이 자신이 세례를 준 자들로 거명한 자들은 고린도의 회당장이었던 그리스보(행 18:8)와 가이오와 스데바나 집 사람만 세례를 주고 그 외에는 세례 준 기억이 없다고 함으로 스데바나와 그의 가정에 세례를 주었다고 말함에서 찾아 볼 수 있다.

또 스데바나에 대한 성경의 언급은 바울이 고린도전서를 마무리하면서 고린도전서 16:15-18에서 "형제들아 스데바나의 집은 곧 아가야의 첫 열매요 또 성도 섬기기로 작정한 줄을 너희가 아는지라 내가 너희를 권하노니 이 같은 자들과 또 함께 일하며 수고하는 모든 자에게 복종하라 내가 스데바나와 브드나도와 아가이고의 온 것을 기뻐하노니 저희가 너희의 부족한 것을 보충하였음이니라 저희가 나와 너희 마음을 시원케 하였으니 그러므로 너희는 이런 자들을 알아주라"고 말하고 있다.

이와 같은 사실은 바울에게서 스데바나는 얼마나 소중한 동역자 인 것을 인정하고 있는 것이다. 그래서 렌스키도 "스데바나는 자기 의 가족들과 함께 고린도교인들을 위해 많은 일을 한 중요한 인물 이었다. 바로 이때에 그는 바울과 함께 에베소에 있었다(고전 16:15)."308)고 했다.

조병수 교수도 그의 저서 「바울의 동역자와 대적자」란 책에서 바 울은 고린도전서를 마무리 지으면서 한 가정을 소개하는데 많은 부 분을 할애하고 있으며, 한 모범적인 가정을 소개하면서 이 모든 가 정에 대한 문제를 총결산하려고 하고 있다.

이렇게 함으로 그리스도인들이 가지고 있는 문제들을 해결하려 는 실마리를 제공하려는 반면에 그리스도인들의 가정이 지향할 삶 을 제시해 주는 모범이 된다고 했다.309)

바울은 고린도교회의 분쟁이 일어나자 고린도전서를 마무리 지 으면서 스데바나와 같은 지도자를 따를 것을 권하고, 브드나도 (Fortuatus)와 아가이고(Achaicus)와 함께 스데바나가 에베소에 있는 그를 방문한 것을 기뻐하였다(고전 16:17-18). 브드나도 (Fortuatus)와 아기아고(Achaicus)는 이름이 언급된 것으로 보아 스데바나의 가족은 아닌 듯하다. 스데바나와 그의 두 동료는 바울 의 의견을 묻기 위해 고린도교회에서 파견된 대표인 듯하며, 이들 은 고린도교회에서 바울에게 편지를 가져오고 현재 고린도전서로 알려진 바울의 편지를 가지고 간 듯하다.

스데바나와 그의 동료들이 고린도에서 어떤 공적인 임무를 맡고

---

308) 같은 책, p. 43.
309) 조병수 지음, 『바울의 동역자와 대적자』, p. 62.

있는지 분명하게 알 수 없으나 고린도교회에서 이들의 행동과 태도
는 교회가 한정적인 지방선교를 하는 방향에 있어서 첫 단계임을
보여 준다.[310]

2> 스데바나는 어떤 사람인가?

<1> 바울의 아가야 전도의 첫 열매이다.

바울은 스데바나와 그의 가족들이 아가야 지방에서 전도할 때에
하나님께서 거두게 한 첫 열매란 사실은 고린도전서 16:15 "형제들
아 스데바나의 집은 곧 아가야의 첫 열매요"라고 말하고 있음에서
찾아 볼 수 있다. 여기서 스데바나의 회심이 바울이 아덴에서 복음
을 전할 때에 이루어진 것으로 보인다(행 17:34). 바울은 스데바나
개인만 언급하지 않고 그의 가족 전체를 아가야의 첫 열매로 언급
하고 있다.

여기서 "스데바나의 집"이란 말씀에서 '집'이란 헬라어 '오이키안'
(οἰκίαν)이란 라틴어의 '파밀리아'(familia)와 마찬가지로 '가족들
뿐 아니라' '노예들까지'도 포함하였다. 따라서 스데바나가 아덴에
서 회심한 이후에 아가야에 돌아와서 그의 가족 모두를 회심시켰다
고 볼 수 있다.[311]

<2> 성도들을 섬기는 자이다.

바울은 스데바나와 그의 집을 아가야의 첫 열매일 뿐 아니라 이

---

310) 성서대백과사전 편찬위원회 편, 『성서대백과사전 6』, pp. 662.
311) 강병도 편, 『호크마종합주석 (고린도전후서) 7』, (서울: 기독지혜사,
1992), p. 322. 참조.

어서 말하기를 성도들을 섬기기로 작정된 자들이라고 말하고 있다(고전 16:15).

바울이 스데바나와 그의 집에 대한 이러한 언급은 구체적으로 어떤 것을 의미하는지는 잘 모르나 학자들은 두 가지로 생각하고 있다. 먼저는 병든 자나 가난한 자를 돕는 일을 했을 것이라고 주장한다. 다음은 스데바나가 예루살렘 성도들을 돕는 일에 많은 연보로 봉사했다고 주장한다. 이러한 주장 중에서 첫 번째 병든 자나 가난한 자들을 돕는 일을 많이 한 것이 더 타당하다.

그리고 바울은 스데바나와 그의 가정을 "성도 섬기기로 작정한 줄을 너희가 아는지라"(고전 16:15)고 함은 병든 자나 가난한 자들을 돕는 일은 누구의 강요에 의해서 하는 한 것이 아니라 자발적으로 했음을 의미한다.312)

조병수 교수는 스데바나와 그의 집이 "성도들을 섬기는 일에 자신들을 정돈하였다"(고전 16:15)는 말을 네 가지 면을 이해할 수 있다고 했다.313)

첫째는, 우선순위의 결정이라고 했다. 본문에서 '작정하였다'는 본래 '…하기 위하여 자신을 순서에 두다'라는 뜻이다. 스데바나의 집은 여러 가지 생활권을 가지고 있었다. 스데바는 아가야, 특히 고린도 시에 속한 한 시민으로서의 생활을 해야 하고, 가정이라는 소규모의 사회에서 생활해야 하고, 그리스도인으로서 고린도교회에 속한 생활이었다. 이외에도 스데바나의 직업과 인척관계 같은 기타의 생활권을 가지고 있었다. 이러한 여러 가지 생활권들의 일들을 구별하고 생활의 순위를 결정해 놓고 사는 사람이라고 했다.

312) 같은 책, p. 322.
313) 조병수 지음, 『바울의 동역자와 대적자』, p. 63-66. 참조.

둘째는, 목표를 설정해 놓고 사는 사람이다. 그래서 스데바나는 이러한 여러 가지 일들 중에서 성도들을 섬기는 일을 가장 힘써야 할 일로 생각하며 힘쓰는 것이 구체적인 목표라는 것이다.

셋째는, 가정의 헌신적이다. 스데바나와 그의 집은 생활의 순서를 정해 놓고 성도들을 섬기는 일을 이러한 일들의 1순위에 두었다. 그런데 이러한 일을 하는데 스데바나의 가정 전체가 성도들을 섬기는 일을 하는데 헌신하는 생활을 하였다고 한다.

넷째는, 동역의 헌신을 했다고 했다. 스데바나의 가정의 헌신은 가정적인 헌신으로 그치는 것이 아니라 성도들을 섬기는 일을 위하여 집안사람들 뿐 아니라 집밖의 사람들과 동역을 시도한 것이다.

〈3〉 교회가 복종해야 할 자이다.

바울은 고린도전서 16:16 "이 같은 자들과 또 함께 일하며 수고하는 모든 자에게 복종하라"고 했다. 사도 바울은 고린도교회의 성도들에게 스데바나와 같은 자들에게 복종해야 할 것을 권면하고 있다.

그러면 스데바나와 그의 집은 어떤 권위를 가지고 있었는가? 그 것은 가계나 혈통에 있지 않고 사회적 지위나 경제력에 있지 않았다. 그것은 아가야의 첫 열매이기 때문도 아니다. 사람들이 이들에게 복종해야 할 권위는 신분과 합당한 생활을 하고 있었기 때문이다. 이들은 아가야의 첫 열매인 동시에 거기에 알맞은 목표를 세우고 가정적인 헌신을 하여 다른 사람들과 동역을 하며 목표를 이루기 위해서 수고하는 행실을 공유하고 있었다.

이러한 것은 오늘날에도 그대로 적용되는데, 그것은 교회의 직책이나 신분이라기보다는 신분과 생활이 일치를 이룰 때에 교회에서

권위가 주어진다는 것이다.314)

<4> 성도들의 부족한 것을 채워 주는 자이다.

바울은 스데바나와 그의 집에 대해서 평가하기를 고린도전서 16:17에 "내가 스데바나와 브드나도와 아가이고의 온 것을 기뻐하노니 저희가 너희의 부족한 것을 보충하였음이니라."고 했다. 여기서 "부족한 것을 보충하였음이니라."는 말은 적은 재산을 가리키기도 하고(막 12:44), 물질적인 궁핍을 의미하기도 하고(고후 8:14), 마음의 교훈이 부족하다는 것과(살전 3:10), 사랑의 나눔이 부족하다는 것을 의미한다(빌 4:10). 본 절에서 말하는 의미는 물질적으로 부족함보다는 사랑의 나눔의 부족을 말한다.

그러므로 스데바나를 비롯한 브드나도와 아가이고는 고린도교회의 교인들을 향하여 바울의 충고와 애정을 대신 전해 주었고, 또한 바울에게도 그를 향한 고린도 교인들의 애정을 전해 줌으로 바울에게 큰 기쁨을 가져다주었다는 말이다. 지금은 고린도 교인들과 멀리 떨어져 있는 바울에게 위에서 언급한 스데바나를 비롯한 세 사람들이 고린도교회의 소식을 가져다줌으로 바울의 마음을 기쁘게 해 준 것을 말한다.315)

<5> 마음을 시원케 해 주는 자이다.

바울은 스데바나와 브드나도 그리고 아기이고 이 세 사람은 사도 바울의 마음과 고린도교회의 교인들의 마음을 시원하게 해 주는 자들이라고 말하고 있다. 그러면서 바울은 고린도교회의 교인들에게

---

314) 같은 책, p. 68-69.
315) 강병도 편, 『호크마종합주석 (고린도전후서) 7』. pp. 322-323.

이러한 자들을 알아주어야 한다고 고린도교회에 보내는 서신인 고
린도전서에서 말하고 있다(고전 16:18).

여기서 바울과 고린도교회의 교인들의 마음을 시원하게 해주었
다는 것을 무엇을 말하는가? 그것은 단지 육신적인 사람들의 감정
만 시원하게 해주는 것을 말하는 것이 아니고 하나님과 교제하는
우리들의 영혼까지 마음을 시원하게 해주었다는 말이다.316)

그러면 어떻게 해서 사도바울과 고린도교회의 교인들의 영혼까
지 시원하게 해주었고, 또 이 사람들을 알아주라고 했을까? 렌스키
는 바울과 고린도교인들이 만날 수 있었을 때에 발생할 수 있는 문
제들을 스데바나를 비롯한 세 사람이 옴으로 모든 문제가 해결되어
서 바울의 마음에도 고린도교회의 교인들의 마음에도 안도감을 줌
으로 마음에 시원함을 주었다고 말하고 있다.317)

"만일 바울과 고린도 교인들이 만날 수 있었더라면 발생했던 모
든 문제에 관해서 그의 마음과 그들의 마음이 모두 편하게 하였을
것이다. 이들 세 사람의 대표가 옴으로 해서 이 문제는 어떤 점에
서 사실상 해결되었다. 자기들이 옴으로 해서 이 셋은 바울의 마
음에 안도감을 주었고 동시에 교인들로 하여금 그들을 통해 바울
과 의논할 수 있게 함으로써 그들의 마음에도 같은 안도감을 주었
다. 고린도 교인들이 특히 이런 접촉이 실제로 이루어졌기 때문에
이 대표들을 통해 한 번 더 바울과의 우호관계에 들어갔다고 생각
하는 것은 그들에게 크나큰 만족이었음에 틀림없다."

---

316) 같은 책, p. 323.
317) 렌스키 저, 『성경주석 고린도전서』, pp, 700-701. 참조.

3. 디도

1> 디도의 생애

디도(Τίτος, Titus) 이름의 뜻은 '공경'이다. 그의 이름은 바울의 다른 동역자들과 달리 누가의 기록인 사도행전에는 나타나지 않고 있는데, 어떤 사람들은 사도행전에 나오는 디도 유스도가 혹시 디도가 아닌가 하는 추측도 있으나 확실하지 않다.[318]

신약성경에 디도라는 이름은 13번 정도 나타나는데, 바울에게 있어서 디도는 매우 돈독한 동역자이면서 그의 전기적인 기록은 매우 희미하게 나타난다.

이러한 디도에 대해서 그의 국적도 알 수 없고 가족관계도 잘 알려져 있지 않다. 그는 다만 헬라인으로 갈라디아 2:3에 "그러나 나와 함께 있는 헬라인 디도라도 억지로 할례를 받게 아니하였으니"란 기록에 의하면 할례받지 않은 헬라인이라는 사실만 알 수 있다.

디도는 바울의 전도로 예수님을 믿고 개종하였으며, 사도행전 15장과 갈라디아서 2장 1-2절에서 보면 예루살렘 회의(A. D,

---

[318] 바울의 진정한 편지에서 나오는 디도(Titus)와 행 18:7의 디도 유스도 (Titius Justus)를 동일시하려는 시도가 있어 왔다. 왜냐하면 시내 사본 (Codex Sinaiticus)과 다른 중요한 권위 있는 고대의 사본들에서는 'Titius' 대신에 'Titus'라고 하기 때문이다. 그러나 그 사본이 확실하다고 하더라도(하지만 어떤 사본들, 예를 들면 알렉산드리아 사본과 베자 사본은 첫 이름 디도를 완전히 생략하고 유스도만 표기하고 있기 때문에 그 본문은 확실하지 않음) 디도와 같은 흔한 이름을 가지고 있는 고린도의 미지의 사람을 이름이 같은 바울의 동역자와 동일시하는데 대한 아무런 보장이 없을 것이다. 사실상 바울이 고린도의 본 향인을 거기에 있는 어려운 상황을 자기에게 보고하도록 그 도시로 보냈을 리는 만무하다(성서대백과사전 3권, 기독지혜사, p. 184.).

49-50년경)의 이전에 있었던 것으로 추측된다. 그는 바울과 바나바와 더불어 예루살렘 공의회에 안디옥교회의 대표로 참석했다. 이와 같은 근거는 갈라디아 2:1에 "십사 년 후에 내가 바나바와 함께 디도를 데리고 다시 예루살렘에 올라갔노니"라고 기록한 바울의 기록에서 찾아 볼 수 있다.

우리는 디도를 생각해 볼 때에 그는 안디옥에서 출생하여 안디옥에서 성장하여 바울과 바나바가 안디옥에서 사역을 할 때에 이들의 전도로 예수님을 믿고 세례를 받게 되었을 것으로 추측할 수 있다. 이러한 사실은 바울이 디도를 향해서 디도서 1:4에서 "같은 믿음을 따라 된 나의 참 아들 디도에게 편지하노니 하나님 아버지와 그리스도 예수 우리 구주로 좇아 은혜와 평강이 네게 있을지어다"라고 기록함으로 '나의 참 아들 디도'라고 칭함에서 생각해 볼 수 있다.

바울이 갈라디아서를 썼을 때, 즉 제2차 전도여행 마지막 무렵 (A.D 52년 경) 안디옥에 바울이 있을 때 디도도 같이 있었던 것 같다(갈 2:3). 그 후 바울과 더불어 제3차 전도여행 중 에베소에 체재하던 마지막 무렵(A. D 56년경)과 그 후에 중대한 사명을 띠고 고린도 교회에 갔다(고후 2:13; 7:6, 13; 8:6, 16; 12:18). 고린도전후서는 다 디도가 사자로서 고린도 교회에 전한 것 같다.

고린도후서에는 그의 이름이 9번 나온다. 디도가 파견되어 있는 동안, 디도에 의한 고린도교회의 사정에 대한 보고를 바울은 얼마나 학수고대했는지 모른다. 그는 디도가 돌아올 때까지 불안에 차 있었던 것 같다(고후 2:13). 디도를 만나 보고를 들었을 때, 바울은 크게 기뻐하였다(고후 7:6).

디도서 3:12에서 "내가 아데마나 두기고를 네게 보내리니 그 때에 네가 급히 니고볼리로 내게 오라 내가 거기서 과동하기로 작정하였노라"고 함으로 바울은 디도에게 아데마나 두기고를 보내 니고 볼리에서 겨울 나기를 희망했다. 그리고 그는 디모데와 같이 바울의 보조자로서 일했으며, 고린도 이외에도 사자로서 갔다. 이러한 사실은 디모데후서 4:10에 "데마는 이 세상을 사랑하여 나를 버리고 데살로니가로 갔고 그레스게는 갈라디아로, 디도는 달마디아로 갔고 "라고 함에서 찾아 볼 수 있다.

이와 같이 디도는 바울이 "같은 믿음을 따라 된 나의 참 아들"이라고 불렀으리만큼 바울에게 소중한 동역자였다.

디도는 전설에 의하면 로마시대 그레데의 수도는 고틴이었는데, 이곳에서 복음을 증거하다가 순교했다고 한다. 이러한 순교자 디도의 무덤 위에 지금도 디도를 기념하는 교회가 세워져 있다고 한다. 디도는 그레데에 복음을 처음 들어간 선교사이다. 지금도 그레데 사람들은 '디도는 그레데에게 정말 좋은 사람이다'고 대답한다고 한다. 지금도 그레데는 98%가 예수님을 영접한 사람들이 살고 있다고 한다.[319)

2> 디도는 어떤 사람인가?

<1> 바울의 믿음의 아들이다.

바울은 디도를 자기와 같은 믿음을 따라서 아들 된 자라고 부른다. 이러한 사실은 디도서 1:4에서 "같은 믿음을 따라 된 나의 참 아들 디도에게 편지하노니 하나님 아버지와 그리스도 예수 우리 구주로 좇아 은혜와 평강이 네게 있을지어다."라고 기록함으로 증거하고 있다. 여기서 "같은 믿음을 따라 된 나의 참 아들 디도에게"란

---

319) cafe.daum.net/leemaria5212 참조.

말의 의미는 영적인 측면에서 바울이 디도를 어버이가 자식을 사랑하고 있는 것처럼 사랑하는 사람이란 뜻이다. 이러한 의미를 호크마 성경주석에서는 바울의 전도로 예수님을 믿고 구원을 받은 사람이며, 동시에 바울의 믿음을 그대로 물려 받아 공유한 사람이라는 의미를 말한다고 했다.[320]

"바울은 '나의 참 아들'이라는 호칭을 디모데에게도 사용한 바 있다(딤전 1:2). 이것은 바울 자신이 개종시킨 자들을 부르는 호칭이다(고전 4:14; 갈 4:19). 그런데 특별히 디도가 본 절에서 "같은 믿음을 따라 된 참 아들"이라고 소개되는 것은 그가 단순히 개종한 자의 차원을 넘어서 바울의 믿음을 물려받아 공유하고 있는 자임을 나타낸다(Hanson, Scott)."

칼빈도 "같은 믿음을 따라 된 나의 참 아들 디도에게"라는 의미는 말씀의 일꾼들이 그리스도에게 순종하도록 이끄는 자들을 영적으로 낳는다는 의미를 말하며, 바울은 자신이 디도의 아버지라고 부르지만 신앙이 모두가 공통적이란 점이며, 하늘에 한 아버지를 모시고 있다는 점이라고 했다. 하나님은 자신이 원하는 자들을 중생시키는데 사용하는 자들을 영적인 아버지라고 불리우는 것을 허락하지만 그러나 하나님의 대권을 독점하시고 있다고 했다.[321]

"여기서 말씀의 일군이 어떤 의미로 그리스도에게 순종하도록 이끄는 자들을 영적으로 낳는다고 말하는가 하는 점을 알 수 있다. 그것은 자신이 낳은바 된 사람이라는 의미에서이다. 이런 뜻

320) 강병도 편, 『호크마종합주석 (디도서) 8권』, (서울: 기독지혜사, 19992), p. 616.
321) 존 칼빈 저, 칼빈성경주석 편찬위원회 편, 『신약성경주적 4권』, (서울: 신교출판사, 1978), p. 387.

에서 바울은 자신이 디도의 아버지라 부르지마는, 즉 이 이 신앙이 두 사람 모두에게 공통적이라는 점을, 곧 양자는 하늘에 한 아버지를 모시고 있다는 점을 덧붙이고 있다. 이처럼 하나님께서는 자신이 원하는 자들을 중생시키는데 있어서 사용한 자들이 자신과 함께 영적으로 아버지라고 불리우는 것을 허락하지만 하나님의 특유한 대권은 독점하고 있다. 왜냐하면 그들 스스로는 아무것도 할 수 없고 다만 성령의 효력을 통해서만 일할 수 있기 때문이다. 이 구절의 나머지 부분에 대해서는 이보다 앞선 서신, 특별히 디모데전서를 참고하기를 바란다."

〈2〉 바울의 동무된 자이다.

고린도후서 8:16-24에 보면, 사도 바울은 고린도교회에 큰 가뭄으로 인해 고통당하고 있던 예루살렘 교회를 돌아보아 구제헌금을 모아 보낼 것을 권면한다. 그리고 고린도 교회에서 모은 구제 헌금을 받아올 사람으로 디도와 믿을만한 또 다른 한 사람을 딸려서 보냈다. 그리고 바울은 이러한 디도에 대해서 다음과 같이 소개한다. "디도로 말하면 나의 동무요 너희를 위한 나의 동역자요 우리 형제들로 말하면 여러 교회의 사자들이요 그리스도의 영광이니라."고 기록하고 있다.

바울은 이렇게 고린도교회에 디도를 소개하는 소개장에서 디도를 동무라고 부르고 있다. 이것은 바울과 디도의 관계가 연령을 떠나서 영적으로 매우 친밀한 관계임을 말해 주고 있는 것이다.

그래서 이병규 목사는 그의 강해서에서 "디도는 바울의 제자인데 그를 자기의 "동무"라고 했다. 동무라는 말은 친교(親交)를 내포한 친구의 뜻이 있다.322)"고 했다.

---

322) 이병규 지음 , The commentary of corinthians, 『성경강해 고린도서』,
  (서울: 성광문화사, 1981), p. 390.

⟨3⟩ 바울의 동역자이다.

바울은 디도에 대하여 고린도후서 8:23에서 "너희를 위한 나의 동역자요"라고 말하고 있다. 렌스키는 말하길 "바울의 특별한 친구로 고린도에서 함께 일하였고 이 사역을 같이 하는 동역자다."[323]라고 했다. 디도는 바울의 복음 사역을 협력하는 협력자란 말이다. 그래서 풀빗 성경주석에선 "그들은 각자 자신의 기능을 가지고 그리고 자신의 도구로써 일하지만, 모두가 하나의 목적을 위해서 협조하는 동역자들이다"[324]고 했다.

디도가 바울의 복음의 동역자가 된 것은 디모데후서 4:10에 "데마는 이 세상을 사랑하여 나를 버리고 데살로니가로 갔고, 그레스게는 갈라디아로, 디도는 달마디아로 갔고."에서 찾아 볼 수 있다.

이것은 사도 바울이 순교하기 직전 디도는 바울에게서 가까운 곳에 머물러 있지 못했던 것으로 보인다. 바울은 마지막에 디도를 곁으로 부를 수 없었던 안타까움을 "디도는 달마디아로 갔다"고 말하고 있다. 그러면 왜 디도가 달마디아로 갔을까? 그것은 데마처럼 세상을 사랑하여 바울을 버리고 세상의 향락을 찾아 떠난 것이 아니다. 디도는 데마와는 달리 '달마디아', 즉 오늘날 유고슬로비아 지방인 유럽 중심부 속으로 들어가서 그곳에 이미 세워진 교회를 바울을 대신하여 찾아다니며 교회들을 격려하기 위함이었을 것이다.[325]

---

323) 렌스키 저, 배영철 역, 『성경주석 고린도후서』, (서울: 백합출판사, 1980), p. 296.
324) 풀빗성경주석 편찬위원회 편, 『풀빗성경주석 고린도후서』, (서울: 보문출판사, 1981), p. 465.
325) http://korean.oliveumc.org/645 2008.08.16 14:16:00.

이러한 사실은 디도가 복음 전파의 사역에 바울을 협력해서 지대한 공헌을 했음을 암시해 주고 있는 것을 말한다.

⟨4⟩ 바울의 위로자이다.

디도는 바울에게 참 소중한 위로자이다. 고린도후서 7:5-7절 "우리가 마게도냐에 이르렀을 때에도 우리 육체가 편치 못하고 사방으로 환난을 당하여 밖으로는 다툼이요 안으로는 두려움이라 그러나 비천한 자들을 위로하시는 하나님이 디도의 옴으로 우리를 위로하셨으니 저의 온 것뿐 아니요 오직 저가 너희에게 받은 그 위로로 위로하고 너희의 사모함과 애통함과 나를 위하여 열심 있는 것을 우리에게 고함으로 나로 더욱 기쁘게 하였느니라."고 했다.

그것은 바울이 디도로 통해서 고린도교회에 대한 염려의 서신을 고린도교회에 보낸 후 고린도교회에 대한 반응을 가져오기를 염려하며 기다렸다. 이러한 기다림 속에서 디도가 이러한 문제를 다 해결하고 바울에게 좋은 소식을 전해 줌으로 바울의 마음에는 큰 위로가 되었다. 이때에 디도가 바울에게 돌아옴으로 바울에게 위로가 된 것은 구체적으로 3가지를 들 수가 있다.

첫째는 디도가 돌아옴으로 바울의 복음사역에 조력을 얻을 수 있기 때문이다. 둘째는 디도에게 바울이 준엄한 편지를 보낼 때에 고린도교인들의 반응이 어떻게 나올지 바울과 디도 둘 다 불안했기 때문이다(13-15절). 셋째는 디도로 통해서 고린도교회의 성도들의 태도가 매우 고무적이라는 소식을 접했기 때문이다. 바울에게 대한 고린도 교인의 애정, 그를 보고 싶어 하고 그를 사모하는 마음, 그를 실망시켰던 행위에 대해 회개하는 마음, 그리고 다시금 그를 따르고자 하는 열심 등에 대한 소식은 바울의 마음에 크나 큰

위로를 주었다. 이렇게 디도는 바울에게 위로를 가져다주는 소중한
위로자가 된 것이다.326)

<5> 핍박을 견디어 낸 자이다.

디도가 사역하던 때는 평온 때가 아니라 핍박이 극도에 달하는
때이다. 디도가 회심한 때는 사도 바울의 1차 전도여행 시기(딛
1:4)였으며, 그의 사역기간은 로마황제 도미티아누스시대(주후
47-90년)까지로 알려져 있다. 도미티아누스 황제는 기독교 박해
로 악명 높은 이름으로 기록될 만큼 잔인한 지도자였다. 이 시기에
복음을 전할 뿐만 아니라 교회지도자로 사역한다는 것은 말처럼 쉬
운 일은 아니었다.

로마의 정책적인 압박을 피하며, 진행된 디도의 복음사역은, 사
실 회심 초기 안디옥 교회 지도자로 부상할 때 겪은 '교회 내부의
도전'을 극복하는 가운데 더욱 왕성해질 수 있었다. 헬라인이었던
디도는 유대주의자로부터 자신 스스로를 지켜야 했다. "할례를 받
지 않은 이방 헬라인인 디도가 지도자로서 자격을 갖추었나?"라는
공격이 그것이었다.327)

이렇게 디도는 그의 사역의 기간이 박해자 도미티아누스 황제의
통치 아래서 이루어진 사실들은 그가 얼마나 핍박의 복판에서 그의
복음 사역이 진행되었는가 하는 것을 우리는 알 수 있다.

---

326) 강병도 편, 『호크마종합주석 (고린도전후서) 7』. p. 448. 참조.
327) http://korean.oliveumc.org/645 2008.08.16 14:16:00. 참조.

제 3 장
빌립보서에 나타난 바울의 동역자들

1. 에바브로 디도

1〉 에바브로 디도의 생애

에바브로 디도('Επαφρόδιτος, Epaphroditus)의 이름의 뜻은 '아담(雅淡)'이란 뜻으로 '잘생긴' 혹은 '매혹적인'이란 의미를 지닌다.

그의 이름은 성경에 2회 밖에 안 나온다. 먼저는 빌립보서 2:25에 "그러나 에바브로 디도를 너희에게 보내는 것이 필요한 줄로 생각하노니 그는 나의 형제요 함께 수고하고 함께 군사된 자요 너희 사자로 나의 쓸 것을 돕는 자"라고 했다. 그리고 또 한 곳은 빌립보서 4:18에 "내게는 모든 것이 있고 또 풍부한지라 에바브로디도 편에 너희의 준 것을 받으므로 내가 풍족하니 이는 받으실 만한 향기로운 제물이요 하나님을 기쁘시게 한 것이라"고 언급하고 있다.

그의 이름은 라틴어로는 '베누수투스'(Venustus: 비너스에게 속한 자)에 해당하는 헬라어의 이름으로 유대인은 아닌 것 같다. 그의 이름은 헬라어나 라틴어 형태로 흔히 쓰이게 된다. 그렇지만 골로새서에 나타난 에바브라(Epaphras)와 동일인이란 확실한 근거는 없다(골 1:7; 4:12).

에바브라디도는 빌립보 교회에 존경받는 인물로 그가 관리였는지는 확실히 알 수 없으며, 그는 빌립보 교회로부터 바울에게 선교헌금을 전하며 바울 곁에 머물면서 바울을 섬기도록 위촉을 받은 사람이다(빌 2:25, 30).

이러한 에베브로 디도는 바울 곁에 머물면서 바울의 로마에서 복음을 위해서 바울과 함께 수고하다가 중병에 걸려서 눕게 되었는데 그 원인은 자기의 목숨을 돌보지 않고 바울의 사역을 돕다가 과로의 결과로 무슨 병명인지는 모르지만 중한 질병에 걸려서 괴로움을 겪은 듯하다.

이러한 에바브로 디도는 건강이 점차 회복하자 그를 빌립보교회로 돌려보내는 것을 바울은 좋게 여겨 빌립보서를 기록해서 에바브로 디도의 치료의 기쁜 소식을 함께 전하게 된다.[328]

그러면 왜 바울은 자기의 곁에 두지 않고 에바브로 디도를 빌립보교회로 다시 돌려보내려고 했는가? 여기에 대해서 4가지 이유를 생각해 볼 수 있다.[329]

(1) 에바브로 디도는 병들어 있었기 때문이다. 빌 2:26절에 보면 빌립보 교인들은 그가 병들었음을 이미 들어서 알고 있었던 것이다. 27절에는 그가 병든 것이 틀림없으며, 거의 죽게까지 되었던 것을 기록해 주고 있다.

(2) 빌립보 성도들이 그의 병든 소식을 듣고 매우 염려했기 때문

---

328) 성서대백과사전 편찬위원회 편, 『성서백과대사전 8』, (서울: 성서교재간행사, 1981), p. 86. 참조.
329) 디럭스 바이블 성경사전 '에바브로디도'의 항목 참조.

이다. 빌립보 성도들은 에바브로 디도를 특별히 사랑하고 존경했으며 또한 그를 택정하고 보내기에 적합하다고 생각했다.

(3) 하나님께서 그를 회복시키시고 쉬도록 하는 것을 기뻐하셨기 때문이다. 이것을 보여주는 것으로 27절에 "하나님이 저를 긍휼이 여기셨고"가 나온다. 바울 사도는 그것이 에바브로 디도와 다른 사람들에게 뿐 아니라 자신에게도 큰 긍휼이 되었음을 고백하고 있다. 또한 그는 분명하게 근심이 크게 덜어진 것으로 여겼다. 27절의 "내 근심 위에 근심을 면하게 하셨느니라."가 이것을 보여준다. 이는 곧 "내 자신의 투옥이라는 근심에다 에바브로 디도의 죽음이라는 근심을 더하지 않게 하셨느니라."를 뜻하는 것이다.

(4) 에바브로 디도는 빌립보 성도들을 방문하기를 무척 원하고 있었기 때문이다. 이는 그가 병들었을 때 그를 위해 근심하였던 사람들을 위로하기 위해서였다. 28절의 말씀, "너희로 저를 다시 보고 기뻐하게 하며"가 이것을 보여준다. 에바브로 디도는 빌립보 성도들에게 그들이 그렇게 사랑하는 친구인 자신을 보게 함으로써 기꺼이 그들에게 위로의 기쁨을 주고자 했다. 29절의 "이러므로 너희가 주 안에서 모든 기쁨으로 저를 영접하고 이와 같은 자들을 존귀히 여기라"는 말씀은 곧 "열심히 있고 신실한 자들을 존귀히 여기라 그리고 그들에게 최상의 존경과 사랑을 베풀라"는 말씀이다.

에바브로디도는 하나님의 일을 하는 중에 병이 들었던 것 같다. 30절 "저가 그리스도의 일을 위하여 죽기에 이르러도 자기 목숨을 돌아보지 아니한 것은 나를 섬기는 너희의 일에 부족함을 채우려 함이니라."는 말씀이 이것을 보여준다고 하겠다. 바울 사도는 그러한 이유 때문에 빌립보 성도들이 그를 더욱 사랑할 수 있어야 한다고 생각하고 있는 것이다. 기도의 응답으로서 우리에게 주어진 것은 큰 감사와 기쁨으로 받아들여져야 한다.

이러한 사실은 바울이 빌립보서 2:25-30 "그러나 에바브로 디도를 너희에게 보내는 것이 필요한 줄로 생각하노니 그는 나의 형제요 함께 수고하고 함께 군사된 자요 너희 사자로 나의 쓸 것을 돕는 자라 그가 너희 무리를 간절히 사모하고 자기 병든 것을 너희가 들은 줄을 알고 심히 근심한지라 저가 병들어 죽게 되었으나 하나님이 저를 긍휼히 여기셨고 저 뿐 아니라 또 나를 긍휼히 여기사 내 근심 위에 근심을 면하게 하셨느니라 그러므로 내가 더욱 급히 저를 보낸 것은 너희로 저를 다시 보고 기뻐하게 하며 내 근심도 덜려 함이니 이러므로 너희가 주 안에서 모든 기쁨으로 저를 영접하고 또 이와 같은 자들을 존귀히 여기라 저가 그리스도의 일을 위하여 죽기에 이르러도 자기 목숨을 돌아보지 아니한 것은 나를 섬기는 너희의 일에 부족함을 채우려 함이니라."고 기록하고 있다.

2> 에바브로디도는 어떤 사람인가?

<1> 나의 형제라고 칭함을 받은 자이다.

바울은 에베브로디도를 향해서 빌립보교회의 성도들에게 칭찬하면서 5가지 칭호를 사용해서 부르고 있는데, 제일 먼저 바울이 그에게 사용한 칭호가 빌립보서 2:25에서 "그는 나의 형제요"라고 했다.

그러면 바울이 에바브로디도를 향해서 '나의 형제'라고 부른 까닭은 무엇을 의미하는 것일까? 어떤 사람은 "에바브로디도는 바울과 함께 신앙을 공유하면서 하나님의 가족의 일원으로 깊은 애정을 나누는 자인 것을 말한다."330)고 했다.

박형용 박사는 "바울이 한 때 교만한 바리새인 이었다면 에바브로디도는 바울에게 '개' 같은 이방인에 지나지 않은 존재이다. 그러나 그리스도가 그 둘 사이를 가깝게 만들었고, 그들 사이는 감정을 통한 사이였고(빌 2:27), 형제 사이였으며 함께 수고하고 함께 군사된 사이였다"고 했다.331)

이정현 교수도 바울이 그를 형제라고 부른 것은 상당한 의미가 있는데, 그는 원래 헬라인인고로 과거에는 개처럼 취급당할 대상이었으나 이제 그리스도 안에서 한 형제로 대함을 말하며 또 기독교인이라는 용어 대신에 사용한 말이며, 바울은 그와 신앙 안에서 하나된 사람이며 하나님의 가족의 일원으로 생각한다고 말하고 있다.332)

"바울이 에바브로디도를 형제라고 부른 것은 상당한 의미가 있습니다. 원래 에바브로디도는 헬라인이기 때문에 바울이 과거에는 '개'처럼 취급할 상대였으나, 이제 그리스도 안에서 한 형제로 대한다는 의미이기 때문입니다. 이 말은 '기독교인'이라는 용어를 대신사용하고 있는 말이기도 합니다. 바울이 이 말을 사용함으로써 에바브로디도가 신앙 안에서 실로 자신과 하나 된 사람이며, 하나님의 가족 중의 일원이며, 자신의 깊은 애정을 받고 있는 사람이라는 사실을 증거해 주는 것입니다. 이방인으로서 자기에게 잘 해 주기 때문에 한 형제로 부르는 것이 아니라, 주님 안에서 하나가 되었기 때문에, 한 형제라고 부르고 인정하는 것입니다."

〈2〉 바울과 함께 수고한 자이다.

330) 강병도 편, 『호크마종합주석 (빌립보서) 8』, (서울: 기독지혜사, 1992), p. 154.
331) 박형용 지음, 『빌립보서주해』, (수원: 합동신학대학원출판부, 1997), p. 161.
332) 이정현 저, 『바울 곁의 사람들』, pp. 105-106.

바울은 에바브로디도를 "함께 수고하는 자"라고 부르고 있다(빌 2:25). 여기서 "함께 수고하고". 에 해당하는 헬라어는 '쉬네르곤'(συνεργὸν)으로서 '동역자'를 의미한다. '동역자'는 복음을 증거하기 위해 함께 수고하는 자를 가리킨다. 이것은 에바브로디도가 바울과 빌립보교회를 세운 것을 암시한 듯하다.[333]

그래서 어떤 학자는 "함께 수고하고는 자"란 표현은 바울의 독특한 표현인데, 이 말을 줄이면 '동역자'라고 할 수 있으며, 신약에는 전체 13번 사용하는데, 바울이 12번을 사용한다고 한다. 바울은 그리스도를 전파한 일이 없는 곳에 복음을 전파하는 일에 협조한 사람들을 표현할 때에 주로 이 말을 사용했다고 주장한다. 그리고 말하기를 어쩌면 바울이 빌립보교회를 세울 때에 그가 도왔던 것을 의미한 것 같다고 했다.[334]

〈3〉 바울과 함께 군사된 자이다.

에바브로디도를 가리켜서 바울은 "함께 군사 된 자"라고 했다(빌 2:25). 이것은 하나님의 복음을 위해서 대적자들과 계속해서 싸우는 일꾼을 가리키는 것으로 그가 계속해서 고난을 당한 것을 암시한다(몬 1:2). 그래서 박윤선 박사는 "'함께 군사 된 자'란 뜻은 바울과 에바브로디도가 함께 그리스도를 위하여 영전에 있어서 선한 싸움을 잘 싸우는 것을 의미한다(엡 6:10)."[335]고 했다.

또 어떤 신학자는 "함께 군사 된 자"란 말도 오랜 기간에 걸친 교우관계의 개념을 포함하고 있다고 했으며, 원래 이 말은 군사적인

---

333) 강병도 편, 『호크마종합주석 (빌립보서) 8』, p. 154.
334) 이정현 저, 『바울 곁의 사람들』, p. 106. 참조.
335) 박윤선 지음, 『성경주석 바울서신』, (서울: 영음사, 19770, p. 213.

용어로 대적을 상대로 나란히 서서 함께 싸우는 군인들을 가리키는 것이라고 한다. 그런데 바울이 이 말을 에바브로디도에게 적용시킨 것은 그가 바울과 함께 복음을 대적하거나 진리를 없신여기며 그리스도를 대적하는 모든 권세를 대적하여 싸우는 영적인 군사임을 말한다고 했다.336)

칼빈도 "바울은 이 말들 속에서 끊임없이 복음을 따르고자 하는 사람들을 괴롭히는 사단과 싸움에 임할 복음의 사역자들이 가져야 할 조건들을 보여 주고 있다. 그러므로 교회의 부흥을 위해 일하려고 나서려는 자들은 자기들 앞에 마귀의 선전포고가 놓여 있고, 마귀는 이미 싸울 준비를 갖추고 있다는 사실을 알아야 한다"337)고 함으로 복음의 싸움을 싸우는 전사들의 삶의 태도를 제시해 주고 있다.

⟨4⟩ 빌립보교회의 사자이다.

바울은 에바브로디도를 칭하는 칭호 중에서 "너희 사자로"(빌 2:25)라는 언급이 나온다. 여기서 '사자'란 말에 해당되는 헬라어의 의미는 '아포스톨론'(ἀπόστολον)이란 말로 문자적으로는 '사도'를 가리키는 것으로 에바브로디도가 빌립보교회로부터 바울에게로 '보냄을 받은 자'인 것을 의미한다. 이렇게 에브브로디도는 사역을 감당하기 위하여 '권위'를 부여 받고 보냄을 받은 자이다.338)

그러나 종교개혁자인 존 칼빈은, "여기서 나오는 '사자'란 말은

---

336) 이정현 저, 『바울 곁의 사람들』, p. 106. 참조.
337) 존 칼빈 저, 칼빈성경주석 편찬위원회 편, 『신약성경주석(빌립보서) 7』, (서울: 신교출판사, 1979), p. 517.
338) 강병도 편, 『호크마종합주석 (빌립보서) 8』, p. 154.

다른 여러 구절들처럼 일반적인 전도자를 가리킨 자라고 하는 자도 있고, 특별히 빌립보교회에 보냄을 받은 사절로 보는 자도 있다. 내 의견으로는 전자가 더 타당한 것 같다."[339]고 말하기도 했다.

〈5〉 바울의 쓸 것을 돕는 자이다.

바울은 에바브로디도를 향해서 사용하는 마지막 칭호로는 "나의 쓸 것을 돕는 자"(빌 2:25)라고 했다. 여기서 '돕는 자'란 문자적으로 '봉사자'를 말하며 에바브로디도는 빌립보교인들이 바울의 필요를 채워 주기 위해서 보낸 자이다.

그래서 바울은 빌립보서 4:18-19에서 "내게는 모든 것이 있고 또 풍부한지라 에바브로디도 편에 너희의 준 것을 받으므로 내가 풍족하니 이는 받으실 만한 향기로운 제물이요 하나님을 기쁘시게 한 것이라 나의 하나님이 그리스도 예수 안에서 영광 가운데 그 풍성한 대로 너희 모든 쓸 것을 채우시리라"고 했다.

2. 유오디아와 순두게

1〉 유오디아와 순두게의 생애

〈1〉 유오디아

---

339) 존 칼빈 저, 칼빈성경주석 편찬위원회 편, 『신약성경주석(빌립보서) 7 』, p. 517.

유오디아('Εὐοδία, Euodia)의 이름의 뜻은 '향수'란 의미로 빌립보 교회의 여성도이다. 성경에서는 유오디아에 대한 언급은 단 1회 나온다. 바울은 유오디아에 대해서 그가 빌립보교회의 보낸 서신인 빌립보서 4:2-3에 "내가 유오디아를 권하고 순두게를 권하노니 주 안에서 같은 마음을 품으라 또 참으로 나와 멍에를 같이한 자 네게 구하노니 복음에 나와 함께 힘쓰던 저 부녀들을 돕고 또한 글레멘드와 그 위에 나의 동역자들을 도우라 그 이름들이 생명책에 있느니라."고 바울이 권고하고 있다.

바울이 이런 내용을 빌립보교회에 보낸 서신에서 기록한 것은 유오디아와 순두게가 불화한 고로 "주 안에서 같은 마음을 품으라"고 권고한 듯하다. 이 두 사람은 빌립보 교회 창립 시대, 혹은 바울의 마게도냐 제 2 전도여행 동안 복음을 위해 같이 일했을 것이다.

<2> 순두게

순두게(Συντύχη, Syntyche)의 이름의 뜻은 '우연히 생긴 일'이란 뜻이다. 그녀는 빌립보 교회의 독실한 여신도이며, 유오디아와 같이 바울을 도와주었다. 바울은 "주 안에서 같은 마음을 품으라"고 권한다(빌 4:2). 이는 유오디아와 서로 불화한 고로 바울이 이렇게 권한 듯하다.

2> 유오디아와 순두게는 어떤 사람들인가?

<1> 빌립보교회의 일꾼들이다.

바울은 유오디아와 순두게에 대하여 그녀들이 빌립보교회의 일꾼들인 것을 빌립보서 4:2에서 "내가 유오디아를 권하고 순두게를 권하노니"라고 말함으로 이들이 빌립보교회에 대표적인 여성 일꾼들인 것을 말하고 있다.

빌립보교회는 바울이 2차 전도여행 때에 바울의 전도로 자주 장사 루디아란 여자 성도의 집에서 세워진 교회로 초창기부터 여성들의 활동이 두드러지게 나타난 교회이다. 이러한 가운데 유오디오와 순두게는 빌립보교회에 매우 충성스런 일꾼들인 것이다. 그래서 어떤 사람들은 "빌립보 교회에서 이 두 사람은 유력한 여인들로서, 그곳에는 초창기부터 여인들의 활동이 두드러졌다(행 16:12-16)."[340)고 했다.

⟨2⟩ 바울의 충실한 복음의 동역자들이다.

바울은 빌립보서 4:3에 "복음에 나와 함께 힘쓰던 저 부녀들을 돕고"라고 했다. 이들은 2절에서 바울이 이미 언급하고 있는 유오디아와 순두게라는 두 여인들을 두고 말하는 것이다.

신학자 렌스키는 두 여인의 이름은 일반적으로 흔한 이름으로 두 여인은 전에 바울과 더불어 함께 복음 전도사업에 힘썼던 자들이며, 그 이후에도 계속적으로 복음의 증진에 힘쓴 자들이라고 했다.[341)

---

340) 성서백과대사전 편찬위원회 편, 『성서백과대사전 9』, (서울: 성서교재간행사, 1981), p. 685.
341) 렌스키 저, The Interpretation of St. Paul's Epistles to the Philippians, to the Colossians and to the Thessalonians, 장병일 역, 『성경주석 빌립보서 골로새서 데살로니가전후서』, (서울: 백합출판사, 1979), p. 164.

"이들은 빌립보에 있는 두 여인들이고, 어떤 특수한 당파가 아니다. 그들은 일반적으로 흔한 이름의 소유자들이었다. 즉 23회 내지 24회에 걸쳐 다른 유오디아라는 이름을 발견할 수 있으며, 순두게라는 이름도 25회나 발견할 수 있다. 자안(Zahn)은 생각하길 더 광범하게 찾아본다면 지금의 숫자의 배가 될 것이라고 한다. 우리가 이 두 여인에 관해서 아는 모든 것은 3절의 관계절에 포함되어 있다. 그 이상 더 찾아내려는 노력은 사랑이 수고를 상실하고 만다. 이 두 여인은 전에 바울과 더불어 함께 복음전도 사업에 종사하여 일한 자들이고, 그 이후 계속하여 복음을 증진시켜 나아간 것 같다. 그들은 상당히 정력으로 복음전파에 힘을 기울였다. 그들은 집사나 혹은 교회의 어떤 공적을 가지고 있었다는 생각은 부질없는 생각이다."

〈3〉 유오디아와 순두게는 교회 안에서 불화를 일으킨 자들이다.

바울은 두 여자들인 유오디아와 순두게의 불화의 관계를 의식해서 빌립보서 4:2에서 "내가 유오디아를 권하고 순두게를 권하노니 주 안에서 같은 마음을 품으라"고 했다. 여기서 "주 안에서 같은 마음을 품으라"고 바울이 말한 것은 두 사람이 서로 교회를 섬기면서 불화의 관계에 있음을 염두에 두고 말한 것이라고 많은 학자들은 생각한다.

그들 중에 한 사람인 렌스키는 이들이 매우 사소한 성격적인 것에 비롯된 것이며, 교리적인 문제와 같은 것에서 비롯된 것이 아니라고 했다. 이들은 교회의 일을 더 잘해 보려는 입장에서 방법의 차이에서 온 것으로 이들의 불화가 오랜 기간 동안 계속되었기 때문에 이러한 소식을 에바브로 디도를 통해서 소식을 듣고 바울이 개입하기에 이르게 된 것이라고 했다.342)

---

342) 같은 책, p. 165.

"바울의 이 간단한 진술은 곧 이 일이 매우 사소하고 부수적인 성격의 것임을 보여 주고 있다. 바울은 그 일에 관한 소식을 에바브로디도(2:25 등)로부터 들었다. 이 두 여인은 서로 협력하지 않았다. 대개 같은 일에 종사하고 있는 경력적인 사람들은 서로 협력하지 않는 경향이 지배적이다. 교의적으로 문제가 되어서가 아니라 교회 사업을 보다 더 잘해 보려는 입장에서 이른바 방법의 차이에서 온 것이라고 생각할 수 있다. 그런데 그러한 불일치가 하루나 한 주일 정도로 끝나 버리지 않고, 오랜 기간 동안 존속 내지는 지속되어 바울이 개입하기에 이른 것이다. 그와 같은 일은 이 두 여인들에게 있어서 바람직스런 일이 아니었다. 뿐만 아니라 다른 사람들에게 대해서도 좋은 모범이 될 수가 없었던 것이다. 이러한 일들은 그 두 여인이 효과적인 협력을 증진시키지 못하고 나아가서는 그들의 협력에서 이룩할 수 있는 유익도 회중에게 가져 올 수 없게 되는 것이다. 마차를 끄는 두 말이 하나는 앞으로 나가려고 하고 다른 하나는 뒤로 처지려는 경우, 그 마차를 움직여 나아갈 수 없는 것이다. 같은 마음을 가질 때에만 가능하다."

박형용 박사도 루디아 처럼 유오디아와 순두게도 빌립보교회의 지도자였음은 틀림없으며, 교회내에서 어떤 역할을 했는지는 확실히 모르지만 바울의 동역자들로 빌립보교회에서 지도자라고 할 만큼 빌립보교회를 위해서 수고한 자들이었다고 말하고 있다.[343]

그리고 이어서 저자는 지도자들인 이 여인들이 감정싸움은 아닌듯하지만 의견대립의 문제로 생각되며, 이러한 의견 대립이 한 마음으로 뭉쳐야 할 교회를 양분시키는 역할을 하게 되었다. 바울은 이러한 사실을 심각하게 생각한 나머지 한 마음을 품도록 권면했다. 바울은 이때에 '내가 유오디아을 권하고 순두게를 권하노니'

---

343) 박형용 지음, 『빌립보서 주해』, (수원: 합동신학대학원출판부, 1997), p.216. 참조.

(빌 4:2)라고 함으로 '권하노니'란 말씀을 두 번 반복해서 사용하는데 이는 두 여인의 문제가 두 사람 모두의 책임인 것을 암시하며, 이렇게 잘못된 것을 강력하게 고치라고 강한 권면을 하는 것은 바울이 이들을 사랑하고 믿을 수 있었기 때문이고, 바울의 이러한 권면을 수용할 수 있을 정도로 이들은 성숙한 성도들이었기 때문이라고 말하고 있다.[344]

그러나 이들과 반대로 유오디아와 순두게가 서로간의 불일치를 했다고 주장할 수 없다고 하는 입장을 취한 사람도 있다. 이러한 사람이 종교개혁자 존 칼빈이다.

칼빈은 일반적으로 바울이 두 여인과의 분쟁적인 관계를 진정시키기 위해서 "주 안에서 같은 마음을 품으라"(빌 4:2)고 했다고 하지만 나는 이러한 충분한 근거를 찾아 볼 수 없다. 두 여인들은 매우 뛰어난 자들이며, 복음의 동역자들이며, 서로 화합하고 있었다는 것은 중대한 문제이며, 서로 조화를 이루라는 바울의 권면을 그들이 서로 불화하고 있다고 보는 것은 매우 위험한 생각이라고 주장한다. 그리고 '주안에서'라는 것은 서로가 하나가 될 때에 이루어져야 할 한계점으로 보아야 하며, 주 밖에서 맺어진 연합은 필경 불행하게 되고 깨어지고 말기 때문이라고 주장한다. 그러므로 그리스도인들의 연합은 주안에서 재결합을 해야 하기 때문에 "주 안에서 같은 마음을 품으라"고 주장한다.[345]

---

344) 같은 책, pp. 216-217. 참조.
345) 존 칼빈 저, 칼빈성경주석 편찬위원회 편, 『신약성경주석(빌립보서) 7』, pp. 542-543. 참조.

제 4 장
골로새서에 나타난 바울의 동역자들

골로새서에도 바울의 많은 동역자들에 대한 언급이 있다. 이들 가운데는 골새로서의 발신자의 명단 속에 들어있는 디모데와 마지막의 문안인사 속에 나오는 인물의 명단 중에서는 두기고와 오네시모와 아리스다고와 바나바의 생질 마가와 유스도와 에바브라와 누가와 데마와 눔바와 아키보가 나온다.

이러한 바울의 동역자들의 명단 중에서 앞에서 이미 언급한 동역자들인 디모데와 두기고와 아리스다고와 마가와 누가는 이미 언급했고, 골로새서에서 처음 언급된 바울의 동역자들인 오네시모와 유스도와 에바브라와 데마와 눔바와 아킵보에 대해서 설펴 보고자 한다.

1. 오네시모

1〉 오네시모의 생애

오네시모('Ονήσιμος, Onesimus)의 이름의 뜻은 '이익'이란 의미로 '유익한' 혹은 '도움이 되는'이란 의미이다.

그의 이름은 신약성경에 단 두 군데 나온다. 먼저는 바울이 골로새교회에 보낸 서신으로 골로새서 4:9에 "신실하고 사랑을 받는 형제 오네시모를 함께 보내노니 그는 너희에게서 온 사람이라 저희가 여기 일을 다 너희에게 알게 하리라"고 기록되어 있는데, 여기서는 바울은 두기고를 따라서 오네시모를 골로새교회에 보내겠다는 내용이다. 다음으로 나온 것은 바울의 마지막 서신으로 신약성경에 나오는 빌레몬서 1:10에서 "갇힌 중에서 낳은 아들 오네시모를 위하여 네게 간구하노라"고 함으로 오네시모라는 동역자를 바울이 복음으로 낳은 아들이라고 함으로 바울에게서 매우 소중한 동역자임을 말하고 있다.

그러면 오네시모는 원래는 어떤 사람인가? 그는 골로새에 살고 있던 그리스도인 빌레몬의 노예 출신으로, 그는 주인 빌레몬의 금품을 훔쳐 로마로 도망쳐 나와서 대도시인 로마를 자신의 은신처로 삼아서 살아가는 사람이었다.

이러한 오네시모는 로마시에 머물러 자신을 숨기면서 살다가 사도 바울을 만나서 복음을 전도 받고 예수님을 믿고 구원받아서 새 사람이 된 자이다(몬 1:10).

이렇게 예수님을 믿고 회심한 그는 완전히 변화된 그리스도 안에서 새로운 피조물이 되어서 선한 사람이 되었다. 바울은 오네시모를 사랑하여 그를 곁에 두고 같이 있기를 바랐다. 그러나 그가 빌레몬의 노예인 이상 그를 주인에게 돌려보내지 않으면 안 되었다. 그리고 오네시모를 옛 주인에게로 다시 돌려보내는 바울의 행동에는 많은 예상치 못한 오네시모의 신상이 위험이 있음을 절감하게 되었다. 그 이유는 당시 노예의 생사는 그 주인의 손에 달려 있었기 때문에 바울은 두기고를 동행시켰을 뿐만 아니라, 화해 편지인 빌레몬서를 오네시모의 옛 주인인 골로새에 살고 있는 빌레몬에게 돌려보내졌다(몬 1:10-19; 골 4:7-9).

그러한 바울의 아들과 같이 사랑하는 오네시모는 전설에 의하면 에베소의 감독이 되었다는 전설이 있고, 그는 가장 위대한 지도자가 되었다고 한다. 안디옥의 감독 이그나티우스가 시리아로 호송되어 순교의 길을 가고 있는 중이었는데, 이 때 에베소의 감독 오네시모에게 감사하는 기록이 남아 있다고 한다. 성경이 아니기에 믿을 것은 아니지만 충분히 참고할 수 있다.346)

2〉 오네시모는 어떤 사람인가?

〈1〉 빌레몬의 종이다.

사도 바울은 예수님을 믿기 전의 오네시모의 신분을 빌레몬의 종

---

346) "그로부터 50년 후, 교회사에서 위대한 신학자였던 익나티우스가 처형 당하기 위해 안디옥교회로부터 로마로 연행되는 도중에 편지를 소아시아의 여러 교회에 남겼습니다. 그것은 에베소교회 교인들에게 편지를 썼던 내용으로, 당신들은 훌륭한 감독을 둔 축복을 누리고 있다는 요지입니다. 그 감독이 바로 오네시모입니다. 도망자 신분에 불과했던 오네시모가 후년에 에베소의 저명한 감독이 된 것입니다. 빌레몬서가 있고 나서 50년 후의 일입니다. 만약 빌레몬의 용서와 골로새교회의 아량이 없었다면 오네시모 감독은 나오지 못했을 것입니다. 오네시모가 대감독이 될 수 있었던 것은 하나님의 은혜이고 바울의 신뢰이고 주변 인물들의 과거를 묻어준 아름다운 마음입니다. 만약에 빌레몬이 바울의 요청에 "싫다!" "용서해 주는 것이 싫다!" 했다면 에베소교회는 오네시모라는 훌륭한 감독을 얻지 못했을 것입니다(cafe.daum.net/teacherfriends 교사의 벗. 참조)".

이라고 밝히고 있다. 이러한 사실은 빌레몬서 1:10-16에서 "갇힌 중에서 낳은 아들 오네시모를 위하여 네게 간구하노라 저가 전에는 네게 무익하였으나 이제는 나와 네게 유익하므로 네게 저를 돌려보내노니 저는 내 심복이라 저를 내게 머물러 두어 내 복음을 위하여 갇힌 중에서 네 대신 나를 섬기게 하고자 하나 다만 네 승낙이 없이는 내가 아무 것도 하기를 원치 아니하노니 이는 너의 선한 일이 억지같이 되지 아니하고 자의로 되게 하려 함이로라 저가 잠시 떠나게 된 것은 이를 인하여 저를 영원히 두게 함이니 이 후로는 종과 같이 아니하고 종에서 뛰어나 곧 사랑 받는 형제로 둘 자라 내게 특별히 그러하거든 하물며 육신과 주 안에서 상관된 네게랴"고 기록하고 있다.

그는 바울의 말대로 자기 주인인 빌레몬이 그리스도인인 고로 혹독한 괴로움도 제공하지 않았을 것이다. 그럼에도 불구하고 바울은 빌레몬서 1:18에 "저가 만일 네게 불의를 하였거나 네게 진 것이 있거든 이것을 내게로 회계하라"고 한 것을 보아서 물질을 훔쳐가지고 로마로 도망쳐 나온 것을 보면 오네시모는 질이 좋지 않는 종으로 생각된다. 그는 물질적인 손해를 준 자이며 또한 그는 평소에도 질이 좋지 않는 종이라는 사실은 바울이 그에 대해서 언급한 빌레몬서 1:11에 "저가 전에는 네게 무익하였으나 이제는 나와 네게 유익하므로" 라는 말씀에서 그가 주인 빌레몬의 돈을 훔쳐가지고 나온 것만을 가리키는 것이 아니라 평소에도 주인인 빌레몬에게 신임받지 못한 질이 좋지 못한 사람인 것을 말하고 있는 것이다.

오네시모가 주인인 빌레몬의 집에서 돈을 훔쳐가지고 도망쳐서 로마로 나온 이유는 무엇일까? 어떤 사람은 "빌레몬의 노예 오네시모는 도망 중에 바울을 만났다. 골로새에서 로마는 두 번이나 배를 갈아타야 하는 먼 거리인데, 무사히 갔다는 것은 오네시모가 보통 비상한 사람이 아님을 보여준다. 로마로 튄 이유는? 노예들이 많아 숨기도 좋고 검투사가 되어 공을 세우면 방면(放免)된다."347)고 했다.

〈2〉 갇힌 중에서 낳은 아들이라고 칭한 자이다.

바울은 오네시모에 대하여 말하기를 빌레몬서 1:10에서 "갇힌 중에서 낳은 아들 오네시모를 위하여 네게 간구하노라"고 했다. 이 말씀은 바울이 로마감옥에 갇혔음을 말하고 있으며, 여기서 '낳은 아들'은 랍비적인 표현으로는 선생인 랍비가 토라를 배우는 학생들 사이에서 사용하는 말이다. 바울이 오네시모에게 이러한 표현을 적용시킨 것은 그리스도 안에서 영적인 해산의 고통을 통해서 오네시모를 개종시켰을 말을 말하고 있다.

또한 동시에 오네시모에 대한 바울 자신의 애정을 나타낸다. 바울이 이렇게 오네시모는 "갇힌 중에서 낳은 아들"이란 표현은 빌레몬의 종으로 있다가 도망한 도망자이기 때문에 빌레몬이 오네시모에게 가지고 있는 나쁜 감정을 염려해서 이제는 예수님을 믿고 새로운 사람이 되었음으로 선처를 호소하는 바울의 사랑이 담겨져 있는 것이다.348)

〈3〉 심복이라고 칭한 자이다.

바울은 오네시모가 예수님을 믿고 난 뒤에 바울에게 아주 소중하고 충성스러운 사람이 되었다. 이러한 오네시모를 향해서 바울은

---

347) cafe.daum.net/teacherfriends 교사의 벗. 참조.
348) 강병도 편, 『호크마종합주석 (빌레몬서) 8』, pp. 674-675.

"네게 저를 돌려보내노니 저는 내 심복이라 저를 내게 머물러 두어 내 복음을 위하여 갇힌 중에서 네 대신 나를 섬기게 하고자 하나"(몬 1:12-13)고 했다. 여기서 '심복'이란 헬라어로 '스플랑크나'(σπλάγχνα. bowels: that is [sending] my very heart)란 말로 '내장' 혹은 '자비가 있는 마음'을 의미한다. 본 절에서는 '마음'을 뜻하며 동시에 바울 자신의 의미하기도 한다. 즉 바울은 오네시모를 돌려보내면서 오네시모에 대하여 '내 마음'이라고 말함으로 마치 자기 자신이 가는 것처럼 설명하고 있다.349)

〈4〉 사랑받는 형제라고 칭하는 자이다.

바울은 오네시모를 그의 육신의 옛날 주인인 빌레몬에게 "사랑받는 형제로 둘 자라"(몬 1:16)고 했다. 이 말은 오네시모의 옛 주인 된 빌레몬에게 옛날과 같이 오네시모를 종과 같이 생각하지 말고 종의 신분과 다른 신분, 즉 그리스도 안에서 오네시모를 한 형제로 대해야 할 것을 권고하고 있다. 이러한 사실에 근거해서 바울은 오네시모를 사랑받는 형제라고 칭하고 있다.

이것은 바울이 오네시모를 얼마나 사랑하고 있는가를 빌레몬에게 나타내고 있다. 이것은 주안에서 영적관계에서 바울이 오네시모를 사랑받는 형제라고 칭하고 있다. 그래서 칼빈은 그가 그의 주인인 빌레몬을 떠난 것에 대한 더 좋은 결과를 언급하는데 그것은 오네시모가 이제 새사람이 되어서 유용한 노예가 되었을 뿐 아니라 자기 주인의 형제가 되었다는 것이다. 그러나 이러한 일이 예수님을 믿은 후에 최근에 일어난 일임으로 형제를 받아드리는 일을 꺼려하는 일이 없도록 하라는 의미에서 말한 것이다. 그리고 이렇게

---

349) 같은 책, p. 675. 참조.

노예를 형제로 부르는 바울의 겸손을 우리는 찾아 볼 수 있다고 했
다.[350]

2. 유스도

1> 유스도의 생애

유스도(Ioûστος, Justus)의 이름의 뜻은 '정당한' 혹은 '의로운'
이란 말이다. 이 사람은 유대인으로서 유대교로부터 기독교로 개종
한 사람들이 다른 유대인의 이름과 결합하여 흔히 쓰는 이름이다.

이러한 유스도라는 이름은 신약성경에 세 곳에 나오는데, 먼저는
가룻 유다의 배신으로 인해 생긴 12 사도의 결원을 보충하기 위한
선거 때 맛디아와 함께 후보자로 나왔던 요셉의 성이다. 이러한 기
록은 사도행전 1:23에 "저희가 두 사람을 천(薦)하니 하나는 바사
바라고도 하고 별명은 유스도라고 하는 요셉이요 하나는 맛디아라"
고 누가의 기록에 의해서 소개되고 있다. 그는 파피아스(Papias)에
의하면 그가 독약을 마셨으나 아무런 해를 입지 않은 채 이교도의
계략을 물리쳤다고 전한다(Euseb. Hist, Ⅲ. 39).

또 다른 한 사람의 유스도는 고린도에 살고 있던 하나님을 공경
하는 디도 유스도라고 하는 사람이다. 그의 집은 회당 옆에 있었다.
바울은 그의 집에 유숙한 일이 있다. 사도행전 18:7에 "거기서 옮겨

---

350) 존 칼빈 저, 칼빈성경주석 편찬위원회 편, 『신약성경주석(빌레몬) 10
』, (서울: 신교출판사, 1980), p. 629. 참조.

하나님을 공경하는 디도 유스도라 하는 사람의 집에 들어가니 그 집이 회당 옆이라"고 기록되어 있다.

사본에 의하면 그의 이름들이 여러 가지로 나와 있다. 즉 디도 유스도(Titus Justus), 혹은 디디우 유스도(Titus Justus), 혹은 유스도(Justus. AV) 등 다양하다. 그가 바울 서신의 하나인 디도서에 나오는 디도라는 설도 있으나 그것은 예로부터 내려온 근거 없는 추측이다. 어떤 이는 그가 고린도의 가이오라고 생각하기도 한다.

그리고 마지막으로 유스도는 예수라고 하는 유대인의 성이다. 바울의 동역자인데, 바울은 최초의 옥고에서 그를 위로하고 있다. 또 그를 통하여 골로새 교회에 인사를 보내고 있다. 이 유스도에 대해선 바울이 골로새교회에 보낸 서신인 골로새서 4:11에서 "유스도라 하는 예수도 너희에게 문안하니 저희는 할례당이라 이들만 하나님 나라를 위하여 함께 역사하는 자들이니 이런 사람들이 나의 위로가 되었느니라."고 기록되어 있다.[351]

여기서 바울이 골로새교회에 보내는 서신 속에서 소개된 바울의 동역자인 유스도는 바로 이 사람을 말한다. 이러한 골로새서에 나타난 바울의 동역자인 유스도에 대해선 골로새서 4:11에 바울과 함께 있었던 유대인 그리스도인이었다는 사실을 언급한 그 외에 다른 곳에 언급한 내용은 없다. "유스도라 하는 예수"(골 4:11)에서 '예수'라는 이름은 유대인명 '여호수아' 혹은 '예수아'라는 헬라명으로 주후 2세기 이후에 나타나지 않는 것은 유대인의 회당과 그리스도인들 사이에 생긴 베타적인 감정 때문에 유대인들이 '예수'란 이름을 피한 까닭이다.

또 "저희는 할례당이라"(골 4:11)고 함에서 '저희'는 앞에서 언급

---

351) 성서백과대사전 편찬위원회 편, 『성서백과대사전 9』, p. 682. 참조.

한 아리스다고와 마가와 유스도라 하는 예수를 가리키는데, 바울은 이들을 유대인이라고 밝힌다.[352]

2> 유스도는 어떤 사람인가?

<1> 하나님의 나라를 위해서 함께 역사하는 자이다.

바울은 유스도가 어떤 사람인가 하는 사실에 대해서 골로새서 4:11에 "유스도라 하는 예수도 너희에게 문안하니 저희는 할례당이라 이들만 하나님 나라를 위하여 함께 역사하는 자들이니 이런 사람들이 나의 위로가 되었느니라."고 했다. 곧 여기서 유스도는 "하나님 나라를 위하여 함께 역사하는 자들이니"라는 말은 교회를 위해서 그리스도 안에서 사역하는 바울의 동역자들이란 말이다. 유스도를 비롯한 바울의 동역자들은 바울과 함께 하나님의 나라를 위해서 일하는 자들이었다는 말이다.

여기서 "하나님의 나라"란 말에서 두 가지 의미를 지니는데, 먼저는 다가올 미래에 대한 그리스도인의 유업을 말한다(고전 6:9, 19; 갈 5:21). 다음으로는 현재 그리스도인들이 경험하는 것으로(1:13; 롬 14:17) 그리스도께서 오신 이후에 구원의 시대를 말한다.[353]

<2> 바울에게 위로를 제공하는 자이다.

유스도에 대해서 바울은 또 한 가지 칭호를 제공한다. 그것은 바울의 마음에 위로를 제공해 주는 자라는 말이다. 그래서 바울은 유스도를 비롯해서 유대인인 그리스도인들에 대해서 "이런 사람들이

---

352) 강병도 편, 『호크마종합주석 (골로새서) 8』, p. 263.
353) 같은 책, p. 263. 참조.

나의 위로가 되었느니라."(골 4:11)고 했다.

바울이 이렇게 유스도를 비롯한 유대인들의 동역자들로부터 위로를 받았다는 것을 볼 때에 자기의 동족인 유대인들이 그리스도를 영접하지 않는 것을 염두에 두고 하는 말이다. 렌스키는 "이들만 하나님의 나라를 위하여 함께 역사하는 자들이니 '이런 사람들이 나의 위로가 되었느니라.' 이것이 아리스다고와 관계가 바울과 함께 갇힌 것과 같은 바울의 관계이기도 하다."354)라고 말함으로 유스도는 바울의 최고의 옥고에서 함께 바울을 위로해 주는 자가 되었다.355)

3. 에바브라

1> 에바브라의 생애

에바브라('Επαφρᾶς, Epaphrus)의 이름의 뜻은 '물거품' 혹은 '매력적인'이란 의미이다. 에바브라는 골로새(Colossae) 태생으로 그리스도교의 전도자이며 그로 통해서 골로새 사람들이 복음의 진리를 배웠다. 이러한 사실은 골로새서의 말씀 속에 두 곳에 기록되었다. 먼저는 골로새서 1:7에 "이와 같이 우리와 함께 종 된 사랑하는 에바브라에게 너희가 배웠나니 그는 너희를 위하여 그리스도의 신

---

354) 렌스키 저, The Interpretation of St. Paul's Epistles to the Philippians, to the Colossians and to the Thessalonians, 장병일 역, 『성경주석 빌립보서 골로새서 데살로니가전후서』, p. 366.

355) 디럭스 바이블 성경사전 '유스도' 항목 참조.

실한 일군이요"라고 했고, 다른 한 곳은 골로새서 4:12-13에 "그리스도 예수의 종인 너희에게서 온 에바브라가 너희에게 문안하니 저가 항상 너희를 위하여 애써 기도하여 너희로 하나님의 모든 뜻 가운데서 완전하고 확신 있게 서기를 구하나니 그가 너희와 라오디게아에 있는 자들과 히에라볼리에 있는 자들을 위하여 많이 수고하는 것을 내가 증거하노라."고 증거하고 있다.

그리고 에바브라와 빌립보 교회의 일꾼이자 바울의 동역자인 에바브로디도와는 동일인이 아니고 다른 사람이다. 그는 바울이 로마에서 투옥되었을 때 골로새 교회의 소식을 가지고 가서 그 곳에 퍼지고 있던 이단에 대하여 바울의 지시를 받기 위해 로마에 간 바도 있다. 그 결과 바울은 골로새서를 썼다(골 1:7, 8; 4:12). 그는 바울의 시중을 위해 실제로 옥중생활을 했을 것이다(몬 1:23). 그는 바울이 써준 골로새인에게 보내는 서신(골로새서)을 가지고 돌아왔다. 그 후 얼마동안 바울과 같이 로마에 체류했다. 그래서 바울은 이렇게 귀한 믿음의 동역자에 대해서 빌레몬서 1:23에 "그리스도 예수 안에서 나와 함께 갇힌 자 에바브라와"라고 문안인사 속에 에바브라를 포함시키고 있다.356)

그뿐 아니라 에바브라는 바울이 감옥에 갇히기 전에도 바울의 지시를 따라서 골로새와 인근 성읍들인 라오디게아와 히에라볼리에도 복음을 전하는 바울의 참으로 소중한 동역자이자 복음 전도자이다(골 4:12-13). 바울은 이때에 에베소에서 오랫동안 복음을 전하고 있을 때였을 것이다(행 19:10).

이러한 에바브라에 바울은 골로새서 1:7에 "이와 같이 우리와 함께 종 된 사랑하는 에바브라에게 너희가 배웠나니 그는 너희를 위

---

356) 디럭스 바이블 성경사전 '에바브라' 항목 참조.

하여 그리스도의 신실한 일군이요"라고 함에서 "너희를 위하여" 복음을 전했다고 한글개역성경에서는 번역되었는데, 영어성경 RSV에선 "우리를 대신하여(같이. Our behalf)"로 번역되기도 했다. 곧 에바브라는 바울 일행을 대신하여 골로새와 인근 성읍들에 복음을 전하였던 전도자였음을 말해 주고 있다.

또한 사도 바울은 에바브라를 골로새서 1:7에서 "우리와 함께 종된 사랑하는 에바브라에게"라고 기록함으로 그에게 따뜻한 칭찬을 아끼지 않고 있다. 이렇게 그를 "예수 그리스도의 종"이란 명칭은 자기의 사랑하는 믿음의 아들 디모데에게 빌립보서 1:1에 "그리스도 예수의 종 바울과 디모데는 그리스도 예수 안에서 빌립보에 사는 모든 성도와 또는 감독들과 집사들에게 편지하노니"라고 함으로 한 번밖에 사용하지 않은 특별한 의미의 명칭을 에바브라에게 사용하고 있다. 이러한 사실은 그가 얼마나 바울을 대신해서 바울의 지시에 따라서 충성스럽게 예수 그리스도의 복음의 종으로 복음증거에 전념한 사람인가 하는 것을 증거해 보여 주는 것이다.[357]

2> 에바브라는 어떤 사람인가?

<1> 예수 그리스도의 종이다.

바울은 사랑하는 동역자 에바브라에게 '예수 그리스도의 종'(골 4:12)이라는 명칭을 사용하고 있다. 이러한 사실은 에바브라는 바울이 에베소에서 복음을 증거할 때에 예수님을 믿고 그리스도인이 되었다. 그리고 바울의 지시를 따라서 골로새에 가서 바울을 대신

---

357) 성서백과대사전 편찬위원회 편, 『성서백과대사전 8』, (서울: 성서교재간행사, 1981), pp. 85-86. 참조.

해서 복음을 전해서 골로새교회를 세운 사람이다. 이러한 그에게 골로새서 1:7에 "이와 같이 우리와 함께 종 된 사랑하는 에바브라에게 너희가 배웠나니 그는 너희를 위한 그리스도의 신실한 일꾼이요"라고 기록하고 있다.

그래서 렌스키는 에바브라는 골로새 회중을 창설하였고 골로새교회의 주역으로 계속 일하고 있다는 것은 확실하다. 그가 지금도 일하고 있는 골로새교회에 유대주의자들과 싸우고 대항하기 위하여 바울의 도움을 구하기 위해서 바울을 찾아 왔다는 것이다. 바울은 이러한 에바브라를 "우리를 위하여 그리스도의 신실한 일꾼인 우리와 함께 종 된 사랑하는 자"라고 불러서 그의 모든 교회와 그를 지지하고 있다고 했다. 바울은 그를 "예수 그리스도의 종"이라고 말하는데, 디모데와 바울이 "예수 그리스도의 종"된 것과 같이 종 된 자임을 말하는 것이라고 했다. 이러한 사실은 골로새교인들이 바울과 디모데와 같이 에바브라도 사랑해야 함을 가르치는 것이라고 했다. 곧 골로새교회가 유대주의의 이단에 빠져서 에바브라를 버리는 것은 바울을 버리는 것과 디모데를 버리는 것과 같다는 것을 강조하기 위함이라고 했다.[358]

<2> 말씀을 잘 가르치는 참 목자이다.

바울은 골로새교회 교인들에게 말하길 너희들은 에바브라에게 복음의 진리의 말씀을 가르침을 받은 자라고 함으로 에바브라가 골로새교회의 말씀을 잘 가르치는 참 목자로 소개하고 있다(골 1:7).

---

358) 렌스키 저, The Interpretation of St. Paul's Epistles to the Philippians, to the Colossians and to the Thessalonians, 장병일 역, 『성경주석 빌립보서 골로새서 데살로니가전후서』, pp. 217-218. 참조.

여기서 "에바브라에게 너희가 배웠나니"(골 1:7)라는 말씀은 이 것은 골로새 교인들이 복음을 듣고 은혜를 깨달아 열매를 맺게 된 것은 바로 에바브라의 선교에 의한 것이었음이 들어난 것이다. 동 시에 골로새교회의 교인들이 에바브라를 통해서 복음의 진리가 정 당한 것을 인정하고 있음을 말해 주고 있는 것이다.

그래서 박형용 박사는 그의 저서 "바울신학"에서 바울은 이단적 인 사상에 대해 단호한 목회관을 가지고 있음을 골로새서를 통해서 보여 준다고 했다.[359]

이러한 사실들은 에바브라가 복음의 진리를 바울로부터 바로 받 고, 바로 깨닫고, 바로 증거하므로 말씀을 바로 잘 가르쳐 준 참 목 자인 것을 바울을 강조하고 있다.

〈3〉 골로새교회의 사정을 바울에게 알게 해 준 자이다.

바울은 에바브라에 대해서 골로새교회의 성도들에게 보내는 서 신에서 "성령 안에서 너희 사정을 우리에게 알린 자"(골 1:8)에서 말하고 있다.

이와 같은 사실은 에바브라가 로마감옥에 갇혀 있는 바울과 디모

---

359) 박형용 지음, 『바울신학』, (수원: 합동신학대학원출판부, 2005), pp. 371-373. 저자는 바울의 목회원리를 12가지로 다음과 같이 제시했다. (1) 권한 위임의 목회(데살로니가전서) (2) 권면과 권고의 목회(데살로니 가전서) (3)시련극복의 목회(데살로니가후서) (4) 진리고수의 목회(갈라디 아서) (5) 사랑의 목회(고린도전서) (6) 인내의 목회(고린도후서) (7) 비 젼의 목회(로마서) (8) 이단적 사상에 대해 단호한 목회(골로새서) (9) 심 령의 중요성을 아는 목회(빌레몬서) (10) 교회중심의 목회(에베소서) (11) 복음 중심적, 그리스도 중심적, 교회 중심적 목회(빌립보서) (12) 후배양성 과 교회조직 강화의 목회(디모데전서,디모데후서, 디도서)<본 저서 pp. 351-377. 참조>

데에게 찾아와서 골로새교회에서 일어나고 있는 목회적인 모든 사실들에 대해서 이야기 한 것이다.

이러한 골로새교회에 대한 소식을 골로새교회의 목회자로부터 들은 후에 그는 "성령 안에서 고하였다"고 함으로 에바브라가 사적인 감정을 가지고 고하는 것이 아니라 하나님 안에서 참으로 주님의 교회와 성도들의 영혼을 사랑하는 마음에서 성령 안에서 가감하지 않고 사실대로 고해진 것을 말하고 있다.

그러면 바울이 성령 안에서 골로새교회에서 일어난 일들을 고한 것들을 어떤 것들이었을까? 그들이 복음의 진리를 잘 깨닫고 하나님의 말씀대로 잘 살아가고 있는 골로새교회의 긍정적인 측면에 대해서도 이야기 했을 것이다. 그러나 반면에 골로새교회에서 일어나고 있는 부정적인 측면에 대해서도 사실 그대로 가감하지 않고 고했을 것이다.

이러한 사실들은 골로새교회에 대한 형편들을 성령 안에서 에바브라를 통해서 들은 바울은 로마 감옥에서 에바브라 편에 골로새서를 기록해서 보내는 골로새서의 말씀 가운데서 이러한 사실들이 나타나고 있다. 바울은 골로새서 2:8-23에서 크게 두 가지로 책망을 하는데, 하나는 철학의 헛된 속임수에 속지 말라는 것이다. 이러한 것은 사람의 유전과 세상의 초등학문을 좇는 것이다. 그리고 다른 하나는 먹고 마시는 것이나 월삭이나 안식일과 천사를 숭배하는 잘못된 유대주의적인 율법주의 이단에 빠지지 말라는 것이다.

이러한 두 가지 이단들에 대해서 바울은 엄금하면서 "붙잡지도 말고, 맛보지도 말고, 만지지도 말라"(골 2:21)에서 책망하고 있는 것을 보아서 알 수 있다.

바울은 에바브라 전도자로부터 성령 안에서 이러한 골로새교회에 대한 영적인 실상을 들으면서 마음의 걱정과 염려를 하나님 앞에 기도함으로 호소하고 있다(골 1:9).

〈4〉 그는 교회를 위해서 기도하는 자이다.

에바브라는 골로새교회를 목회하면서 인간의 지식으로나, 인간의 언변으로나 목회한 사람이 아니라 기도의 무릎으로 목회하는 참으로 본받아야 할 목회자인 것이다.

이러한 사실은 바울이 에바브라의 편에 로마 감옥에서 보낸 서신인 골로새서 4:12에 "그리스도 예수의 종인 너희에게서 온 에바브라가 너희에게 문안 하느니라 그가 항상 너희를 위하여 애써 기도하여 너희로 하나님의 모든 뜻 가운데서 완전하고 확신 있게 서기를 구하나니"라고 기록하고 있다.

여기서 "그가 항상 너희를 위하여 애써 기도하여"라고 함에 '애써'라고 함은 헬라어는 '아고니조마이'라는 단어인데, 이 단어는 경기장에서 분투하는 것을 표현할 때 쓰는 용어이다. 경기하는 사람이 그 경기에서 지지 않기 위해서 있는 힘을 다하여 목숨을 걸고 매달리는 것을 말한다. 자신의 있는 힘을 기도하는 자리에서 쏟아붓는 목회를 한 기도의 목회자인 것을 말해 주고 있다.

그 이유는 무엇일까. 기도는 목회의 희망의 등불이요. 기도는 마귀를 이기는 가장 힘 있는 무기요, 기도는 우리의 고난의 문을 여는 열쇠가 되기 때문이다. 기도는 우리들의 모든 의문에 대한 정답이기 때문이다.

그러므로 에바브라는 이렇게 자기의 목회지인 골로새교회를 위해서 성도들의 영혼들이 잘 자라나도록, 그리고 이단들이 틈타고 교회안으로 들어오지 못하도록 기도하는 사람이다. 이러한 사실을 잘 알고 있는 바울은 골로새교회 성도들에게 에바브라는 '너희를 위해서 애써 항상 기도하는 자'라고 소개하고 있는 것이다.

<5> 바울과 함께 감옥에 갇힌 자이다.

바울은 에바브라에 대해서 오네시모의 일로 빌레몬에서 보내는 서신인 빌레몬서 1:23 "그리스도 예수 안에서 나와 함께 갇힌 자 에바브라"라고 기록하고 있다.

바울은 에바브라에 대해서 말하기를 예수의 일로 바울과 함께 감옥에 갇혔다고 말하고 있다. 어떤 연유에서 바울과 감옥에 갇히게 되었는지에 대해서 바울은 침묵을 하고 있지만 그러나 추측할 수 있는 것은 감옥에 갇혀 있는 바울을 도울 목적으로 함께 감옥의 자리에 있었음을 말하고 있다.

이러한 사실을 대부분 에바브라가 실제적으로 바울과 함께 감옥에 갇히게 되었음을 학자들을 주장한다. 호크마 성경 주석에선 "본 절에서 에바브라에게 사용된 '나와 함께 갇힌 자'라는 호칭은 골로새의 '아리스다고'에게도 적용된다(골 4:10). 이 호칭이 '그리스도에 의해 사로잡힌 자로서의 동역자'라는 비유적 의미로 사용될 수도 있겠지만 본 절에서는 '에바브라'가 바울과 함께 실제로 감옥에 갇혔음을 시사한다. 더욱이 본 절의 '쉬나이크말로토스'('함께 갇힌 자')는 다음 절에 언급될 '쉬네르고이'('동역자들')와 분명히 구별되기 때문에 굳이 비유적인 의미로 이해할 필요는 없다."[360]고 했다.

---

360) 강병도 편, 『호크마종합주석 (골로새서) 8』, p. 678.

4. 데마

1> 데마의 생애

데마(Δημᾶς, Dhma)의 이름의 뜻은 '통솔적인 자'라는 뜻으로 신약성경에 데마란 이름을 전체로 3회 나온다. 먼저는 골로새서 4:14에 "사랑을 받는 의원 누가와 또 데마가 너희에게 문안하느니라."고 했으며, 다음은 빌레몬서 1:24에 "또한 나의 동역자 마가, 아리스다고, 데마, 누가가 문안하느니라."고 했고, 마지막으로는 디모데후서 4:10에 "데마는 이 세상을 사랑하여 나를 버리고 데살로니가로 갔고 그레스게는 갈라디아로, 디도는 달마디아로 갔고"라고 했다.

이러한 데마에 대한 신약성경의 언급의 의해서 살펴보면 복음의 진리를 믿고 A.D. 30~70년경 예수 그리스도의 승천과 오순절 성령 강림 후 예루살렘에서 태동한 초대교회가 로마제국 전역으로 확장되던 초대교회의 확장기에 주로 활동하였으며, 데마는 이 시기에 소아시아와 마게도냐 지역을 중심으로 전도활동을 하고 있던 바울로부터 복음을 듣고 회심한 인물 중의 하나였다(데살로니가에서였을 것으로 추정). 그는 회심 후 곧 바로 바울의 사역에 동참하는 열정과 헌신을 보였다.[361]

그러나 제 3차에 걸친 전도 여행 후(A.D. 57년경) 바울이 예루살렘에서 체포되고 또 벨릭스와 베스도, 그리고 아그립바 앞에서 2년간의 재판을 마치고 가이사에게 심문을 받기 위해 로마로 호송되어 투옥된 바울의 1차 로마투옥(A.D. 61~63년경) 때에 데마는 바울

---

361) cafe.daum.net/jpreaching-18 참조.

과 함께 있었던 것으로 보인다(골 4:14; 몬 1:24). 그러나 A.D. 66-67년경인 바울의 2차 로마 투옥시기에 데마는 바울을 버리고 데살로니가로 돌아가 버리고 말았다.[362]

2> 데마는 어떤 사람인가?

<1> 바울의 충성스런 동역자 중에 한 명이다.

바울은 빌레몬에게 오네시모의 일로 서신을 보낸 빌레몬서 1:24 에서 "또한 나의 동역자 마가, 아리스다고, 데마, 누가가 문안하느니라."고 함으로 데마는 마가와 아리스다고와 누가와 함께 '나의 동역자'라고 부르고 있다.

이러한 사실은 데마도 그가 회심 이후에 한 동안은 마가와 아리스다고와 누가와 같은 위치에서 바울의 사역을 동역했던 인물로 바울이 빌레몬에서 서신을 보내는 시기만 해도 잊을 수 없는 소중한 동역자로서 한 때를 보낸 사람이란 사실을 명시하고 있다.

<2> 세상을 사랑해서 바울을 떠나간 자이다.

예수님을 믿고 회심한 이후에는 바울의 잊을 수 없는 동역자 데마가 이제는 세상을 사랑해서 바울을 떠나가 버렸다는 슬픈 고백을 자기의 믿음의 아들 디모데에게 말하고 있다.

이러한 사실은 디모데후서 4:10-11에 "데마는 이 세상을 사랑하여 나를 버리고 데살로니가로 갔고 그레스게는 갈라디아로, 디도는 달마디아로 갔고 누가만 나와 함께 있느니라 네가 올 때에 마가를

---

362) 같은 자료 참조.

데리고 오라 저가 나의 일에 유익하니라"고 기록하고 있다.

칼빈은 그의 빌레몬서의 주석에서 데마에 대해서 말하길 "이 사람은 바울이 후에 슬퍼하면서 디모데후서 4:10에서 언급하고 있는 바로 그 사람이다. 바울의 동역자들 가운데 한 사람이 지나치게 낙심하여 후에는 세상의 허영에 이끌리고 말았다는 점을 생각할 때, 우리 가운데 아무도 자신의 열성이 지속될 것으로 너무 확실한 것이 아니라 아직도 긴 여정이 앞에 놓여 있다는 점을 기억해서 확고부동하게 되기를 하나님께 요청하도록 하자."363)고 말하고 있다.

이와 같이 데마에 대해서 언급한 칼빈은 그의 디모데후서 주석에서 세상을 사랑해서 바울을 떠나간 데마에 대해서 그리스도보다 세상을 사랑한 것은 수치스런 일이지만 그렇다고 그가 그리스도를 부정하거나 다시 불경건한 이 세상에 유혹이 되어서 자신을 내어 준 것으로는 생각하기 어렵다고 했다. 그러한 이유는 그는 바울 곁에서 생명의 위협, 그리고 비난과 조롱이라는 연속적인 일로 말미암아 육신의 연약함 때문에 바울을 떠나기로 결정을 한 것으로 말하고 있다. 그리고 바울의 충실한 동역자로 지목한 극소수의 이름들 속에 포함된 신앙의 인물로 그리스도보다 자신을 더 보살펴서 복음을 증거하는 일을 그치고 세상으로 돌아가 버린 그에게 바울의 신랄한 꾸짖음으로 이러한 표현을 사용한 것으로 말하고 있다고 했다.364)

"이 세상을 사랑하여…그런 사람이 그리스도보다 세상을 더 사

---

363) 존 칼빈 저, 칼빈성경주석 편찬위원회 편, 『신약성경주석(빌레몬) 10』 p. 632.
364) 존 칼빈 저, 칼빈성경주석 편찬위원회편, 『신약성경주석(빌레몬) 9』, (서울: 신교출판사, 1979), pp. 606-607.

랑했다는 것은 정말 수치스러운 일이었다. 그러나 우리는 그가 전적으로 그리스도를 부정하고 다시 불경건이나 이 세상의 유혹에 자신을 내어준 것으로 생각할 것이 아니라, 그가 바울의 목숨보다 자신의 편의와 안전을 더 보살핀 것으로 생각해야겠다. 그가 바울과 함께 머물러 있으면 수많은 고통과 귀찮은 일에 말려들지 않을 수 없었으며, 또한 생명까지 위험을 느낄 수박에 없었다. 다시 말해서 그는 무수한 비난의 대상이 되고 무수한 조롱을 받아야 했으며, 자신의 관심사를 돌보는 것을 포기해야 했다. 이런 상황에서 그는 십자가에 대한 혐오에 압도되어 자신에 관하여 염려하기로 결정한 것이다. 여기서 또한 의심할 수 없는 점은 세상이 그로 하여금 자신의 방법을 따라서 바울을 도울 우리한 기회가 제공되었다는 점이다. 우리는 또한 이 사람이 바울의 동료들 가운데 가장 두드러진 사람 가운데 하나라는 점을 추측할 수 있는데, 이것은 바울이 골로새서 4:14에서 극소수의 사람과 함께 그의 이름을 지목하여 빌레몬서 24절에서도 그를 자신의 조력자 가운데 한 사람으로 여기고 있다는 사실을 알 수 있다. 따라서 그가 여기서 그리스도보다 자신을 더 보살폈다는 점을 들어 그처럼 신랄하게 꾸짖는 것은 놀라운 일이 아니다. 그가 계속해서 언급하는 것은 다른 사람들도 그럴 만한 이유가 있어서, 그리고 그의 동의를 받고 그에게서 떠났다. 여기서 그가 교회의 목회자들을 박탈할 정도로 자신의 이익만 보살핀 것이 아니라, 그들에게서 약간의 도움을 받는 것에 그쳤다는 점을 명백히 하게 된다."

5. 눔바

1〉 눔바의 생애

눔바(Νυμφα, Nymphas)의 이름은 '사랑의 예물'이란 뜻이다. 그녀의 이름은 신약성경에 한 곳에 나오는데, 바울이 골로새교회에 보내는 서신인 골로새서 4:14-15절에 "라오디게아에 있는 형제들과 눔바와 그 여자의 집에 있는 교회에 문안하고"라고 기록하고 있다. 여기에 눔바에 대한 문안인사는 바울이 골로새교회에 보낸 서신의 마지막 부분에서 자기의 동역자들에 대한 문안인사 중에 나타나 있다. 이러한 사실을 미루어 보아서 알 수 있는 것은 라오디게아의 지역에 자기의 집을 둔 라오디게아 사람인 것을 알 수 있다.

눔바는 남성인지 혹은 여성인지를 확실한 성의 구분을 하기가 어렵다. 그 이유는 남성을 말하는 '뉨파스'인지 혹은 여성을 말하는 '뉨파'인지 확실한 구분에 대한 논란의 여지가 있기 때문이다.365) 그래서 킹 제임스 바이블에선 남자로 생각하고 "라오디케아에 있는 형제들과 눔파와 그의 집에 있는 교회에도 문안하노라."했고, 공동번역에서도 "라오디게이아에 있는 교우들에게 문안해 주시고 또 님파와 그 집에 모이는 교회에 문안해 주십시오." 남자로 번역했다.

그러나 다른 성경들에서는 눔바를 여자로 번역했다. 바른 성경에선 "라오디게아에 있는 형제들과 눔바와 그 여자의 집에서 모이는 교회에 문안하여라."고 여자로 했고, 한글개역성경에서도 "라오디게아에 있는 형제들과 눔바와 그 여자의 집에 있는 교회에 문안하고"라고 여자로 번역했고, 현대인의 성경에서도 "라오디게아에 있는 형제들과 눔바와 그녀의 집에서 모이는 교회에 안부를 전해 주십시오."라고 함으로 여자로 번역했다.

그러므로 대부분의 성경에서 눔바는 바울의 여자 동역자로 표현되고 있다. 이러한 그녀는 본문의 확실한 지지를 받고 있으며, 사본에 의해서 간접적으로 확인되고 있는 이문(異文)(Numfa)이 옳다고 하면, 눔바는 라오디게아에 살고 있던 여신도로서, 그녀의 집은

---

365) 강병도 편, 『호크마종합주석 (골로새서) 8』, p. 264. 참조.

신자들이 모이는 집회처로 쓰이고 있었던 것이다(롬 16:3, 15와 비교). 아마 골로새서를 그녀의 집에서 읽으므로 특히 그녀가 여기 기록되었을 것이다(골 4:16).[366]

이러한 눔바는 빌레몬과 아킵보처럼 바울이 아직 방문하지 않는 지역에서 바울에 대한 좋은 동역자로서 수고의 땀을 흘리고 있는 사람으로 나타나 있다.

2> 눔바는 어떤 사람인가?

<1> 자기의 집을 교회로 사용하게 한 자이다.

바울은 자기가 골로새교회에 보내는 서신이 골로새교회 뿐 아니라 골로새 가까운 곳에 있는 라오디게아에 있는 교회에서도 골로새서의 말씀이 읽혀지기를 바랐다. 그러기에 골로새서를 쓰면서 이 골로새서를 라오디게아 있는 눔바의 집에서 교회로 사용되고 있는 라오디게아교회에서도 읽게 될 것을 생각하면서 골로새서 기록하였다(골 4:15-16).

이러한 사실을 언급하는 과정에서 라오디게아 교회를 바울은 "눔바와 여자의 집에 있는 교회에 문안하고"(골 4:15)라고 했다. 바울의 이와 같은 언급에서 눔바라는 여자는 자기의 집을 라오디게아교회로 사용하도록 내놓은 복음의 헌신적인 바울의 동역자로 소개하고 있다.

그러나 렌스키란 신학자는 "그러나 우리는 이 사람이 히에라볼리에 있는 사람으로 생각할 수 있다. 왜냐하면 바울이 히에라볼리 크리스챤이 없이는 문안하지 않을 것이기 때문이다. 그리하여 우리는

---

366) 디럭스 바이블 성경사전 '눔바' 항목 참조.

복수형인 '그들의' 집을 거부한다. 우리는 히에라볼리의 소수의 그리스도인들이었으며, 눔바의 집에서 보인자들이라고 생각한다. 그러나 이들은 라오디게아교회와 병합되어 있었다. 즉 실지로는 라오디게아교회의 한 부분이었다."367)고 주장하기도 한다.

그러면 눔바의 집에 있는 교회를 어떤 형태의 교회일까? 눔바의 집에 있는 가정교회로 친교를 위한 작은 모임인 것이다. 이러한 가정교회의 모임의 형태는 초대교회에 교회의 시작과정에서 신약성경에 일반화된 교회의 형태이다.368)

6. 아킵보

1> 아킵보의 생애

아킵보('Αρχιππος, Archippus)의 이름은 '마부'란 뜻이다. 그는 골로새 교회의 한 신자이다. 신약성경에 그의 대한 바울의 언급은 두 군데 나온다.

---

367) 렌스키 저, The Interpretation of St. Paul's Epistles to the Philippians, to the Colossians and to the Thessalonians, 장병일 역, 『성경주석 빌립보서 골로새서 데살로니가전후서』, p. 370.
368) 행 12:12 '깨닫고 마가라 하는 요한의 어머니 마리아의 집에 가니 여러 사람이 모여 기도하더라'
롬 16:5 '또 저의 교회에게도 문안하라 나희 사랑하는 에배네도에게 문안하라 저는 아시아에서 그리스도께 처음 익은 열매니라'
몬 1:2 '및 자매 압비아와 및 우리와 함께 군사 된 아킵보와 네 집에 있는 교회에게 편지하노니'
고전 16:19 '아시아의 교회들이 너희에게 문안하고 아굴라와 브리스가와 및 그 집에 있는 교회가 주 안에서 너희에게 간절히 문안하고'

한군데는 골로새교회에 보낸 서신인 골로새서 4:17에 "아킵보에게 이르기를 주 안에서 받은 직분을 삼가 이루라고 하라"고 함으로 바울은 아킵보에게 "주 안에서 받은 직분"을 잘 감당하라고 권면하고 있다.

그리고 아킵보에 대한 다른 한곳의 언급은 바울이 빌레몬에게 보내는 서신인 빌레몬서 1:2에 "및 자매 압비아와 및 우리와 함께 군사 된 아킵보와 네 집에 있는 교회에게 편지하노니"라고 말한다. 바울은 빌레몬서의 서문에 나타난 문안 인사에서 바울은 자기의 동역자 아킵보에 대해서 두 가지 사실을 언급한다. 하나는 아킵보는 바울 자신과 함께 군사 된 자라는 사실이며 또 하나는 아킵보의 집이 교회로 활용되고 있다는 사실이다.

이러한 사실로 볼 때 사도 바울이 아킵보를 우리와 함께 '군사(軍士)' 된 자라고 하는 것은(몬 1:2) 그가 골로새 교회에서 주의 사역을 하는 사람이었을 것으로 생각된다. 그리고 바울은 직접 그를 격려함보다 교회를 통하여 간접으로 부탁하는 형식으로 "주 안에서 받은 직분을 삼가 이루"라고 권고함은(골 4:17) 그는 골로새의 빌레몬네 집에 동거하고 있는 그의 아들인 것 같다.

아킵보는 그의 아버지 빌레몬의 전도 사업에 열중하는 것의 거룩한 영향을 받아서 아버지의 정신을 계승하여 전도 사업에 힘씀으로 바울의 동역자로서 열성을 다하는 것으로 생각해 볼 수 있다. 어떤 학자는 그 앞의 문맥을 고려하여 더 많은 개연성을 생각하게 하는 라오디게아의 인접 도시에 중대한 직무가 위임되었을 것이라고 한다. 이러한 사실을 생각할 때(계 3:14-19)에 바울이 그에게 더 열심히 전도하도록 권면했을 것이다.[369]

---

369) 디럭스 바이블 성경사전 '아킵보' 항목 참조.

아킵보에 대한 전승에 의하면 그는 예수님의 70명의 제자 중에 한 사람이었으며, 라오디게아 교회의 감독으로 있다가 순교하였다고 한다.[370]

2> 아킵보는 어떤 사람인가?

<1> 골로새교회의 직분자이다.

바울은 골로새교회에 보내는 서신에서 아킵보에 대해서 말하고 있다. 이러한 언급은 골로새서 4:17에 "아킵보에게 이르기를 주 안에서 받은 직분을 삼가 이루라고 하라"고 말하고 있다.

바울은 아킵보가 골로새교회에서 "주 안에서 받은 직분을 삼가 이루라"고 했는데, 구체적으로 어떤 직분을 맡았는가에 대해서 언급이 없다. 그러나 그가 맡인 직분은 자신이 섬기는 골로새교회에서 소중한 직분을 맡았을 것이다. 렌스키는 이러한 아킵보에 대해서 빌레몬의 가족 중의 한 사람으로 에바브라가 로마에 와 있을 동안에 에바브라 부재시 예배 봉사의 책임을 위임받은 자로 생각한다고 했다. 그 때에 에바브라는 아킵보에서 세 곳을 돌보도록 지명했다고 했다. 그리고 바울은 사도적 권위에 의해서 아니라 골로새교회의 회중의 입장에서 그가 받은 일에 충실할 것을 말하고 있다. 그 이유는 이러한 지명이 로마로 떠나는 에바브라 앞에서 회중의 동의를 얻어서 이루어진 것이기 때문이라고 했다.[371]

---

370) 성서백과대사전 편찬위원회 편, 『성서백과대사전 7』, (서울: 성서교재 간행사, 1981), p. 572.
371) 렌스키 저, The Interpretation of St. Paul's Epistles to the Philippians, to the Colossians and to the Thessalonians, 장병일 역, 『성경주석 빌립보서 골로새서 데살로니가전후서』, p. 371.

여기서 바울은 골로새교회에서 소중한 직분 자인 것을 강조하면서 여기서 우리에게 직분에 대해서 주시는 교훈을 찾아 볼 수 있다. 그것은 "주 안에서 받은 직분"이란 것이다. 이것은 교회에서 우리들의 직분은 주께서 세우시고, 주께서 감독하시고, 주께서 함께 하시는 것으로 직분자가 자기의 직분에 대해서 자기 마음대로 자행자지 해서는 안 되는 것을 말하고 있는 것이다.

<2> 바울의 일행들과 함께 군사된 자이다.

아킵보에 대해 바울이 "우리와 함께 군사 된 자"(몬 1:2)라고 말한 것은 오네시모의 일로 오네시모의 상전인 빌레몬에게 보내는 빌레몬서에 나타나 있다.

여기서 "우리와 함께 군사 된 자"란 말에 대해서 칼빈은 아킵보는 골로새교회의 한 사역자로 복음을 위해서 사단의 권세와 영적인 싸움을 싸우는 바울과 같은 동역자들이란 의미에서 "우리와 함께 군사 된 자"라고 말하고 있다고 했다.[372]

> "그는 또한 아킵보에게 인사했는데, 그도 역시 그가 골로새서의 마지막에 나오는 동일한 사람이라면 교회의 한 사역자로 보인다. 그리고 이것이 그것이 전혀 불가능할 수 없는 것은 그가 그를 '동역자'로 부르는 이 명칭은 특별히 사역자들에게 적용되기 때문이다. 다시 말해서 모든 그리스도인들이 이 전투에 참여하고 있는 것은 사실이지만 교사들은 그리스도의 기수로서 다른 사람들 보다 더 힘들게 싸워야 마땅하며 사단은 대부분 이들을 더욱더 맹렬히 억압하기 마련이다. 추측컨대 아킵보는 바울의 동료로서 그가 관련된 투쟁의 일부에 참여했을 것 같은데, 그 까닭은 바울은 박

---

372) 존 칼빈 저, 칼빈성경주석 편찬위원회 편, 『신약성경주석(빌레몬) 10』 p. 622.

해를 언급할 때마다 이 단어를 사용하기 때문이다."

⟨3⟩ 그의 집에 골로새교회가 있는 자이다.

바울은 아킵보에 대해서 "우리와 함께 군사 된 자"라고 말한 뒤에 다시 말하기를 "네 집에 있는 교회"(몬 1:2)라고 부르고 있다. 이것은 아킵보의 집에 골로새교회가 있음을 말해 주고 있는 것이다.

여기서 아킵보의 집에 교회가 있었다고 하는 것은 초대교회에 가정이 교회였다고 할 때에 두 가지 의미를 지니게 된다고 한다(O' Brien). 하나는 한 도시에 전체의 회중이 한 가정에 모일만큼 적을 경우에 예배를 위해서 교회의 한 회원의 집에서 모였다고 한다. 고린도에 있던 가이오의 교회가 이에 해당한다. 또 다른 하나는 보다 큰 그룹 내에서 교제를 위하여 작은 회합을 가졌다. 이것은 라오디게아의 눔바의 집에 있는 교회(골 4:15)와 본 절에 있는 아킵보의 집에 있는 교회가 여기에 해당한다.

아킵보의 집에 교회가 있었다는 것은 아킵보의 신앙보다 더 그의 아버지인 빌레몬의 신앙에 의해서 세워진 교회인 것을 우리는 알 수 있다.

그래서 칼빈은 "그는 빌레몬의 식구들을 '네 집에 있는 교회'라고 부름으로써 그들에게 최고의 찬사를 보내고 있다. 한 가정의 가장이 그 식구들을 아주 잘 다스려서 그 가정이 교회와 같게 되며, 자기 집에서 목사의 임무를 완수한다는 것은 결코 작은 찬사가 아니다. 그리고 우리는 이 바울이 그의 아내를 그처럼 칭찬하는 것을 볼 때, 그녀 역시 그와 같았다는 점을 잊지 말아야겠다."373)고 했다. 이렇게 함으로 아킵보의 집에 있는 아버지 빌레몬에 의해서 세워진

---

373) 같은 책, p. 622.

교회를 교제를 위해서 가정에 세워진 소그룹 교회인 것을 알 수 있다.

제 5 장
디모데후서에 나타난 바울의 동역자들

바울은 신학자요 선교사이지만 또한 그는 훌륭한 목회자였다. 그리고 그의 목회적인 관심은 복음전도를 통해서 교회를 설립했을 때에 나타난다.[374]

이러한 바울은 자기의 동역자들 중에서 바울을 대신해서 목회사역에 수종들 믿음의 아들인 디모데와 디도를 통해서 목회 사역을

---

[374] 박형용 지음, 『바울신학』, (수원: 합동신학대학원출판부, 2005), pp. 348-349. 참조. 저자는 바울 서신 중에 디모데전서, 디모데후서, 디도서를 목회서신이라고 한 그 이유는 이 세 서신에서 바울이 젊은 일꾼 디모데와 디도에게 목회방법을 가르쳤기 때문이라고 한다. 그리고 저자는 이러한 목회서신은 처음부터 목회서신이라고 부른 것이 아니라 신약성경책들이 최초로 수록된(A. D. 170) 무라토리 정경(Muratorian Canon)은 목회서신을 공동체에 보낸 서신에 대응되는 '개인편지'로 분류하여 수록하였으며, 토마스 아퀴나스(Thomas Aquinas)는 디모데 전서가 '감독훈련용'으로 쓰인 '일종의 목회지침'을 담고 했다고 했으며, 17세기경에는 현재 목회 서신이 '감독편지'라고 불렀다고 말하고 있다. 그리고 현재의 '목회서신'이라는 용어는 폴 안톤(Paul Anton)이 1726-1727에 할레(Halle)에서 일련의 강의 중에 목회서신이란 명칭을 사용한데서 유래 된 것이라고 했다.

위한 지침서로 디모데전서와 디모데후서 그리고 디도서를 보내었다.

그중에 디모데 전서는 바울이 디모데에게 보낸 목회서신이다. 여기서 바울은 자기의 동역자들 중에는 서신의 수신자가 된 디모데를 비롯해서 데마와 그레스게와 디도와 누가와 마가가 언급되어 있다. 그리고 이어서 두기고와 가보와 브리스가와 아굴라와 오네시보로와 에라스도와 드로비모의 이름이 나온다. 그리고 마지막으로는 으블로와 부데와 리노와 글라우디아란 바울의 동역자들의 명단이 나옴으로 끝을 맺고 있다.

이상에서 언급된 바울의 동역자들 중에서 이미 앞에 언급된 디모데와 데마와 디도와 누가와 마가와 두기고와 브리스가와 아굴라와 에라스도와 드로비모는 제외하고자 한다. 그리고 아직 언급하지 못한 그레스게와 가보와 오네시브로와 으불로와 부데와 리노와 글라우디아에 대해서 언급하고자 한다.

1. 그레스게

1> 그레스게의 생애

그레스게(Κρήσκης, Crescens)의 이름은 '성장하다'란 뜻이다. 초대 그리스도인의 한 사람인데, 갈라디아에 가서 전도하던 바울의 동역자이다(딤후 4:10).

여기에 나오는 지명인 '갈라디아'는 대부분의 고대 주석자 및 몇

몇 사본이 시사하듯이 유럽의 고올(Gaul)과 같은 장소일 수도 있
다. 만약 그렇다면 디도의 달마디아 선교에 대한 언급과 함께 그것
은 바울의 동역자들이 바울이 감옥에 갇혀 있는 동안 서방지역으로
침투하려던 선교협의 내용을 지적하는 것이라고 할 수 있다. 이 이
름자체는 라틴어 형태이며 헬라어 형태로는 사용되지 않는다.[375]

여기서 언급된 그레스게에 대해서 혹자는 바울의 70문도 중의 한
사람이라고 한다. 후대의 전설에 의하면, 그레스게는 비엔나
(Vienne)의 메인즈(Mainz) 교회 창립자라고 한다.[376]

2> 그레스게는 어떤 사람인가?

<1> 갈라디아 지역으로 보냄을 받은 사역자이다.

바울은 그레스게가 자신의 잊을 수 없는 동역자인 것은 로마 감
옥에서 갇혀 있으면서 위급한 선교 상황에서 믿음의 아들인 디모데
를 자기에게로 속히 오기를 부탁하는 목회서신인 디모데후서에 나
타나 있다. 바울은 그레스게에 대하여 기록하기를 디모데후서 4:10
에 "데마는 이 세상을 사랑하여 나를 버리고 데살로니가로 갔고 그
레스게는 갈라디아로, 디도는 달마디아로 갔고"라고 함으로 바울의
동역자는 "그레스게는 갈라디아로"라고 기록함으로 갈라디아 지방
으로 바울에 의해서 보냄을 받은 충실한 동역자로 언급하고 있다.

그래서 풀빗성경주석에서 "그레스게. 오직 이곳에만 언급되었다.
이것은 21절의 '부데'와 같은 라틴식의 이름이다. 2세기에 같은 이

---

375) 성서백과대사전 편찬위원회 편, 『성서백과대사전 1』, (서울: 성서교재
  간행사, 1981), p. 905. 참조.
376) 디럭스 성경사전 '그레스게' 항목 참조.

름을 가진 냉소적인 철학자가 있었는데 그는 크리스챤들의 원수였다. 그가 갈라디아에서 복음을 전했다는 전설은('Apost. Constit.,' vii. 46) 아마 이 구절에서 유래하였을 것이다."377)고 했다.

이어서 말하길 "사도 바울은 그가 고립해 있다는 사실을 설명할 때에 '그레스게는 갈라디아로 디도는 달마다로'라고 한 이유를 언급하지 않고 있다. 그들의 경우는 바울을 버리고 간 것이 아니라 다급한 전도사업 때문에 바울의 파송을 받고 떠난 것으로 이해할 수 있다."378)고 했다.

이러한 그레스게란 바울의 충실한 동역자는 성경의 디모데후서 4:10에 단 한곳에 언급된 사실 외에는 그에 대한 기록이 없으며, 바울의 곁에서 끝까지 고난 가운데서 함께 하는 동역자로 세상을 사랑해서 데살로니가로 떠나간 데마란 변절한 동역자와 비교가 되는 동역자이다.

2. 가보

1> 가보의 생애

가보(Κάρπος, Carpus)는 신약성경 중에서 유일하게 바울이 로마 감옥에 갇혀 있으면서 감옥에서 추운 겨울을 나기 위해서 자기

---

377) 풀빗성경주석 편찬위원회 역, 『풀빗성경주석 (디모데전후서. 디도서, 빌레몬서)』, (서울: 보문출판사, 1983), p. 468.
378) 같은 책, p. 494.

의 유일한 소유 중에 하나인 '겉옷'을 디모데에게 가져오라고 하는 내용에서 언급된 이름이다. 만일 바울의 겉옷에 대한 언급이 없었다면 성경에서 영원히 감추어질 이름이다. 그러나 가보도 바울에게 잊을 수 없는 동역자들 중에 한 명인 것은 사실이다. 그 이유는 성경에서의 그에 대한 자세한 언급은 희소하지만, 가보에 대한 인물이 잘 알려져 있지 않은 바울만 알고 있는 사람이었다면 바울이 디모데에게 가보에 대해서 말할 때 가보가 살고 있는 장소와 바울과의 관계 그리고 겉옷을 두고 온 경위에 대해서 디모데가 알아들을 수 있도록 언급했을 것이다.

그러나 가보에 대해 자세한 언급이 없는 것을 보면 당시 초대교회의 복음 사역자들에게 잘 알려져 있어서 디모데도 가보란 사람의 이름만 들어도 바로 다 알 수 있는 인물인 것임에 분명하다. 그러므로 가보는 초대교회에 유명한 바울의 가까운 친구이며 동역자인 것 같다.

이러한 가보에 대한 바울의 언급은 디모데후서 4:13에 "네가 올 때에 내가 드로아 가보의 집에 둔 겉옷을 가지고 오고 또 책은 특별히 가죽 종이에 쓴 것을 가져오라"고 했다.

위의 내용을 살펴보면 가보는 바울의 친구이며 드로아 사람인 것 같다. 그리고 후대의 전설에 의하면, 예수의 70제자 중의 한 사람이라고 한다.379)

2〉 가보는 어떤 사람인가?

〈1〉 드로아에 거주하는 바울의 동역자이다.

---

379) 디럭스 바이블 성경사전 '그레스게' 항목 참조.

바울은 가보에 대해서 언급할 때에는 "드로아의 가보의 집에"(딤후 4:13)라고 말하고 있음으로 가보는 바울의 동역자로 드로아에 살고 있는 사람인 것을 알 수 있다.

드로아(Τρωάς , Tpoas)이름의 뜻은 '관통'이란 말이다. 이 지역은 소아시아의 무시아(Mysia) 서북안에서 마게도냐에 건너가는 관문인 중요한 해항이다. 바울과 누가가 최초로 만난 것은 이 땅이었다고 생각되며, 바울은 여기서 환상을 보고 마게도냐로 전도하러 출발했다(행 16:8-). 제 3차 전도여행 때 바울은 이곳을 거쳐 마게도냐로 건너갔다가(고후 2:12, 13) 돌아오는 길에는 그보다 한 걸음 앞서 떠난 일행들과 이 성읍에서 만나 일 주일을 거기서 보냈다(행 20:5, 6). 여기서 일행은 앗소로 출발하고, 바울은 단신 육로로 앗소에 가서, 거기서 일행과 만나 승선했다(행 20:13-). 드로아의 가보의 집에 겉옷과 책을 놔둔 것이 인용되고 있으나(딤후 4:13), 그 시기에 대해서는 분명치 않다. 오늘날은 터키 영의 에스키스탄불(Eski Stanbul)이라 하는 황폐한 고지(古地)에 불과하다.380)

이렇게 드로아는 바울의 제2차 전도여행과 제3차 전도여행에서 늘 머물렀던 곳이다. 이곳에 바울의 동역자인 가보가 살고 있었음으로 바울은 늘 가보의 집에 들러서 많은 교제를 하며 가보도 바울에게 여러 가지로 도움을 주었을 것이다.

2> 바울의 겉옷을 맡겨 둔 집 주인이다.

바울은 디모데에게 빨리 오라고 부탁하면서 "네가 올 때에 드로아 가보의 집에 둔 겉옷을 가지고 오고"(딤후 4:13)라고 말한 사실로 보아서 가보는 바울의 겉옷을 맡겨 둔 집의 주인인 것을 알 수

---

380) 같은 자료, '가보' 항목 참조.

있다.

그러면 바울이 언제 드로아에 살고 있는 가보의 집에 겉옷을 두고 왔을까? 이러한 시기에 대해서는 분명치 않으나 바울의 제1차 로마 감옥 투옥 이후에 생각된다. 그래서 렌스키는 "그것이 언제인가? 3. 4년 전이 아니고 로마로 최근에 여행을 하는 중에 들렀다. 그의 두 번에 걸친 투옥 사이에 있었던 바울의 움직임을 살펴 볼 때 드로아에 머문 것은 밀레도(20절)에서와 같이 적절하게 생각하지 않는다."[381]라고 했다.

그리고 여기서 바울이 디모데에게 가지고 오라는 '겉옷'에 대해선 헬라어로 '파일로넨'($\phi\alpha\iota\lambda\acute{o}\nu\eta\nu$)이란 말로 '외투'란 뜻도 있으나 '책의 커버' 혹은 '책을 담는 것'을 의미하기도 한다. 그러나 여기서는 '외투' 곧 '겉옷'으로 생각하는 것이 타당하다. 그 이유는 '겉 옷'을 가져오라고 한 후에 이어서 '책을 가죽 종이에 쓴 것을 가지고 오라'(딤후 4:13)고 했기 때문이다. 이러한 사실은 바울이 로마 감옥에서 맞을 추운 겨울을 대비시키기 위해서 디모데에게 겉옷을 가져오라고 부탁한 것이기 때문이다.[382]

3. 오네시보로

---

381) 렌스키 저, The Interpretation of St. Paul's Epistles to Timothy, Titus, and Philemon. 장병일 역, 『성경주석 디모데전후서, 디도서, 빌레몬서』, (서울: 백합출판사, 1976), p. 370.
382) 강병도 편자, 『호크마종합주석 (디모데전후서) 8』, p. 597.

1〉 오네시보로의 생애

오네시보로('Ονησίφορος, Onesiphorus)의 이름은 '이익을 취함'
이란 뜻이다. 그는 에베소 시민이며 바울의 친구이다. 이러한 사실
은 그가 디모데에게 보낸 두 번째 서신인 디모데후서 1:16-18에
"원컨대 주께서 오네시보로의 집에 긍휼을 베푸시옵소서 저가 나를
자주 유쾌케 하고 나의 사슬에 매인 것을 부끄러워 아니하여 로마
에 있을 때에 나를 부지런히 찾아 만났느니라(원컨대 주께서 저로
하여금 그 날에 주의 긍휼을 얻게 하여 주옵소서) 또 저가 에베소
에서 얼마큼 나를 섬긴 것을 네가 잘 아느니라."고 말하고 있다.

이와 같은 말씀을 근거로 살펴볼 때에 오네시보로는 로마에 갇혀
있는 바울을 자주 방문하여 고소에 연좌(連坐)될 위험을 무릅쓰고
그의 신변을 돌보고 위로했다.

바울이 특별히 디모데후서 1:16과 4:19에서 오네시보로의 집에
문안 인사를 한 것으로 보아 이 서신을 쓸 때는 이미 그가 이 세상
에 없었던 것 같이 생각된다.

그러나 핸드릭슨(Hendriksen)은 "그가 죽었다는 가정은 불필요
한 것이다. 그는 출타 중에 있을지도 모르며 바울이 그의 가족을 생
각하는 것은 그들 역시 그가 당하는 고난에 연루되었기 때문에 당
연하다. 바울은 오네시보로가 자신에게 보여준 일에 보답할 수 없
었다. 그래서 그는 '그날에' 주의 긍휼을 얻게 되도록 기도했다(딤
후 1:18)."[383]고 주장하기도 했다.

2〉 오네시보로는 어떤 사람인가?

---

383) 성서백과대사전 편찬위원회 편,『성서백과대사전 10』, (서울: 성서교
    재간행사, 1981), p.167.

<1> 바울이 그의 가정에 복을 빌어 주는 사람이다.

오네시보로가 바울에게 있어 얼마나 소중한 사람이었던가 하는 것은 로마 감옥에 갇혀 있으면서도 디모데후서 1:16에서 "원컨대 주께서 오네시보로의 집에 긍휼을 베푸시옵소서"라고 그의 가정을 축복하는 기도 내용으로 알 수 있다.

그런데 오네시보로의 가정을 위해서 바울이 하나님께 드린 기도에 대해서 렌스키는 "드 베테(De Wette)는 오네시보로가 최근에 죽은 것으로 생각하였고, 기타의 여러 사람들이 그의 의견에 동조하고 있다. 그러나 나는 이러한 견해에 가담할 수 없다는 것을 밝힐 수밖에 없다. …더욱이 만약 아버지가 최근에 죽었다면 '위로가 가족을 위한 위로가 기도 가운데 들어 있어야할 것이고 '긍휼'이 아닐 것이다."384)라고 했다.

<2> 감옥에 갇혀 있는 바울을 늘 찾아와서 유쾌하게 해 준 자이다.

바울은 자기의 잊을 수 없는 동역자 오네시보로에 대해서 말하길 "저가 나를 자주 유쾌케 하고 나의 사슬에 매인 것을 부끄러워 아니하여 로마에 있을 때에 나를 부지런히 찾아 만났느니라."고 했다.

바울이 로마 감옥에 갇혔을 때에는 두 번째 투옥되었을 때를 말하며 이 때에 오네시보로는 부지런히 바울을 찾아와서 위로해 줌으로 바울의 마음을 자주 유쾌하게 해주었다. 그의 용기 있는 행동은 부겔로와 허모게네의 배반과 대조를 이루어서 나온다(딤후 1:15).

---

384) 렌스키 저, The Interpretation of St. Paul's Epistles to Timothy, Titus, and Philemon. 장병일 역, 『성경주석 디모데전후서, 디도서, 빌레몬서』, p. 280.

오네시보로는 바울에 의해서 오도록 요청을 받았던지 아니면 개인의 용무로 찾아갔던지 간에 로마에 도착했을 때에 부지런히 바울을 찾아가서 만났다. 이러한 부끄러움이 없는 오네시보로의 진정한 동역자로서 우정과 여러 가지 방법으로 감옥에 갇혀 있는 바울을 도와주었다. 이러한 오네시보로의 선행 행동이 바울의 마음속에 위로를 주었고 바울의 마음을 늘 시원하게 해 주었다.385)

〈3〉 에베소에서도 바울을 섬긴 자이다.

오네시보로는 참으로 바울을 존경하고 바울을 사랑하는 바울의 동역자이다. 그가 바울이 로마 감옥에 갇혀있을 때만 바울을 부끄러워하지 아니하고 찾아와서 늘 위로해 주고 도와줌으로 바울의 마음을 유쾌하게 해 준 경우만 있는 사람이 아니다.

그는 바울이 에베소에 사역하고 있을 때에도 바울을 늘 도와주고 섬기는 바울의 동역자였다. 이러한 사실은 디모데후서 1:18에서 "또 저가 에베소에서 얼마큼 나를 섬긴 것을 네가 잘 아느니라."고 말하고 있다.

이렇게 오네시보로는 바울이 에베소에서 사역 할 때 바울을 섬긴 것은 에베소교회에서 뿐 아니라 당시 초대교회에도 널리 알려진 사실이다. 이렇게 알려진 오네시보로가 바울을 에베소에서 섬긴 사실을 믿음의 아들 디모데에게 상기시킨다.

박윤선 박사는 오네시보로가 바울을 위해서 이렇게 로마감옥에서와 그리고 에베소 사역에서 섬긴 것에 대하여 평가하길 "여기서 바울이, 자기 개인의 사리를 본위로 하여 오네시보로의 봉사를 평가함이 아니다. 이것은, 그의 봉사가 주님을 위한 사도적 복음 사역

---

385) 같은 책, P. 167. 참조.

에 유조했던 것을 귀하게 여긴 것뿐이다."[386]고 했다.

4. 으불로. 부데. 리노. 글라우디아

1> 으불로. 부데. 리노. 글라우디아의 생애

<1> 으불로

으불로(Εὔβουλος. Euboulos)의 이름은 '신중(愼重)'이란 뜻이며, 그는 로마의 신자이다. 바울은 최후의 옥중에서 으불로와 함께 디모데에게 인사를 보내고 있다(딤후 4:21). 이러한 사실은 바울이 믿음의 아들 디모데에게 보낸 두 개의 목회서신 중에서 두 번째 서신인 디모데후서 4:21에서 "겨울 전에 너는 어서 오라 으불로와 부데와 리노와 글라우디아와 모든 형제가 다 네게 문안하느니라."고 기록되어 있다.

<2> 부데

부데(Πούδης, Pudens)의 이름은 '수치'란 뜻이다. 그에 대한 신약성경의 언급은 디모데후서 4:21 한 곳에 언급되었다. 이러한 부데는 로마에 있는 신자이며 바울이 디모데후서를 썼을 때 바울과 같이 문안 인사를 보낸 사람 중의 하나이다(딤후 4:21).

로마에서 발견된 비문 중에 같은 인물의 이름이 나왔는데, 그 인

---

386) 박윤선 지음, 『성경주석 바울서신』, (서울: 영음출판사, 1977), pp. 529-530.

물은 디베리오 글라우디오의 종이었다고 기술되어 있다. 바울이 디모데후서 4:21에서 부데, 리노, 글라우디아 등 세 사람의 이름을 같이 쓰고 있는데, AD 66년경 로마를 방문하여 여러 해 동안 동지(同地)에서 살고 있던 시인 마르티아르스도 이와 같은 세 사람의 이름을 들고 있으므로 이 시인은 이들 바울의 세 친구에 대해 언급하지 않았나 하는 추측이 성립된다.

만일 그렇다면 부데는 움브리아(이태리의 중부) 출신으로서, 백부장이 되어 후에 군무로 먼 북쪽으로 파견된다. 또 글라우디아는 부데의 아내가 되는 것이다.[387]

<3> 리노

리노(Λῖνος, Linus)의 이름은 '사자 같음'이란 뜻이다. 그는 바울이 디모데에게 문안인사를 보낸 네 사람 중의 한 인물이다(딤후 4:21). 이레니우스와 유세비오스에 의하면, 그는 로마교회의 초대 감독이었다. 이 지위에 특별한 우위성이 주어졌던 일은 없다. 그의 이름은 로마 교회의 다른 두 교회원과는 아무런 차별 없이 언급되고 있다.[388]

<4> 글라우디아

글라우디아(Κλαυδία, Claudia)의 이름은 '앉은뱅이'라는 뜻이다. 위에서 3명은 남자의 이름이지만 글라우디아는 여자의 이름이다. 그녀는 로마교회의 여자 성도로 바울의 전도를 받아 입교한 듯하다(딤후 4:21). 아마 글라우디오 가(家)에서 석방된 여자 노예인 듯

---

387) 디럭스 바이블, 성경사전 "부데" 항목 참조.
388) 같은 자료 "리노" 항목 참조.

하다. 그녀는 부데의 아내이며 리노의 어미였다고 생각되나, 확실하지 않다. 로마 부근에서 발견된 라틴어의 묘비에 글라우디아라고 하는 부인이 부덴스(Pudens)의 아내였다는 기록은 흥미 있는 예증이다.389)

2> 이들은 어떤 사람들인가?

<1> 이들은 바울의 교우로서 바울을 돕던 자들이다.

여기에 언급된 네 명의 사람들과 모든 형제들은 로마 교회의 교인들이었다. 본절이 11절의 "누가만 나와 함께 있느니라."와 모순되는 것 같으나 11절에서는 '동역자'를 언급한 것이며, 여기서는 단순한 교우로서 언급된 것이기 때문에 문제될 것은 없다.

렌스키는 이들에 대해서 디모데가 잘 알고 있는 사람들이며, 개인적으로 바울과 연결되어 있는 자들이며, 바울이 로마 감옥에 투옥 되었을 때에 바울의 전도로 회심시킨 자들로, 이들은 로마의 네로 황제의 박해 때에 회중에 속한 희생자들을 도왔기 때문에 수난을 겪은 자들이고 했다.390)

> "이 네 사람이 여기에 언급되어 있는 것은 적절한 일이다. 왜냐하면 이들을 디모데가 잘 알고 있기 때문이다. 우리가 롬 16장에 나타나 있는 일람표를 살펴볼 때 우리는 두 가지 것을 기억할 수 있다. 1) 롬 16장은 중요한 사람들만을 열거하고 있다. 그들은 개인적으로 바울과 연결성을 가지고 있는 자들이다. 2) 이 오래된

---

389) 같은 자료 "글라우디아" 항목 참조.

390) 렌스키 저, The Interpretation of St. Paul's Epistles to Timothy, Titus, and Philemon. 장병일 역, 『성경주석 디모데전후서, 디도서, 빌레몬서』, pp. 381-382.

크리스챤 회중은 주후 64년에 네로가 많은 크리스챤들을 잡아다 죽일 때에 슬프게도 죽은 사람들이었다는 것을 발견할 수 있다. "그리고 모든 형제들"이 여러 가지 문제를 가지고 우리와 함께 남아 있다. 이 형제들은 모두 누구인가? 이들과 바울은 누가 통하고 접촉하고 있을까? 네로의 모진 박해에도 불구하고 살아남아 있는 처음 회중들인가? 혹은 이들에게 로마에 있는 유대인 크리스챤을 첨가한 자들로서 간주할 수 있는가? 우리는 이 세 가지 대답 중에서 첫 번째를 받아들인다. 왜냐하면 바울이 편지를 쓰고 있다는 것을 알고 있는 자들과 이 문안을 보내주기 원하는 자들의 문안을 보내고 있기 때문이다. 그런데 이들은 로마에 있는 크리스챤 전부는 아니며, 또한 처음 회중에 속한 자 전부도 아니다. 로마에 첫 번째 투옥되어 있을 동안(2년간), 바울은 많은 유대인들을 회심시켰던 것이다. 로마에는 일곱 군데의 회당이 있었다. 그중의 셋 혹은 넷은 그리스도교로 회심했는데 그 큰 회장에 그대로 머물러 있었기 때문에 피의 순교를 입지 아니했다(히 10:32-34 주해 참조). 왜냐하면 그들은 대체로 유대인으로 생각하고, 다만 그 회중에 속했던 희생자들을 도왔기 때문에 박해의 기간에 수난을 겪었을 따름이다."

제 6 장
디도서에 나타난 바울의 동역자들

디도서에 나타난 바울의 동역자들은 바울이 보낸 이 서신의 수신자가 된 디도를 비롯해서 아데마와 두기고와 교법사 세나와 아볼로를 언급하고 있다. 여기서 디도와 두기고와 아볼로는 앞에서 언급했고 아데마와 교법사 세나에 대해선 언급하지 않았다. 그래서 디도서에 나타난 바울의 동역자들 중에서 아데마와 교법사 세나에 대해서만 살펴보고자 한다.

1. 아데마

1〉 아데마의 생애

아데마('Αρτεμάς, Artemas) 이름의 뜻은 '아데미의 선물'이란 뜻이다. 이런 이름은 소아시아 지방에 흔한 이름이다.

그가 바울의 동역자의 한 사람으로서 두기고와 같이 디도에게 그의 서신을 가지고 간 바 있다(딛 3:12). 그에 대한 기록에 의하면 디도서 3:12에 "내가 아데마나 두기고를 네게 보내리니 그 때에 네가 급히 니고볼리로 내게 오라 내가 거기서 과동하기로 작정하였노라"고 기록하고 있다.

전승에 의하면 그가 70명의 제자 중에 한 사람이며(눅 10:1), 루스드라의 감독이 되었다고 전한다. 이러한 사실 외에 아데마의 행적에 대하여는 자세히 알 길이 없다.

2〉 아데마는 어떤 사람인가?

〈1〉 디도의 사역에 대행자로 보냄을 받은 자이다(딛 3:12).

사도 바울이 그레데에 있는 디도를 대신하기 위해서 아데마와 두기고를 보낸 것은 에베소에 있는 디모데를 대신하여 두기고를 보낸 것과 동일한 행동이다(딤후 4:11-12). 바울은 어디서든지 장로들로 하여금 자기가 위임한 사도적인 권위를 가진 사람의 지도나 감독을 받도록 하였다. 이것이 발전하여 2세기에는 교회 내에서 주재 감독(resident Bishop)이 되었다.[391]

그러므로 아데마는 두기고와 함께 디도의 대행자로 바울에 의해서 그레데로 보내진 것이다. 이러한 사실을 렌스키도 주장하길 "디도에게 아데마나 두기고를 곧 보내겠다고 진술하고 있다. 만일 보내게 될 때, 디도는 곧장 니고볼리로 와서 바울을 만나기로 되어 있으며, 이 니고볼리에서 바울과 과동하기로 작정되어 있다. 이러한 말은 곧 두 사람 중의 하나가 그레데에서 디도를 대신하게 된다는 분명한 결론으로 삼고 있다."고 말했다. 그러면서 렌스키는 "우리는 아데마에 대해서 그 이상 더 아는 바가 없다. 만일 그것이 분명하다면, 그는 디도나 두기고와 같은 계층에 있는, 바울이 신뢰할 수 있는 조력자임에 틀림없는 것이다."라고 했다.

이상에서 살펴본 대로 아데마는 디도를 대신해서 그레데에 머물기 위해서 바울에 의해서 그레데에 보내진 바울의 충실한 동역자임에 틀림없다는 것을 알 수 있다.

2. 세나

1> 세나의 생애

세나(Ζηνᾶς. Zenas)는 [영] Zenas, 헬라어 [제-나스]는 [제노-

---

391) 풀빛주석번역위원회, 『풀빛성경주석(디모데전후서. 디도서. 빌레몬)』, (서울: 보문 출판사, 1983), p. 612. 참조.

도-로스. Zηνόδωρος]의 단축형으로, 그 뜻은 '제우스의 은사', 즉 '제우스의 선물'이란 말이다. 그레데 교회의 그리스도인 교법사(법률가). 바울은 그와 아볼로의 여로(旅路)에 부자유함이 없게 하라고 디도에게 명했다(딛 3:13). 그는 교법사로 알려져 있지만, 유대인의 서기관인지, 아니면 로마의 법률가인지에 대해서는 알 길이 없다. 그러나 아볼로와 함께 언급되고 신약성경에 '노미코스'라는 용어가 자주 유대인의 서기관이나. 교법사들에게 적용된다는 사실이다(마 22:35; 눅 7:30; 10:25; 11:45, 48, 52; 14:3)로 미루어 볼 때 세나는 유대인의 교법사일 가능성이 크다.[392]

세나에 대한 자세한 기록은 더 찾아볼 수 없으나 훗날의 전승에 의하면, 그는 디오볼리의 감독인 디도 전기를 쓴 것으로 말해진다.[393]

2> 세나는 어떤 사람인가?

<1> 그는 교법사이다.

세나가 교법사라는 것은 바울이 자기의 동역자인 디도에게 보낸 서신, 즉 목회서신 중에 하나인 디도서 3:12에 "교법사 세나와 및 아볼로를 급히 먼저 보내어 저희로 궁핍함이 없게 하고"라고 기록되어 있다.

여기서 바울은 두 가지 사실을 명시하는데, 하나는 세나는 교법사라고 명시하면서 다른 하나는 세나와 아볼로가 그레데교회에 디도에게 보낸 서신을 가지고 도착하거든 "저희에게 궁핍함이 없게

---

392) 같은 책, 612. 참조.
393) 디럭스 바이블 성경사전 '세나' 항목 참조.

하라"고 부탁하고 있다. 이러한 사실은 교회는 목회자의 경제적인 문제를 해결해 주어야 함을 강조하고 있는 것이다. 초대교회는 전도 여행을 하는 사역자들의 생활을 책임 졌던 것이다(롬 15:24; 고전 16:6; 고후 1:16; 요삼 1:5-6).394)

그러면 세나를 교법사라고 할 때에 교법사란 무슨 뜻인가? 교법사(敎法師)란 헬라어로는 '노무디아스카로스'(νομοδιδάσκαλος. nomodidaskalos)이며, 영어로는 'Teacher of the law', 즉 '율법의 교사'로 율법학자와 동의어이다. 예수께서 병을 고치실 때 있었던 바리새인과 교법사에 대해(눅 5:17), 바리새인 가말리엘에 대해(행 5:34) 각각 씌어지고, 세나의 직업에 대해서도 이 말이 씌어져 있다(딛 3:13). '교법사'로 역된 헬라어는 명사 '노모디다스칼로스'(눅5:17; 행 5:34)인데, 형용사 '노미코스. νομικός'이다. 전자는 딤전 1:7에서는 '율법의 선생'으로 역하고, 후자는 마 22:35 기타에서는 율법사로 역하고 있다.395)

세나의 경우에는 어떤 사람들은 율법학자로 보기도 하고 어떤 사람들은 세상 법률학자로 보기도 한다. 그러나 이러한 결정을 내리는 기준은 세나가 유대인이냐 혹은 이방인이냐에 따라서 달라질 수 있다. 만일 세나가 유대인이라면 율법사로 유대인이 아니고 이방인이라면 이방 법률학자로 생각할 수 있다.

학자들 중에 세나를 이방인으로 생각하는 학자들은 스코트(Scott)와 렌스키(Lenski) 같은 학자들을 들 수 있는데, 이들은 세나의 이름이 헬라명이고, 뜻이 '제우스신의 선물'이란 근거를 들어서 주장한다. 그러나 세나를 유대인으로 주장하는 학자들도 있는데

394) 강병도 편, 『호크마종합주석 (디모데전후서) 8』, p. 651.
395) 디럭스바이블 성경사전 '교법사' 항목 참조.

이들 중에 대표적인 사람이 칼빈 같은 사람들이다. 이들은 세나가 아볼로와 함께 복음사역에 동참한 사실을 들어서 유대인이었을 것으로 추정한다.[396]

그러나 이러한 정확한 증거를 제시하기가 힘들게 됨으로 그가 법률학자인자 율법학자인지는 정확히 알 수는 없다. 다만 세나가 교법사라는 사실만 확인할 수 있을 뿐이다.

제 7 장
빌레몬서에 나타난 바울의 동역자들

빌레몬서는 바울이 감옥에서 복음으로 얻은 오네시모의 주인 빌레몬에게 보낸 서신이다. 이 서신은 오네시모를 자기의 곁에 두기 위해 옛 주인인 빌레몬에게 허락을 구하는 간결한 내용으로 쓰여진 서신이다. 이러한 빌레몬서에도 바울의 동역자들이 나타나 있는데, 이들 가운데 이 서신의 수신자가 되는 빌레몬과 빌레몬서의 발신자 중에서 한 명이 되는 디모데와 골로새교회의 일꾼들인 압비아와 아킵보를 들 수 있다. 그리고 빌레몬서의 후반의 문안인사 중에서 언급된 바울의 동역자들로 마가와 아리스다고와 데마와 누가를 들 수 있다.

---

396) 강병도 편, 『호크마종합주석 (디모데전후서) 8』, p. 651.

이상에서 언급된 바울의 동역자들 중에서 디모데와 압비아와 아킵보와 마가와 아리스다고와 데마와 누가는 이미 다 언급되었다. 바울의 동역자들 중에서 빠진 인물이며 바울의 동역자들 중에서 마지막으로 언급하고자 하는 사람은 빌레몬에 대해 언급하고자 한다.

1. 빌레몬

1〉 빌레몬의 생애

빌레몬(Φιλήμων, Philemon)의 이름은 "애정 있는 사람", 즉 "사랑을 간직한 자"란 뜻이다. 그는 사도 바울에 의한 회심자의 한 사람으로(몬 1:19), 빌레몬서의 수취인이며, 성경에 빌레몬이란 이름은 빌레몬서에 한 번 나온다. 이러한 빌레몬에 대한 유일한 자료는 빌레몬서 밖에 없다.

그러나 이 짧은 빌레몬서는 빌레몬에 대한 많은 자료들을 제공해 준다. 바울이 빌레몬에게 보낸 서신 빌레몬서에 의하면 빌레몬의 노예였던 오네시모를 "너희에게서 온 사람"이라고 부른 것으로 보아 빌레몬은 아킵보와 에바브라와 더불어 골로새 사람인 것을 알 수 있다(몬 1:2; 골 4:9). 그리고 오네시모가 빌레몬의 노예이며, 또 그가 성도들을 환대하고 구제한 것이 기록된 것으로 보아 물질적으로 부유한 인물인 것을 우리는 알 수 있다(몬 6-7).

빌레몬은 경건한 그리스도인이며, 자기 집을 집회를 위해 교회로 제공한 사람이다. 또 바울은 제 3차 전도여행 중 에베소에서 사역했는데 이때에 에바브라와 빌레몬이 바울의 복음 전도로 말미암아 예수님을 믿게 되었다. 바울로 말미암아 전도를 받아서 예수님을 믿게 된 그들은 후에 골로새로 돌아가 전도에 힘써 교회를 세웠다. 특히 빌레몬은 자기의 집을 교회로 활용했기에 빌레몬서 1:2에서 "집에 있는 교회"라고 불려지고 있다.

빌레몬은 바울과 친분이 매우 두터웠다. 그래서 빌레몬서 1:19에 "내가 갚으려니와 너는 이 외에 네 자신으로 내게 빚진 것을"이라는 사실을 미루어 보아 바울과 빌레몬의 관계는 사제 관계임을 암시하고 있는 것이다. 바울은 빌레몬이 "주 예수와 및 모든 성도에 대한 네 사랑과 믿음이 있음을" 들었으며, "성도들의 마음이 너(빌레몬)로 말미암아 평안함을 얻었다"는 것을 알고 하나님께 감사하지 아니할 수 없었다. 이렇게 빌레몬은 바울의 좋은 제자의 한 사람이었다.[397]

성전에 의하면 빌레몬은 골로새 교회의 감독이 되었으며(Apos Const, vii, 46), 「헬라 순교사」 11월 22일자에서 보면 그가 아내와 아들과 오네시모와 함께 네로 시대에 안드로클레스 총독 앞에서 순교했다고 한다. 「라틴 순교사」도 이것과 일치한다(참조: Lightfoot, St. Ignatius, II, 535).[398]

2〉 빌레몬은 어떤 사람인가?

〈1〉 빌레몬서의 수신자이다.

바울은 로마 감옥에 갇혀 있으면서 골로새서와 에베소서와 빌레

---

397) 디럭스 바이블 성경사전 "빌레몬" 항목 참조.
398) 성서교재판찬위원회 편, 『성서백과대사전 제5권』, (서울: 성서교재간행사, 1980), p. 285.

몬서를 기록해서 두기고와 오네시모를 통해서 각 지방에 있는 교회들을 방문해서 옥중서신들을 전달하게 했다(골4:7-9; 몬1:10-12; 엡 6:21-22 등).[399]

이렇게 전달된 옥중 서신 중에 한 권인 빌레몬서는 바울의 서신들 중에서 가장 내용이 짧은 서신이다. 장수로는 1장, 절수로는 25절, 헬라어 원문의 단어 수로는 335개의 단어로 구성된 매우 짧은 서신이다.

이러한 서신의 수신자가 골로새교회의 믿음의 사람이요 경건한 사람인 빌레몬이다. 그러므로 빌레몬서의 수신자는 빌레몬과 압비아와 아킵보와 그들이 속한 교회이지만 주 수신자는 수신자의 명단 중에서 제일 먼저 거명된 빌레몬인 것이다(몬 1:1).

〈2〉 사랑받는 동역자이다.

빌레몬이 이 서신의 발신자가 되는 바울과 디모데로부터 서신의 서두에서 얼마나 소중한 사람들인가 하는 것은 밝혔는데 "우리의 사랑받는 자요 동역자인 빌레몬"(몬 1:1)고 있다.

바울이 빌레몬을 향해서 우리의 사랑받는 자요 동역자라고 호칭을 사용한 것은 특별한 경우인 것을 말해 준다. 그 이유는 바울은 '동역자'란 칭호를 개인에서 붙여서 칭하는 경우를 찾아보기 힘든 성향을 가지고 있으면서도 이렇게 칭호를 붙인 것은 바울이 빌레몬을 얼마나 신뢰하고 있는가를 보여 준 것이다.

그러면 빌레몬이 바울에게 동역자의 역할을 한 부분은 어떤 것들이 있는가? 먼저 바울이 에베소 사역을 하고 있을 때에 신령한 일

---

399) 편찬 책임/ 김일우. 백광현, 『슈퍼 컬러성경』, 빌레몬서 서론(저자와 저작연대) 참조.

에서 바울을 열심히 후원한 점을 생각할 수 있다(행 19:8-22). 그리고 바울이 소아시아를 떠난 이후에 바울의 복음 전파 사역을 계승하여 수행했다는 점이다. 이러한 점에서 빌레몬은 바울의 다른 동역자들과 비교해 볼 때에 조금도 손색이 없다. 바울은 자신의 동역자들을 하나님의 협력자의 의미로 이 단어를 사용했다(William Hendriksen). 바울은 자신의 소중한 동역자인 빌레몬에게 빌레몬서 1:7에서 "형제여 성도들의 마음이 너로 말미암아 평안함을 얻었으니 내가 너의 사랑으로 많은 기쁨과 위로를 얻었노라"라고 기록했다. 그리고 23-24절에서 "그리스도 예수 안에서 나와 함께 갇힌 자 에바브라와 또한 나의 동역자 마가, 아리스다고, 데마, 누가가 문안하느니라."고 기록함으로 빌레몬이 바울의 사랑하는 동역자인 것을 들어내고 있다.[400]

<3> 자기의 집을 교회로 사용한 자이다.

바울은 빌레몬에게 보낸 서신의 초두에 나타난 인사말에서 "네 집에 있는 교회에게 편지 하노니"(몬 1:2)라고 말하고 있다. 바울의 이러한 인사말에서 빌레몬의 가정에서 모이는 교회를 언급하면서 빌레몬을 비롯해서 압비아와 아킵보, 그리고 교회의 일원들에게 문안함으로 빌레몬의 집에 교회로 사용되고 있음을 말해 주고 있는 것이다.

이렇게 빌레몬의 집에 모인 교회는 빌레몬과 그의 가족들과 그의 영향을 받은 동료들로 교회의 구성원들을 이루고 있었으며, 예배를 위해서 정규적으로 그의 집에 모여졌다(2절). 골로새 지역에 있는

---

400) 강병도 편, 『카리스종합주석 제 22권』, (서울: 기독지혜사, 2007), p. 826. 참조.

교회들은 에바브라의 지도 아래 있었고 에바브라가 로마를 방문하는 동안에는 빌레몬의 집에서 모였는데 교회의 예배는 빌레몬의 아들인 아킵보가 인도한 것으로 보인다(골 4:17).[401)

이렇게 빌레몬은 자기의 집을 교회로 활용해서 성도들이 서로 교제하며 예배의 처소로 사용하게 한 것은 빌레몬이 얼마나 믿음의 사람인가 하는 것을 말해 주고 있다.

〈4〉 성도들에게 평안과 기쁨을 주는 자이다.

빌레몬은 자기의 집에 모이는 경제적으로 어려운 빈곤한 성도들에게 물질적으로 도와줌으로 사랑과 믿음으로 대하였다. 이러한 빌레몬의 믿음과 사랑으로 성도들을 대한 결과 빌레몬의 집에 있는 교회의 성도들은 빌레몬은 통해서 마음의 평안을 얻고 살고 있다는 것이다. 이러한 소식을 들은 바울도 빌레몬을 통해서 기쁨과 위로를 얻었다고 말하고 있다. 이렇게 빌레몬은 평안과 기쁨을 다른 사람들에게 끼치고 사는 사람이다.

이러한 사실은 빌레몬서 1:5-7에 "주 예수와 및 모든 성도에 대한 네 사랑과 믿음이 있음을 들음이니 이로써 네 믿음의 교제가 우리 가운데 있는 선을 알게 하고 그리스도께 미치도록 역사하느니라 형제여 성도들의 마음이 너로 말미암아 평안함을 얻었으니 내가 너의 사랑으로 많은 기쁨과 위로를 얻었노라"고 했다.

박윤선 박사는 "바울이 빌레몬 때문에 감사한 이유를 보여준다. 곧 그 감사는 빌레몬의 믿음과 사랑을 인함이다. 여기서 사랑과 믿음이 함께 기록되었으니 불가분리의 일치를 가진다. 진정한 신앙의 소유자는 반듯이 진정한 사랑을 낳는다."[402)고 했으며 이어서 말하길 "빌레몬이 그 신앙

---

401) 같은 책, p. 825. 참조.
402) 박윤선 지음, 『성경주석 바울서신』, (서울: 영음사, 1977), p. 608.

으로 하는 교제(물질적으로 성도들을 도와줌)가 우리 가운데(교회 중에) 있는 모든 선 곧 성도가 하나님께 받은 모든 영적인 은혜를 남에게 알게 함으로 그리스도께 영광을 돌리도록 원함이다. …이것은 빌레몬이 빈궁한 사람들을 구제하였음으로, 그들이 그 생활난에 억센 풍파를 면하고 마음의 안정을 받았다는 뜻이다. 바울은 이렇게 성도들이 생활의 안정을 얻었다는 사실을 기뻐하고 위로를 얻었다."403)고 했다.

〈5〉 도망한 노예 오네시모의 주인 된 자이다.

빌레몬에게는 도망한 오네시모라는 노예가 있다. 이 노예를 로마로 주인인 빌레몬의 집에서 도망쳐 나올 때에 돈을 훔쳐 가지고 나옴으로 경제적인 손실도 준 자이다. 이렇게 도망쳐 나온 빌레몬의 노예 오네시모는 로마에서 바울을 만나서 복음전도를 듣고 새로운 사람이 되었다. 바울에게 수종 드는 참으로 변화된 사람이 되었다. 바울도 이렇게 변화된 오네시모를 로마 감옥에 갇혀 있는 자신의 곁에 두어서 수종자로 삼고 싶었다.

이러한 사실은 바울은 빌레몬 1:10-14에 "갇힌 중에서 낳은 아들 오네시모를 위하여 네게 간구하노라 저가 전에는 네게 무익하였으나 이제는 나와 네게 유익하므로 네게 저를 돌려보내노니 저는 내 심복이라 저를 내게 머물러 두어 내 복음을 위하여 갇힌 중에서 네 대신 나를 섬기게 하고자 하나 다만 네 승낙이 없이는 내가 아무 것도 하기를 원치 아니하노니 이는 너의 선한 일이 억지같이 되지 아니하고 자의로 되게 하려 함이로라"고 기록하고 있다.

빌레몬 당시의 사회는 고대 로마의 노예 제도가 여전히 합법적으로 공인되어 존속하고 있었으며, 당시 로마제국 전 지역에는 6천만 명이나 되는 노예가 있었다. 이 노예들은 주인의 사유재산에 불과한 것으로, 그들의

403) 같은 책, p. 608.

생명을 포함한 모든 권리는 주인이 임의대로 처리할 수 있었다. 특히 도망간 노예에 대한 처벌은 잔인할 정도였다.404) 그러나 빌레몬은 도망친 노예인 오네시모에게 바울을 요청대로 용서해 줌으로 관용을 베풀어 주었다. 그리고 이러한 오네시모를 바울의 요구대로 믿음 안에서 한 형제로 받아 드린 사랑과 관용의 사람이다.

제 4 부 맺는 말

저자는 이 저서의 끝을 맺으면서 크게 네 가지로 바울의 동역자들을 살펴보면서 정리하고자 한다.

먼저 바울은 보이는데서 보이지 않는데서 하나님께서 주신 바울과 함께 동역한 수많은 동역자들에 의해서 그의 사역을 감당하는데 승리할 수 있었다는 것이다. 자기의 혼자 힘으로 하나님이 주신 사역을 도저히 수행할 수 없음을 알 수 있다. 그처럼 교회를 시무하며 하나님의 복음운동에 사역하는 오늘날 목회자들도 혼자의 힘으로 동역자 없이는 하나님이 주신 목회사역을 수행할 수 없다는 것이다.

다음은 바울은 자기의 동역자들을 언제나 잊지 않았으며, 그리고 그 동역자들을 지극히 사랑했다는 것이다. 이러한 사실들은 사도행전과 바울 서신들 속에 분명히 잘 나타나 있다. 이러한 사실들을 로마서에 나타난 동역자들에 대한 바울의 관심을 한 예로 들어서 몇 가지로 정리해 보면 다음과 같이 생각해 볼 수 있다.

첫째는, 바울은 대신해서 바울의 특사로 로마교회에 로마서를 전

---

404) cafe.daum.net/gksmfqldgidrl　하늘빛향기, 참조.

달한 뵈뵈 자매를 그녀를 잊지 못하고 '나의 보호자'(롬 12:2)라고 부른다.

둘째는, 브리스길라와 아굴라 부부에게는 '내 목숨을 위하여 자기의 목이라도 내어 놓았나니'(롬 16:4)라고 했고 이러한 바울의 충성스런 동역자들을 대해서 바울과 모든 교회가 감사한다고 기록하고 있다.

셋째는, 우르바노 같은 충성된 자에게 바울은 '우리의 동역자 우르바노'(롬 16:9)라고 했으며, 암블리아나 스다구 같은 자들에게는 '내 사랑하는 암블리아'(롬 16:8) 혹은 '나의 사랑하는 스다구'(롬 16:9)라고 애칭을 사용해서 부르고 있다.

넷째는, 바울은 동역자들의 수고를 헤아려 준 사람이다. 그래서 '주안에서 수고한 드루배나와 드루보사'라고 호칭을 썼으며, '주 안에서 많이 수고하고 사랑하는 버시'(롬 16:12)라고 표현을 통해서 바울 자기의 동역자들의 수고를 헤아려 준 사람이다.

다섯째는, 나이가 많은 부모와 같이 자기를 사랑해 준 동역자들의 잊지 않았다. 그래서 루포의 어머니에게 '그 어머니는 곧 내 어머니니라'(롬 16:13)고 했다.

여섯째는, 자기가 로마교회에 보낸 서신인 로마서를 대서한 더디오에 대해서도 그의 이름을 언급하면서 로마교회에 문안한다고 말하고 있다(롬 16:22).

일곱째는, 바울이 고린도 사역에서 가이오는 바울의 동역자로 자기의 집을 교회로 사용하며, 바울의 숙식을 제공했는데, 이러한 가이오에 대해서도 "나와 온 교회 식주인 가이오도 너희에게 문안하고"(롬 16:23)라고 기록하고 있다.

이렇게 바울은 자기의 동역자들을 언제나 잊지 아니했다. 이러한 사실은 앞에서 살펴본 사도행전과 바울 서신에 나타난 동역자들에 바울의 관심을 통해서 우리들은 익히 알 수 있을 것이다.

그 다음으로 바울의 동역자들의 수고를 간략하게 몇 가지로 정리해 보면 다음과 같다.

첫째, 어떤 자들은 바울이 감옥에 갇혀 있을 때에 바울과 함께 하면서 바울 곁에서 함께 주는 자들도 있었다. 이러한 자들은 빌립보교회의 에바브라디도 같은 자들(빌 2:25-30)과 오네시보로 같은 자들(딤후 1:16-18)과 디모데(딤후 4:9-21)와 같은 자들을 들 수 있다.

둘째, 어떤 자들은 자기의 집을 교회로 사용하도록 하고 물질적으로 바울의 사역에 있어서 쓸 것을 돕는 자들도 있었다. 이런 동역자들은 브리스길라와 아굴라 같은 자들(고전 16:19)이 있으며, 빌레몬(몬 1:1-2)와 눔바(골 4:15) 같은 자들을 들 수 있다. 또 고린도교회의 바울과 온 교회의 식주인 가이오를 들 수가 있다(롬 16:23).

셋째는, 바울의 동역자들 중에는 한 때는 바울의 전도여행 중에 이탈해 감으로 바울에 아픔을 주었지만 나중에는 바울의 충실한 동역자로 산 사람들도 있다.

이러한 사람은 바나바의 생질 마가를 들 수 있다. 마가의 변절로 바울과 바나바가 전도여행 중에서 결별하는 아픔도 있었지만 나중에는 회개하고 바울의 충성스런 동역자로 살았다(골 4:10, 몬 1:24).

넷째는, 언제나 바울 곁에서 바울의 전도현장에서 일어난 하나님의 역사들과, 그리고 무수한 박해를 보면서 이러한 일들을 일일이 기록해서 사도행전 곧 전도행전을 남긴 자들도 있다. 바로 이런 사람이 저 누가복음과 사도행전을 기록해서 데오빌로 각하에 초기 기독교의 변증서로 바친 누가를 들 수 있다(행 1:1-2).

다섯째는, 언제나 바울의 대행자로 그리고 일생을 바울과 함께 '믿음의 아들들'인 디모데와 디도와 같은 자들도 있었다.

그 외에도 바울의 동역자들이 바울에 사역에 동참한 자들의 일들을 다 기록할 수 없을 만큼 많은 사실들을 위에서 살펴 본 여러 동역자들의 헌신되고 충성됨을 통해서 우리는 익히 알 수 있을 것이다. 곧 바울이 바울된 것은 하나님께서 좋은 동역자들을 주심으로 되어진 것을 우리는 아무도 부인 할 수 없다.

마지막으로 바울과 바울의 동역자들의 관계 속에서 성경적인 이상적인 협력 목회의 원형을 발견 할 수 있다.

첫째로 바울과 그 자신의 측근에서 바울의 목회의 일선에서 생사를 같이 목회자의 협력자들로서 부교역자들의 모형을 찾아 볼 수 있다. 이러한 부교역자들의 모형으로는 바울의 최측근 동역자들로 먼저 실라를 들 수가 있다. 실라의 경우에는 바울의 전도 2차 전도여행을 앞두고 바나바와 바울이 갈라서서 각각 목회의 현장을 달리함으로 바울에게는 엄청난 목회적인 공간이 생긴 것이다. 이러한 바울의 목회적인 공간을 충성스런 동역자인 실라가 있음으로 바울의 지속적인 복음증거를 위한 목회사역을 계속해서 감당했을 것이다.

이러한 바울의 목회에서 부교역자들로 충성스런 자들로는 디모데와 디도 같은 사람들을 들 수 있다. 이들은 바울과 생사를 같이 하면서 바울이 감옥에 갇혀 있을 때에 바울의 목회적인 대리자들로 바울의 목회를 비록 감옥에 갇혀 있는 동안에도 승리의 길로 인도해 주었다.

그리고 바울의 목회에 있어서 부교역자들의 원형으로 누가와 같은 자들을 들 수 있다. 누가는 바울의 목회현장에 많은 시간을 함께 함으로 핍박의 현장에서도, 하나님의 역사가 일어나는 현장에서도, 그리고 수많은 영혼들이 추수되는 영적인 추수현장에서도 이러한 목회의 현장을 놓치지 않고 일일이 글로 기록을 남겨서 바울의 목회행적을 글로 남긴 일도 귀중한 부교역자의 원형이다.

또한 바나바와 같은 사람은 바울을 대사도들의 목회현장 속에서 목회자로 바울을 잘 조력함으로 '바나바와 바울'이란 목회의 자리에서 '바울과 바나바'의 목회현장으로 이어 가도록 주님의 대 사도 바울이 되도록 자기를 낮추고 바울을 높임으로 바울의 초기사역의 기틀을 마련해 준 것은 오늘날 부교역자들의 협력 목회에 귀감이 될 만한 자이다.

둘째로 바울의 협력 목회를 통해서 평신들의 사역의 원형을 제시해 주고 있는 것을 볼 수 있다.

이러한 사람들은 바울의 최 일선의 동역자들을 제외한 모두를 들 수가 있는데 그중에서 몇 사람들을 살펴보면 다음과 같다.

먼저는 아굴라와 브리스길라의 경우를 들 수 있다. 이들은 바울에게 물질적으로 그리고 기도의 후원자들로, 때로는 바울을 대신해서 성경을 가르쳐 줌으로, 아볼로 같은 대 신앙의 인물들이 나오도록 목회자인 바울을 도와서 평신도로서 사역을 감당했다. 이들은 고린도에서부터 시작해서 에베소 오랜 기간동의 사역에서 언제나의 바울의 사역을 도왔다.

다음으로 겐그레아 교회의 일꾼인 뵈뵈 자매를 들 수가 있다. 뵈뵈는 바울의 로마행에 앞에서 바울의 특사가 되어서 바울이 로마교회에 기록한 서신을 전달해 주는 바울의 손발이 되어 준 그녀의 모습은 충성스런 평신도 사역들의 모형이 되는 것이다.

그리고 또 한 사람을 들자면 바울과 교회의 식주인 가이오 같은 사람들을 평신도의 협력사역자의 원형으로 제시하고 있다. 그는 바울이 고린도에서 사역을 할 때에 자기의 집을 예배의 처소로 활용할 수 있도록 제공했을 뿐 아니라 바울이 목회 평안하게 목회할 수 있도록 숙소와 그리고 바울의 식사의 문제와 주 안에서 형제된 자들과 다른 사역자들이 고린도 교회에 찾아왔다. 이때에 가이오는 주안에서 형제들 나그네 성도들과 다른 사역자들의 숙소와 식사를 제공함은 참으로 충성스런 오늘날 평신도들을 본받아야 할 평신도 협력자의 성경적인 원형이 될 수 있는 것이다.

그 외에도 빌레몬과 디로비모와 오네시브로와 마가와 루포의 어머니와 야손과 에바브라와 오네시모와 에바브라디도 등 위에서 언급한 수많은 사람들과 그리고 다 기록하지 못한 수많은 바울의 동역자들은 모두 다 오늘날 목회자들의 목회를 돕는 평신도 목회협력자들의 모형이 되기에 충분한 사람들이다.

이러한 사실을 생각하면서 저자는 본서에 대한 최종적인 결론으로 먼저 바울은 하나님이 주신 수많은 목회의 협력자들을 늘 감사하며, 그들의 수고를 헤아려 주며, 하나님이 원하는 대로 목회사역에 동참시킴으로 목회사역을 승리의 길로 이끌어 간 목회자 바울은 오늘날 목회자들의 원형이 될 것이다.

다음으로 바울의 최측근의 동역자들은 오늘날 목회자와 부역자들 사역에서 갈등관계 아래 있는 목회자들의 사역에 동참하며 협력하는 부교역자들의 원형이 되어야 할 것이다.

　마지막으로 바울 곁에서 동고동락하며 수고의 땀을 흘린 수많은
동역자들은 오늘날 평신도 목회협력자들이 본 받아야 할 원형이 됨
을 생각하면서 본서의 끝을 맺고자 한다.

참고 도서

1. 국내 서적

강병도 편, 『호크마종합주석 5』, (서울: 기독지혜사, 1991)

　　　　　　『호크마종합주석 6』, (서울: 기독지혜사, 1991)

　　　　　　『호크마종합주석 8』, (서울: 기독지혜사, 1992)

　　　　　　『호크마종합주석 7』, (서울: 기독지혜사, 1992)

　　　　　　『호크마종합주석 8권』, (서울: 기독지혜사, 1992)

　　　　　　『호크마종합주석 10』, (서울: 기독지혜사, 1993)

　　　　　　『카리스종합주석 16』, (서울: 기독지혜사, 2007)

　　　　　　『카리스종합주석 22권』, (서울: 기독지혜사, 2007)

김문제 저, 『십계명과 십자가 3』, (서울: 세종문화사, 1977)

김영재 저. 『기독교 교회사』, (서울: 이레서원, 2001)

김일우. 백광현/ 편찬 책임, 『슈퍼 칼러성경』

김효성 저, 『신약성경강해』, (서울: 옛신앙, 2005)

박윤선 지음, 『성경주석 사도행전』, (서울: 영음사, 1977)

　　　　　　『성경주석고린도전서』, (서울: 영음사, 1978)

　　　　　　『성경주석 로마서』, (서울: 영음사, 1975)

『성경주석 바울서신』, (서울: 영음사, 1877)

박형용 지음, 『사도행전주해』, (수원: 합동신학대학원대학교, 2003)

『바울신학』, (수원: 합동신학대학원출판부, 2005)

『에베소서주해』,(수원: 합동신학대학원대학교출판부, 1998)

『빌립보서주해』, (수원: 합동신학대학원출판부, 1997)

성서백과대사전편찬위원회편, 『성서백과대사전 1』, (서울: 성서교재간행사, 1981)

『성서대백과사전 2』, (서울: 성서교재간행사, 1980)

『성서대백과사전 3』, (서울: 성서교재간행사, 1980)

『성서백과대사전 5』, (서울: 성서교재간행사, 1980)

『성서대백과사전 6』, (서울: 성서교재간행사, 1980)

『성서대백과사전 7』, (서울: 성서교재간행사, 1980)

『성서백과대사전 8』, (서울: 성서교재간행사, 1981)

『성서백과대사전 9』, (서울: 성서교재간행사, 1981)

오광석 지음, 『주께 붙잡힌 바울』, (안산, 도서출판 좋은 미래, 2001)

이병규 지음, 『성경강해사도행전』, (서울: 크리스찬비젼하우스, 1982)

『성경강해 로마서』, (서울: 염광출판사, 1998)

『성경강해 고린도서 』, (서울: 성광문화사, 1981)

이상근 지음, 『신약주해 사도행전』, (서울: 기독교문사, 2005)

『신약주해 로마서』, (서울: 기독교문사, 2003)

『신약주해 살전-디도』, (서울: 기독교문사, 2003)

이정현 지음. 『바울 곁에 사람들』, (시흥: 도서출판 지민, 2009)

조병수 지음, 『바울 동역자와 대적자』, (서울: 도서출판하나, 1997)

제자원. 기획. 편집 교재간행사, 『그랜드종합주석 14』, (서울: 성서교재간행사 1995)

편찬위원회, 『뉴 톰슨 관주 주석성경』, 선교백주년 기념, (서울: 성서교제간행사, 1983)

풀빛주석번역위원회, 『풀빛성경주석디모데전후서. 디도서. 빌레몬서』, (대구: 보문출판사, 1983)

　　『풀빛성경주석 사도행전(중)』,(대구: 보문출판사, 1981)

　　『풀빛성경주석고린도후서』, (서울: 보문출판사, 1981)

　　『풀빛성경주석 (딤모데전후서. 디도서, 빌레몬서)』, (서울: 보문출판사, 1983)

2. 국외 서적

Eusebius, *Eusebius Pamphilas Ecclesiastical History,*
　　엄성옥 옮김, 『유세우스의 교회사』,(서울: 은성, 2003)

F.F. Bruce, *The Epistles of Paul to the Romans,*
　　권성수 역, 『틴델주석 씨리즈 6』, (서울: 기독교문서선교회, 1985)

　　The Spreading Flame(복음은 불꽃 같이), 서영일 역, 『초대교회사』, (서울: 기독교 문서선교회, 1994)

Herry Chadwick, *The early church*, 박종숙 역, 『초대교회사』,

(서울: 크리스챤 다이제스트, 2001)

John Calvin, 존.칼빈주석편찬위원회역, 『신약성경주적 4권』,
   (서울: 신교출판사, 1978)
   『신약성경주석 5 (사도행전1)』, (서울: 신교출판사, 1978)
   『신약성경주석 6 (사도행전Ⅱ)』, (서울:신교출판사, 1978)
   『신약성경주석 7』, (서울: 신교출판사, 1979)
   『신약성경주석 9』, (서울: 신교출판사, 1979)
   『신약성경주석 10』, (서울: 신교출판사, 1980)

Matthew Henry, 박문재 역, 『신약성경주석 로마서』, (서울:
   크리스챤다이제스트, 2009)

Richard C.H. Lenski, *The Interpretion of St. Matthew's Gospel*
   1. 배영철 역, 『성경주석마가복음(상)』, (서울: 백합출판
   사, 1978)
   The Interpretation of St. Luke's Gospel 1. 진연섭 역, 『누
   가복음(상)』, (서울: 백합출판사, 1981)
   The Interpretaion of the Acts of the Apostles 2.
   차영배 역, 『성경주석(사도행전.하)』, (서울: 백합출판사,
   1979)
   The Interpretaion of St. Paul,s First Epistles to the
   Corinthians.
   문창수역, 『성경주석고린도전서』, (서울:백합출판사, 1982)
   The Interpretaion of Second Epistles to the Corinthians.
   배영철 역, 『성경주석 고린도후서』, (서울: 백합출판사,
   1980)

The Interpretaion of St, Paul,s Epistle to the Ephesians.
장병일 역, 『성경주석(에베소서)』, (서울: 백합출판사,
1975)
*The Interpretaion of St, Paul,s Epistle to the Philippians,
to the Colossians and to the Thessalonians.*
장병일 역, 『성경주석 빌립보 골로새서 데살로니가 전후
서』, (서울: 백합출판사, 1979)
*The Interpretaion of St, Paul,s Epistle to Timothy, Titus,
and Philemon.*
장병일 역, 『성경주석 디모데전후서, 디도서, 빌레몬』, (서
울: 백합출판사, 1982)

3. 기타자료
누가복음과 사도행전의 저자 - 누가 | 성경인물탐구 푸르미 참조.
디럭스 바이블 성경사전
http://cafe.daum.net/Blessedtheman/Gls/482.
http://home.megapass.co.kr/~bjp923/lec2/his2002/alexander.htm
cafe. daum, net/the Loadcome.
The International Standard Bible Encyclopedia Onlinel.
biblegemz's posterous
npstnet.net/chnet2/board/view.php?code=mok14&id=481 요한
삼서 주석 청교도 넷 참조
cafe.daum.net/leemaria5212.
http://korean.oliveumc.org/645 2008.08.16 14:16:00.
cafe.daum.net/teacherfriends 교사의 벗

cafe.daum.net/jpreaching-18
cafe.daum.net/gksmfqldgidrl   하늘빛향기

바울의 동역자

초판 1쇄 발행 2023년 6월 20일
지은이 오광석
펴낸이 오광석
펴낸곳 도서출판 좋은 미래(등록 제 40호)
주 소 경기도 시흥시 승지로 60번길 25
전 화 (031) 405-0042
팩 스 (031) 484-0753

총 판 ㈜기독교 출판 유통
전 화 (031) 906-9191
팩 스 0505-365-9191

가격 18,000

ISBN 979-11-964578-2-2 (03230)